本书获得浙江工商大学马克思主义学院、浙江省社科规划重点项目（15NDJC019Z）的资助支持

马克思诞辰200周年纪念文库

The 200th Anniversary Books for Karl Marx

季米特洛夫与共产国际

张万杰 | 著

中央编译出版社
CCTP Central Compilation & Translation Press

图书在版编目（CIP）数据

季米特洛夫与共产国际 /张万杰著. —北京：
中央编译出版社，2020. 8
ISBN 978-7-5117-2912-5

Ⅰ. ①季…
Ⅱ. ①张…
Ⅲ. ①季米特洛夫（Dimitrov，Georgi 1883 -1936）—人物研究
Ⅳ. ① K835. 447 =5

中国版本图书馆 CIP 数据核字（2020）第 145640 号

季米特洛夫与共产国际

出 版 人：葛海彦
责任编辑：李易明
责任印制：刘　慧
出版发行：中央编译出版社
地　　址：北京西城区车公庄大街乙 5 号鸿儒大厦 B 座（100044）
电　　话：（010）52612345（总编室）　（010）52612352（编辑室）
（010）52612316（发行部）　（010）52612346（馆配部）
传　　真：（010）66515838
经　　销：全国新华书店
印　　刷：三河市华东印刷有限公司
开　　本：710 毫米 ×1000 毫米　1/16
字　　数：208 千字
印　　张：15. 5
版　　次：2020 年 8 月第 1 版
印　　次：2020 年 8 月第 1 次印刷
定　　价：95. 00 元

网　　址：www. cctphome. com　**邮　　箱：**cctp@ cctphome. com
新浪微博：@ 中央编译出版社　**微　　信：**中央编译出版社(ID: cctphome)
淘宝店铺：中央编译出版社直销店(http: //shop108367160. taobao. com) (010) 55626985

Contents

目 录

绪 论

一、选题缘起与意义

20世纪30年代，一位保加利亚籍共产党员、共产国际活动家在德国国会纵火案纳粹法庭上以其英勇的表现、正义的言辞震动世界舆论，他以其惊人的勇气、必胜的信念、出色的演说才华和无可辩驳的逻辑推理痛斥了法西斯分子的罪恶行径。他的名字——季米特洛夫——从此作为世界反法西斯斗争的一面旗帜，闪耀在世界政治舞台的中心。

伟大人物对于历史发展总是具有独特的作用，英国著名历史学家爱德华·霍列特·卡尔（Edward Hallett Carr，1892—1982）曾指出："伟人是一个杰出的个人，他既是历史进程的产物，也是历史进程的推动者，他既是社会力量的代表，也是社会力量的创造者，这些社会力量改变了世界的面貌，也改变了人类的思想。"① 但是长期以来，对于季米特洛夫这一重要历史人物，学界给予的评价并不高。西方学者（主要是英美学者）多认为他仅仅是斯大林推行国际政策的傀儡，其

① ［英］爱德华·卡尔：《历史是什么?》，陈恒译，商务印书馆2007年版，第146页。

领导下的共产国际也只不过是斯大林主导下的联共（布）及苏联外交政策的工具。国内学界对季米特洛夫虽持肯定态度，但对他与斯大林的关系、在共产国际主持工作时的活动等微观方面的研究还不够深入。

当前学界对季米特洛夫与共产国际的研究涉及世界社会主义史、国际共运史、第二次世界大战史（反法西斯斗争史）、苏联东欧社会主义史、保加利亚现当代史以及保加利亚共产党历史等领域，这些领域仍存在较多学术空白，随着新资料的涌现或相关档案的解密，业已出现更多具有较大可行性和较高学术价值的研究领域。可以说，对季特洛夫与共产国际紧密相关的实践历史、理论观点的研究具有一定的拓展性、开放性、连带性，能够为进一步深入研究世界社会主义与国际共产主义运动史、马克思主义发展史、世界革命史的工作奠定好的基础。

季米特洛夫与共产国际之间存在重要的互动关系：

其一，在共产国际的相关实践活动对其个人思想理论的形成、发展及成熟具有重要意义。可以说，在共产国际工作这段历史，是季米特夫毕生革命活动的最重要组成部分，也是其革命生涯中时间最长的一个阶段。他能成为享有世界威望的国际工人运动和国际共运著名活动家、反法西斯斗士，与在共产国际这一舞台的工作经历有紧密关系。在共产国际的革命实践活动促进他革命思想理论的成熟，其反法西斯统一战线理论、国际共运中的独立自主思想、人民民主思想等，在很大程度上都产生于这一时期。

其二，他对共产国际政策的转变、领导方式的改进、新方针的推行、主要失误的纠正等重大问题都起到了重要作用。季米特洛夫在共产国际工作的早期阶段，负责贯彻推行共产国际的相关政策，随着思想认识的不断深入，他逐渐探索出新的更符合现实需要的革命政策。

在成为深孚众望的共产国际领导人以后，季米特洛夫调整了许多共产国际的政策，对多年形成的一些错误进行了修正，及时改变了共产国际对各国革命运动的领导方式及其内部组织方式。黑格尔曾指出："时代的伟人是能把这个时代意志表达出来的人，告诉这个时代什么是这个时代的意志，并实现这个意志。他所做的一切是这个时代的核心与本质；他把这个时代现实化了。"① 在这一意义上，季米特洛夫的领导及协调工作对共产国际后期的整体运行具有不可替代的特殊价值。可以说，共产国际这一当时重要的国际组织也因为有季米特洛夫这一出色的活动家和领导者而更好地完成了历史赋予它的任务。

研究季米特洛夫在共产国际的历史经历至少有以下几方面的理论意义和学术价值：

第一，推进和深化国内对共产国际问题和对季米特洛夫这一历史人物的研究。目前国内学界在该方面尚缺乏深入细致的系统性研究成果。审视国内学界的研究状况可以发现，共产国际问题的研究自20世纪80年代以来就一直是国际共运史、中共党史、世界现代史等领域的热点，但绝大多数都集中于探讨共产国际、联共（布）与中国革命关系的问题上。对共产国际组织本身的研究在20世纪80年代曾出现过一段辉煌时期，涌现出一批较高水平的研究成果。但是随着东欧剧变、苏联解体、世界共运遭遇重大挫折后，这一研究逐渐式微，不再引起学界关注和重视。国内对季米特洛夫的研究成果也较为有限，一些学者对季米特洛夫的个别思想观点进行过探讨，但缺乏对这一重要历史人物的系统性研究。总之，对这些问题进行深入而系统的研究将在一定程度上有助于促进国内对季米特洛夫人物史、共产国际组织史以及

① ［英］爱德华·卡尔：《历史是什么？》，陈恒译，商务印书馆2007年版，第145页。

现当代国际共运史和世界社会主义运动史等方面的研究工作。

第二，为当代世界社会主义运动的发展提供经验和启示。季米特洛夫所处于的历史时段处在共产主义运动的重要时期，研究季米特洛夫在共产国际的思想理论和实践活动能够进一步深化对这一时期国际共产主义运动的基本面貌的认识。20 世纪二三十年代的国际共运成就与挫折并存，凯歌与悲情同在，既有推进历史发展、顺应世界潮流的成功经验，也有违背历史规律、酿成重大失误的失败教训。在今天考察、审视和探究这段历史的意义在于以史为鉴、求训致用，促进当代世界社会主义运动的良性发展。

第三，对当前加强马克思主义发展史研究，推动马克思主义大众化、民族化、时代化发展有重要意义。季米特洛夫作为一位思想理论贡献卓著的马克思主义者，其理论观点在马克思主义发展史上居有重要地位。同时，作为雄辩演说家和杰出的马列主义宣传家，其深具魅力和富于严密逻辑推理性、极强感染力的语言表达，以及他对马克思主义和列宁主义理论及共产国际政策的深刻把握及通俗解读，对于如何更好地推动马克思主义的大众化、时代化具有重要启示。他主持共产国际工作期间，对维护各国共产党的独立性、自主性做出了很大努力，取得了一定成效，这在很大程度上为马克思主义的民族化发展提供了有利条件。他的关于各国共产党加强独立自主的理论论述和实践活动对于当今世界无产阶级政党的发展和社会主义运动都有借鉴意义。

二、学界研究状况

国内目前的相关研究较少，尚未出现系统、细致且深入的学术研究成果。

国内研究所涉及的问题主要有：

第一，季米特洛夫作为共产国际地区性领导人的活动情况。这类研究主要体现在综合研究或介绍其生平情况的著述中，包括张海滨的《格奥尔基·季米特洛夫》、武克全的《季米特洛夫在国际共产主义运动中的实践和理论》、叶明珍的《保加利亚人民的卓越领袖格奥尔基·季米特洛夫》等。这些著述介绍了季米特洛夫从一位保加利亚革命者到国际共产主义战士的历史情况，并对其革命活动作出了一定评价。张海滨指出，1924 年到 1929 年季米特洛夫以共产国际执委会委员、巴尔干共产主义联盟书记的身份，在纠正各国共产党工作中的错误等方面做出了很大贡献。此文还较详细论述了季米特洛夫与莱比锡审讯的情况。[①] 武克全认为，季米特洛夫在 1923 年至 1934 年的突出功绩是以其高度的革命警觉性，及时地提出了法西斯发动侵略战争危险的问题。他同时指出，季米特洛夫不仅是国际反法西斯斗争的最早宣传者和组织者，而且他本身就是最勇敢的反法西斯斗士，国会纵火案后的莱比锡审讯成为他向全世界人民控诉法西斯罪行，阐明共产国际原则、纲领和策略，号召人们坚决斗争的讲坛。[②] 叶明珍的文章简要论述了 1921 年季米特洛夫参加共产国际三大时与列宁的会见情况，她还指出，在 20 世纪二三十年代，当帝国主义掠夺日益加剧、法西斯主义已经出现时，季米特洛夫便开始研究国际工人阶级面临的新课题，他从列宁的教导和保加利亚本国的革命斗争实践中体会到无产阶级必须同农民以及其他民主进步力量建立广泛的统一战线才能击溃本国反

① 参见张海滨：《格奥尔基·季米特洛夫》，载《国际共运史研究》，1982 年第 3 期。

② 参见武克全：《季米特洛夫在国际共产主义运动中的实践和理论》，载《上海师范大学学报》（哲社版），1982 年第 2 期。

动派，取得革命胜利的正确革命路线。并且早在1923年季米特洛夫就写过阐述建立统一战线思想的文章。[①]

第二，关于季米特洛夫与共产国际后期的政策转变问题以及他在这一重要转变过程中所起的作用。涉及该问题的著述主要有黄宗良、林勋健主编的《共产党和社会党百年关系史》，程玉海、林建华合著的《共产国际与当代西方社会民主党若干问题研究》，尤宁戈的文章《季米特洛夫在共产国际政策转变中的作用》、王佳友的文章《共产国际政策转变刍议》、张海滨的文章《关于共产国际对社会民主党的态度和政策》、武克全的文章《季米特洛夫对国际反法西斯斗争的贡献》等。黄宗良、林勋健的著作重点考察了季米特洛夫作为领导成员对于共产国际策略转变所起到的作用。该著作还指出，季米特洛夫的主张与苏联当时的对外政策是相吻合的，因而得到了联共（布）和斯大林的支持。[②] 程玉海在其《共产国际历史上的三次策略转折》一文中认为，季米特洛夫在共产国际策略的第三次转变中“发挥了重大作用”。文章指出，到1934年上半年，共产国际领导层出现两种意向：一部分人力图维护旧政策，批评各国共产党联合起来进行反法西斯斗争的活动，另一部分领导人则开始思索改变传统战略策略方针，季米特洛夫则在其中发挥了重大作用，从而形成了共产国际领导层中一股要求改变革命战略的潮流，于是到1935年夏，在共产国际七大完成了上通过了各国工人阶级联合起来建立反法西斯统一战线等一系列斗争策略。[③]

---

① 参见叶明珍：《保加利亚人民的卓越领袖格奥尔基·季米特洛夫》，载《俄罗斯中亚东欧研究》，1982年第3期。

② 参见黄宗良、林勋健主编：《共产党和社会党百年关系史》，北京大学出版社2002年版。

③ 参见程玉海、林建华：《共产国际与当代西方社会民主党若干问题研究》，中国工人出版社2000年版。

尤宁戈的文章针对西方学者对季米特洛夫在共产国际政策转变中的“工具说”观点，提出了不同观点：充分的材料表明，正是由于季米特洛夫艰苦卓绝的工作才使共产国际的政策转变得以迅速实现，使新政策得以迅速执行。他认为季米特洛夫对共产国际政策转变的主要贡献有四点：其一是在斯大林、联共（布）与共产国际以及共产国际上层与各国共产党之间的沟通桥梁作用；其二是其理论方面的突破对共产国际一部分领导人以及对斯大林观点的转变起了重要作用，也为建立反法西斯统一战线奠定了理论基础；其三是其高超的领导艺术和工作方法；其四是在破除迷信，打破旧局面方面的创造性、主动性作用。[①] 王佳友在文章中考察了季米特洛夫在共产国际政策转变中所做的三个方面工作：包括致斯大林的信、在“七大”召开前进行的宣传工作和组织工作和“七大”报告本身的理论与实践意义。[②] 张海滨的文章通过考察1933年至1935年间季米特洛夫的活动，认为他“在转变共产国际的战略和策略上起了重要的作用”。[③] 武克全的文章简要叙述了季米特洛夫在准备七大报告期间对起草委员会一些委员的说服工作，并着重分析了他在共产国际七大上的报告和闭幕词发言的重要理论意义，认为季米特洛夫为共产国际反法西斯斗争策略的伟大转折做出了重大贡献。[④]

第三，关于季米特洛夫主持共产国际工作后，共产国际领导体制

---

① 参见尤宁戈：《季米特洛夫在共产国际政策转变中的作用》，载《国际政治研究》，1986年第3期。

② 参见王佳友：《共产国际政策转变刍议》，载《阜阳师院学报》，1987年第2期。

③ 参见张海滨：《关于共产国际对社会民主党的态度和政策》，《国际共运史研究资料》（第十二辑），人民出版社1984年版。

④ 参见武克全：《季米特洛夫对国际反法西斯斗争的贡献》，载《历史教学问题》，1983年第5期。

的变化问题。马贵凡在《试论共产国际领导体制的演变》一文中对这一问题进行了简要论述，文章通过分析 1934 年 5 月季米特洛夫进入共产国际领导核心后所写的相关信件、共产国际七大决议中的表述以及会后采取的具体改变措施，总结了季米特洛夫主持共产国际工作时期的特点和成绩。①

第四，关于《苏德互不侵犯条约》签订后季米特洛夫在共产国际的境况。涉及这一问题的著述主要有：侯成德的文章《苏德互不侵犯条约签订后共产国际路线的变化》、范炳良和朱有华的文章《共产国际 1939—1941 年间的战略转折探析》。侯成德在文中引用了季米特洛夫于 1939 年 11 月发表的一篇署名文章，并将该文的基调同此前共产国际执委会通过的宣言以及季米特洛夫在共产国际七大上的报告进行比照，指出当时共产国际执委会和季米特洛夫本人受到苏联政府旨意的影响很大。② 范炳良、朱有华在文章中对季米特洛夫在此期间发表的重要文章进行了分析，阐明其文章和其他一些相关文件"清楚地表明共产国际的战略方针发生了重大的转折"，"1939 年以后共产国际在战略方针上犯了严重错误"，对世界人民的反法西斯战争产生了极为不利的影响。该文还强调指出："这不等于说，它（共产国际）的世界战略的任何部分均是错误的，更不是说，所有国家的共产党都无条件地执行了它的方针，跟着它犯了错误，应该承认，共产国际和各国共产党的领导人，原来都是反法西斯的坚强战士，所以当共产国际走上

① 参见马贵凡：《试论共产国际领导体制的演变》，载《国际共运史研究》，1993 年第 4 期。
② 参见侯成德：《苏德互不侵犯条约签订后共产国际路线的变化》，载《世界历史》，1986 年第12 期。

背离七大精神的道路时，许多人最初是持保留态度的。”[①]

第五，关于季米特洛夫与共产国际的解散问题。涉及该内容的文章主要有：李忠杰的《论共产国际的解散》、沈志华的《斯大林与1943 年共产国际的解散》、李东朗的《斯大林与共产国际的解散》。李忠杰的文章提供了季米特洛夫对于共产国际的解散问题的考虑的诸多材料，文中提到：1934 年，还在筹备共产国际七大时他就提议“精简共产国际执委会的庞大官僚机构”，“改变共产国际的领导方法和工作方法”，认为这是“第一次向共产国际作为国际共运权力顶峰的地位提出了怀疑和挑战”。文章认为共产国际七大决议是“共产国际在组织问题上的重大战略转变，实际上是共产国际权力分散化的开始”，并简要阐述了季米特洛夫主持工作后共产国际权力分散化的一些表现。文章还通过引述陶里亚蒂和吉拉斯的回忆阐述了季米特洛夫对于共产国际解散的必要性和时机问题的考虑。文中还提到了季米特洛夫在 1943 年 5 月 13 日执委会主席团会议上提出的几点要求。[②] 沈志华的文章从斯大林的角度出发，运用新近披露的史料，比较详细地阐述了共产国际解散的经过，提到了大量与季米特洛夫有关的活动或事件。[③]李东朗的文章的主要史料来源是季米特洛夫的日记，通过对比日记内容与 1943 年 5 月斯大林的讲话的异同，发现了几个值得研究的重要问题，文中指出，季米特洛夫提出的新思路与斯大林讲话的用意不完全相符，不得而知斯大林对此思路的态度；通过考察季米特洛夫和陶里亚蒂的回忆，文章提出了一些值得怀疑的问题：1940 年苏联合并波罗

① 参见范炳良、朱有华：《共产国际 1939—1941 年间的战略转折探析》，载《吴中学刊》（社会科学版），1995 年第 3 期。

② 参见李忠杰：《论共产国际的解散》，载《国际共运史研究》，1987 年第 2 期。

③ 参见沈志华：《斯大林与 1943 年共产国际的解散》，载《探索与争鸣》，2008 年第 2 期。

的海国家对共产国际的存在产生了什么影响？1940 年季米特洛夫是“决定”要解散共产国际呢还是“预计到了共产国际的解散”呢？如果有决定解散共产国际的决定，那么这个决定是谁做出的？许多问题都还有待于做进一步的探究。①

此外，国内的研究还涉及如下两方面：一是关于季米特洛夫与中国抗战问题。涉及该问题的著述主要有杨奎松的《毛泽东与莫斯科的恩恩怨怨》（江西人民出版社 2005 年版）、向青的《共产国际和中国革命关系史稿》（北京大学出版社 1988 年版）、杨云若和杨奎松的著作《共产国际和中国革命》（上海人民出版社 1988 年版）、申长友的《毛泽东与共产国际》（党建读物出版社 1994 年版）；马细谱的文章《季米特洛夫和中国革命》（《季米特洛夫日记选编》序言）、刘明钢的文章《关注延安整风运动的共产国际总书记》（《党史文苑》2002 年第 1 期）、柳敏和的文章《略论 1935—1943 年间毛泽东与季米特洛夫之间的关系》（《石家庄师范专科学校学报》2002 年第 1 期）、刘明钢的文章《我们是心心相通的》（《党史纵横》2005 年第 5 期）、肖莉的文章《第三国际与中国共产党的抗日民族统一战线政策》（《中央社会主义学院学报》1996 年第 5 期）、张万杰的文章《季米特洛夫与现代中国革命》（《马克思主义与现实》2010 年第 3 期）等。二是关于季米特洛夫与共产国际的新闻工作。涉及该方面的文章主要有余志和的《季米特洛夫与新闻》（《中国记者》1985 年第 5 期）、《季米特洛夫和新闻工作》（《新闻战线》1982 年第 6 期）和《宣传指南：季米特洛夫论宣传的群众化》（《新闻大学》1982 年第 3 期）等。

国外研究涉及的相关问题有：

---

① 参见李东朗：《斯大林与共产国际的解散》，载《百年潮》，2003 年第 7 期。

第一，综合研究或介绍季米特洛夫生平及其在与共产国际时期的思想或实践活动。主要有：维·哈吉尼科洛夫等的著作《季米特洛夫传》（人民出版社 1982 年版）、斯捷拉·布拉戈也娃的《季米特洛夫传》（世界知识出版社 1958 年版）、索非亚报纸管理部出版（无作者署名）的《季米特洛夫——伟大的共产主义者》（三联书店 1950 年版）、卡门·卡尔切夫的著作《季米特洛夫一家》（新华出版社 1987 年版）、吉尔吉诺夫编著的《布拉戈耶夫 季米特洛夫》（人民出版社 1955 年版）、普拉卡什·卡拉特的文章"Notes on the Revolutionary Life and Activities of Georgi Dimitrov"[*Social Scientist*, Vol. 10, No. 7 (Jul., 1982)] 等。

第二，关于季米特洛夫与共产国际后期的策略转变问题以及他在转变中所起的作用。涉及此方面的著述有：莱布索恩、希里尼亚的著作《共产国际政策的转变》（求实出版社 1983 年版）、费南德·克劳丁的专著《共产主义运动——从共产国际到共产党情报局》（第 1 卷）（福建人民出版社 1982 年版）、索波列夫等的著作《共产国际史纲》（人民出版社 1985 年版）、爱德华·卡尔的专著《The twilight of the Comintern (1930 - 1935)》(London: Macmillan, 1982)；杰夫·弗里登的文章《共产国际策略转变的内部政治动力》（《国际共运史研究》1988 年第 3 期）、乔纳森·哈斯拉姆的文章"The Comintern and the Origins of the Popular Front 1934 - 1935"[*The Historical Journal*, Vol. 22, No. 3 (Sep., 1979)] 等。

第三，关于季米特洛夫与苏联影响下共产国际内的政治运动。涉及此方面的著述有：阿·拉特舍夫的《共产国际的悲剧》（《国际共运史研究》1989 年第 3 期）、《困境中的季米特洛夫》（《世界史研究动态》1990 年第 7 期）、凯文·麦克德莫特的文章"Stalinist Terror in the Comintern: New Perspectives "[*Journal of Contemporary History*, Vol. 30, No. 1 (Jan., 1995)] 等。

第四，关于苏德互不侵犯条约签订后季米特洛夫在共产国际的境况。简要涉及该方面的著述主要有：苏共中央马列研究院和苏共中央国际部编的《共产国际和苏德互不侵犯条约》(《国际共运史研究》1990 年第 3 期)、B. B. 斯米尔诺夫的文章《第二次世界大战和 1939—1941 年的共产国际》(《军事历史研究》1997 年第 3 期) 等。

第五，关于季米特洛夫与共产国际对西班牙内战的援助。涉及该方面的著述主要有：爱德华·卡尔的专著《The Comintern and the Spanish Civil War》(London: Macmillan, 1984)、大卫·派克的专著《In the service of Stalin: the Spanish Communists in exile (1939 - 1945)》(New York: Oxford Univ. Press, 1993)、大卫·罗斯的文章"The Movement against War and Fascism (1933 - 1939)"[*Labour History*, No. 38 (May, 1980)] 等。

此外，马林·蓬德夫的文章"Dimitrov at Leipzig: Was There a Deal?"[*Slavic Review*, Vol. 45, No. 3 (Autumn, 1986)] 涉及了季米特洛夫在莱比锡审判中的事迹，约翰·加维尔的《共产国际和中国共产党——第二次统一战线的起源》(《国际政治研究》1989 年第 3 期) 涉及了季米特洛夫与中国抗战问题。

从研究现状看，国内外的相关研究提供了诸多很有价值的重要资料和研究视角，提出了许多关键性的很有见地的观点，有的著述虽仅是粗略论及，但也为进一步深化研究建立了基础。但整体而言，国内研究仍存在一定的薄弱之处，有的基本史实还有待进一步考察辨清，有的分析论证不够全面，有的在主要观点方面还有待商榷。

三、研究思路方法及新意

在研究思路方面，本作主要以历史发展的进程及主要人物的活动为主线展开论述，侧重对重大历史事件、政策演变及重要人物的相互关系的叙述与分析，在内容框架上本作包括五大方面（五个章节），研究主题依次为："从国内革命者到国际活动家"、"季米特洛夫与共产国际政策的转变"、"掌舵共产国际"、"季米特洛夫与二战中的共产国际"、"季米特洛夫与共产国际的解散"。这样在纵向上遵循了历史发展进程，在各章内部，也主要依据历史发展的先后进行阐述，并根据事件发展演变及人物关系特点进行逻辑安排。通过对各个分论题进行系统的论述和阐释后，在文末概括出一些结论性的观点。

在研究方法方面，本作在宏观上主要以辩证唯物主义和历史唯物主义基本科学理论为指导，遵循实事求是的原则，通过占有较详细的资料去审视当时历史的实际情况、考察人物的思想状况及实践活动，坚持从材料到观点、从史实到结论的分析与研究路径，坚持论从史出、史论结合，力求做到规范严谨、客观公允。

具体而言，本作综合运用了如下几种主要研究方法：

第一，历史分析法。通过对季米特洛夫在共产国际时期有关的思想与实践活动史实的考察，尽可能详细地按照时间顺序梳理编写出相关大事记，并根据纪事在宏观上按照历史逻辑进行较为科学的分段细化研究。在各个阶段的微观研究中也主要按照历史的发展进行论述，以展现和揭示事件或问题的前因后果、来龙去脉。

第二，文献研究法。通过收集和整理国内外相关历史文献资料，按照一定逻辑进行类型学的分类，并对各种文献进行比较分析、辨别考证，详细了解国内外对相关问题的研究状况，以发现研究的薄弱之处。通过对季米特洛夫以及共产国际相关历史文献的大量阅读，归纳和整理出最为核心的参考资料。

第三，比较分析法。通过对人物在不同阶段中思想及实践活动的比较，揭示人物的成长历程及活动规律；通过对事件发生背景的比较，揭示导致历史后果的原因；通过对比一些重要文件中的关键性措辞，使文本的比较更为清晰，一目了然。

此外，本作还对以下几个重要问题进行了思考，并尝试进行分析探究，作出概括和总结，比如：

季米特洛夫如何从东欧一个较小国家和政党党的革命者成长为一名享誉世界的革命家；他在国会纵火案后莱比锡审判法庭上的政治性论辩有何特色。

季米特洛夫是怎样在斯大林的明确认可和授意之下逐步承担起共产国际领导工作的；他为共产国际政策的转变起到了怎样的重要作用。

作为总书记的季夫特洛夫对共产国际的组织运行和工作方式进行了哪些改进；他围绕西班牙民族革命战争做了哪些理论与实际层面的重要工作。

第二次世界大战爆发后，季米特洛夫的思想认识缘何出现了突然转向，共产国际政策的突变带来了怎样的影响；此后又是怎样回归到共产国际七大所确定的基本路线的。

季米特洛夫对于共产国际在顺应国际局势下准备解散问题预先有着怎样的认知和评估；他对于共产国际的组织解散起到何种作用；解散的过程是如何组织和协调的，有怎样的特点等。

第一章　从国内革命者到国际活动家

从1919年3月共产国际成立到1933年底莱比锡审判接近尾声，季米特洛夫由一位保加利亚国内革命运动的领导者逐步成长为共产国际的著名活动家和西欧地区的主要领导人。在共产国际策略思想的影响下，季米特洛夫在革命实践和思想理论上进行了不懈探索。在国内革命斗争中，他贯彻并发展了共产国际的路线方针，直接参加并领导了保加利亚1923年反法西斯专政的九月起义。在国际上积极参与和领导国际工人运动，完成共产国际的工作任务。季米特洛夫还对保加利亚共产党和共产国际内出现的“左”倾路线、宗派主义进行了抵制和斗争。国会纵火案中，他采取积极进攻性策略，对共产国际的纲领和政策进行了有力的宣传和辩护。通过十余年的革命实践历练及理论观点求索，季米特洛夫完成了从一位东欧较小国家革命者到共产国际地区性重要革命活动家的成长转变，在欧洲国际政治舞台出场。

一、国内革命运动领导者

（一）新时代革命运动领导人

季米特洛夫于1882年6月18日出生在保加利亚拉多米尔县的一

个贫苦工人家庭，12 岁时被迫辍学，在首都索非亚市一家很小的印刷厂做排字工人。

保加利亚是一个历史悠久的国家，位于欧洲巴尔干半岛东南部，北与罗马尼亚隔多瑙河相望，西与塞尔维亚、马其顿相邻，南与希腊、土耳其接壤。公元 14 世纪末，保加利亚被奥斯曼土耳其帝国占领，经历了长达近 500 年的外族统治时期。1877 年，俄土战争爆发，土耳其战败，保加利亚于 1878 年宣布独立，随后建立公国，政治体制实行君主立宪制。到 19 世纪末，保加利亚工人运动有了很大发展。1894 年，保加利亚首都索非亚成立了印刷工人联合会，这是其国内第一个以阶级斗争为纲领的工人阶级组织。

1902 年春，季米特洛夫加入保加利亚社会民主工党。该政党的前身是成立于 1891 年 7 月的保加利亚社会民主党，1894 年 2 月，该党与保加利亚社会民主联盟合并，成立保加利亚社会民主工党；1903 年 2 月，保加利亚社会民主工党发生组织分裂，分裂为两大派别：以党的创始人布拉戈耶夫①为首的一派称为“紧密派社会主义者”，另一派称为“广泛派社会主义者”。季米特洛夫作为紧密派社会党人对广泛派的思想路线进行了坚决回击。1904 年 7 月，他在党的十一大上当选为新闻委员会委员；1905 年 8 月，被选为索非亚党组织书记和全国工会同盟中央理事会领导人；1909 年 7 月，在党的十六大上当选中央委员，开始成为党的领导成员；1914 年季米特洛夫又当选为党的议会党团书记。1919 年 3 月，保加利亚社会民主工党（紧密派）加入共产国际；1919 年 5 月，社会民主工党的二十二大将其名称改为保加利亚共

① 季米特里·尼古拉耶维奇·布拉戈耶夫（1856—1924），保加利亚工人运动著名领袖，马克思主义在保加利亚的最早传播者，保加利亚社会民主党创始人之一，保加利亚社会民主工党（紧密派）领袖，国际工人运动活动家。

产党，季米特洛夫在会上重新当选为中央委员。

1919年3月4日，共产国际在第一次世界大战结束，欧洲革命运动形势高涨的历史背景下诞生，为了与第一国际（1864—1876）、第二国际（1889—1923）的事业相蝉联，它又称为第三国际。[①] 它是各国共产党的国际联合组织，加入共产国际的各国共产党都是其下属的一个支部，各国工会及群众组织都不是正式成员。与历史上的第一国际和第二国际相比，共产国际的最大特点是实行高度中央集权的组织体制，各支部党的纲领、路线及其主要领导人都必须经由共产国际执行委员会参与决定和批准任免。

共产国际建立初期的前两次世界代表大会确定的主要原则立场及战略策略主要包括以下三个方面：

其一，在政治思想方面，首先阐明了无产阶级全面革命时代的特征。共产国际一大通过的行动纲领指出，“新的时代已经开始！这是资本主义土崩瓦解的时代，这是资本主义内部分崩离析的时代，这是无产阶级共产主义革命的时代。”[②] 其次是从思想上严格划清革命共产主义与改良社会主义的原则界线，与右派（尤其是社会民主党右翼）和中派思想实行彻底决裂。认为真正革命的无产阶级政党须以马克思主义、列宁主义、俄国革命经验为指导。列宁于1919年2月在《对〈第三国际基本原则〉提纲的意见》中指出，“马克思主义分裂了，右派和中派不是马克思主义者”，要“同机会主义者和‘中派’针锋相对”，要“把左派团结起来”。[③] 共产国际的行动纲领还指出，“必须成

① 高放：《国际共产主义运动别史》，中国书籍出版社2002年版，第519页。

② 《共产国际第一次代表大会所通过的共产国际纲领》，见［英］珍妮·德格拉斯选编：《共产国际文件》第一卷（1919—1922），世界知识出版社1963年版，第23页。

③ 《列宁全集》第35卷，人民出版社1984年版，第481—482页。

立一个真正革命和真正属于无产阶级的共产国际”[①]。这一时期共产国际的主要任务之一是“帮助左派社会党人和国际共产主义运动的第一批外国分遣队从思想上和组织上建立起来，并坚定不移地站稳列宁主义理论和实践的立场”[②]。再次是认清革命的目标，通过革命夺取政权达到实现新型的无产阶级民主——无产阶级专政，建立新型的无产阶级政权——苏维埃政权。共产国际二大通过的关于共产国际基本任务的提纲中明确指出，“共产国际的基本原则，即无产阶级专政和苏维埃政权”[③]。

其二，在组织原则方面，革命的左翼必须与社会民主党右翼及中派分子在组织上彻底决裂，建立并巩固新型的真正革命的无产阶级政党——共产党。共产国际一大通过的行动纲领明确指出，“要在斗争中取得胜利，不仅必须同彻头彻尾的资本走狗以及扼杀共产主义革命的刽子手（右翼社会民主党人所充当的角色）决裂，而且必须同在危急存亡关头背叛无产阶级，以讨好于无产阶级的公开敌人的‘中派’（考茨基分子）决裂”[④]。

其三，在战略策略方面，总的战略是通过暴力革命、加速革命对资本主义制度发动直接进攻进而夺取政权，“用武器来反对武器；用暴力来反对暴力”[⑤]。具体策略主要有：第一，通过无产阶级的集体行

---

① 《共产国际第一次代表大会所通过的共产国际纲领》，见［英］珍妮·德格拉斯选编：《共产国际文件》第一卷（1919—1922），世界知识出版社 1963 年版，第 29 页。

② ［苏］索波列夫等：《共产国际史纲》，吴道弘等译，人民出版社 1985 年版，第 50 页。

③ 《共产国际第二次代表大会所通过的关于共产国际基本任务的提纲》，见［英］珍妮·德格拉斯选编：《共产国际文件》第一卷（1919—1922），世界知识出版社 1963 年版，第 146 页。

④ 《共产国际第一次代表大会所通过的共产国际纲领》，见［英］珍妮·德格拉斯选编：《共产国际文件》第一卷（1919—1922），世界知识出版社 1963 年版，第 28 页。

⑤ 《共产国际第一次代表大会所通过的共产国际纲领》，见［英］珍妮·德格拉斯选编：《共产国际文件》第一卷（1919—1922），世界知识出版社 1963 年版，第 29 页。

动进行斗争，包括罢工、示威游行等，直至公开的武装起义。提出“罢工和起义是劳资斗争中起决定性作用的方法”①。第二，各国革命无产阶级的左翼要协同斗争、联合行动、相互支援，尤其是声援俄国社会主义革命。要使“国家利益服从国际革命的利益”②，共产国际执委会建议“世界各国工人准备一次抗议帝国主义列强进攻俄国和匈牙利的示威游行”③。第三，在各经济部门中扩展和建立工会，于工会运动中积极争取无产阶级的大多数。认为“只有在无产阶级的革命先锋队获得无产阶级绝大多数的支持时，这种斗争才能取得胜利”④。提出有必要同工团主义分子和其他在工人运动中以前虽非社会主义者而现在已接受苏维埃形式所体现的无产阶级专政思想的分子结成临时的联盟。⑤ 第四，进行有原则的合法议会斗争。认为“议会活动和参加竞选运动只不过是些辅助活动”，要注意做到“斗争的重心必须在议会之外（如罢工、起义和其他形式的群众斗争）；议会内部的活动应同这种斗争结合起来；参加议会的代表同时要从事于非法工作；应根据中央委员会的指示行动，并服从中央委员会；行动中无需顾虑议会程式”⑥。第五，实行秘密工作与公开工作相结合的工作方法。共产国际

---

① ［英］珍妮·德格拉斯选编：《共产国际文件》第一卷（1919—1922），世界知识出版社1963年版，第87页。

② ［英］珍妮·德格拉斯选编：《共产国际文件》第一卷（1919—1922），世界知识出版社1963年版，第29页。

③ ［英］珍妮·德格拉斯选编：《共产国际文件》第一卷（1919—1922），世界知识出版社1963年版，第75页。

④ ［英］珍妮·德格拉斯选编：《共产国际文件》第一卷（1919—1922），世界知识出版社1963年版，第152页。

⑤ 参见［苏］索波列夫等：《共产国际史纲》，吴道弘等译，人民出版社1985年版，第51页。

⑥ ［英］珍妮·德格拉斯选编：《共产国际文件》第一卷（1919—1922），世界知识出版社1963年版，第87页。

二大通过的关于共产国际基本任务的提纲指出，党组织“绝对必须经常把公开工作和秘密工作、把公开组织和秘密组织有步骤地结合起来”[①]。

在共产国际成立大会（即共产国际一大）上，保加利亚社会民主工党（紧密派）作为受邀的39个政党、团体或派别之一[②]，派出自己的代表与会，首批取得了共产国际正式成员的资格。1920年7月，共产国际第二次代表大会召开前，季米特洛夫曾被选为保加利亚共产党出席大会的四位代表团成员之一，但在赴莫斯科参会途中他与科拉罗夫[③]两人被罗马尼亚边防警察逮捕，后被释放未曾与会，只有其他两位代表顺利抵达并参会。季米特洛夫虽未亲自参加共产国际的前两次代表大会，但作为保共深孚众望的主要领导人，他对这两次大会的主要精神有着深入的了解和领会，对共产国际建立初期的原则立场和战略策略也有自己的认知。这些原则立场和战略策略对其国内革命活动及政治思想都产生了重要影响。

从个人革命实践活动角度看，季米特洛夫在领导和参与国内革命运动中较为自觉地贯彻执行了共产国际的基本路线。这主要体现在如下几个方面：

其一，领导和参与国内大规模罢工斗争及抗议集会或游行。随着

---

① ［英］珍妮·德格拉斯选编：《共产国际文件》第一卷（1919—1922），世界知识出版社1963年版，第155页。

② ［英］珍妮·德格拉斯选编：《共产国际文件》第一卷（1919—1922），世界知识出版社1963年版，第5页。

③ 瓦西里·科拉罗夫（1877—1950），保加利亚共产党领导人、国际共运活动家。1897年加入保加利亚社会民主工党。保共成立后任中央书记，是1923年反法西斯九月起义的领导人之一。1923年后侨居苏联，曾任共产国际执委会总书记、主席团成员。二战期间，组织保加利亚反法西斯民族解放斗争。保加利亚解放后历任国民议会主席、部长会议副主席兼外交部长、部长会议主席。

国内阶级斗争形势的日趋紧张，工人罢工浪潮风起云涌。季米特洛夫亲自参加并领导了一系列规模较大的罢工斗争：他直接领导了1919年“佩尔尼克”矿工持续约一年的罢工斗争，其间他与夫人遭到政府逮捕，在社会舆论和广大劳动群众的强力施压下，当局才不得不将他们释放；1919年下半年，铁路和邮电工人在其他行业工人支援下罢工，全国罢工浪潮达到高峰，他与党的其他领导人一起领导了运输工人大罢工，保加利亚共产党又于1919年12月29日至1920年1月3日组织举行了为期一周的政治总罢工。他在事后总结认为，这次罢工是“整个工人阶级对运输无产阶级的斗争进行无产阶级的阶级声援的壮举”①。1919年9月24日，保共索非亚党组织举行抗议集会，反对战胜国集团强加给保加利亚的和约草案，他在会上发表了重要演说；12月24日。他参加了保共号召群众举行的又一次大规模游行抗议行动，全国经济秩序甚至因此而瘫痪。

其二，从事并领导工会运动，积极推动工会联合，争取工人大多数。季米特洛夫具有领导和从事工会工作和工会运动的出色组织能力，其最早的革命活动即是以从事印刷工会的工作开始的，并且一直担任革命工会的重要领导职务。1894年，他12周岁时开始当印刷业工人，随后加入国内印刷工人协会，同年年底参加了印刷工人举行的首次罢工。1904年，他在保加利亚全国工会同盟成立大会上当选中央工人理事会委员，同年8月当选索非亚地方工人理事会书记。1905年8月，他再次当选全国工会同盟中央工人理事会领导人。1909年，他在全国工会同盟六大上受命领导各革命工会组织，被推举为工会委员

---

① ［保］维·哈吉尼科洛夫等：《季米特洛夫传》，余志和、马细谱译，人民出版社1982年版，第48页。

会司库，并兼任矿工协会书记和印刷工人协会中央理事会主席。1910年，他出版了关于工会工作的小册子《保加利亚工会运动》。保加利亚当时国内的工会派别主要有革命工会和自由工会两类，革命工会即为以季米特洛夫为首的全国工会同盟，自由工会中的左翼为改良主义者工会。1919 年 5 月 28 日，他在全国工会同盟代表大会上作主要报告，报告介绍了工会组织的状况，阐明了无产阶级阶级斗争的任务。这次代表大会还明确宣布保加利亚革命工会赞同第三国际的思想立场。[①] 在保加利亚国内各工会派别的互动关系中，他还根据各派别工会立场的变化积极争取其他工会站到革命工会（即全国工会同盟）一边，在一定原则下推动工会联合。1920 年底，鉴于自由工会（即改良主义者工会）中部分左派的左翼转向，季米特洛夫以全国工会同盟的名义与其领导人联系，双方通过会谈签署了联合议定书，从而实现了工会联合，组建起新的全国工会同盟。议定书强调，全国工会同盟将在共产国际及其革命原则的旗帜下实现联合。在季米特洛夫推动下实现的工会联合消除了宗派主义的影响，扫除了国内工会运动发展的障碍。

其三，领导保加利亚国内声援俄国革命运动，推动无产阶级革命运动的国际联合。为响应列宁和共产国际保卫十月社会主义革命的号召，推动开展世界革命运动，在季米特洛夫和保共其他活动家领导下，保加利亚国内掀起了声势浩大的“不准干涉俄国”运动。1919 年 7 月 27 日，在保共组织的声援俄国革命和匈牙利革命的集会中，季米特洛夫在即席演讲台上冒着生命危险呼吁前来镇压的警察不要向自己的同

---

① ［保］维·哈吉尼科洛夫等：《季米特洛夫传》，余志和、马细谱译，人民出版社 1982 年版，第 44 页。

胞们开枪，警察在他的呼吁下退出了集会。1920年下半年，在保加利亚当局接受西方反苏方针，准备干涉俄国革命时，他揭露了当局这一反人民的图谋，他撰文指出，“没有一个保加利亚工人或农民会向俄罗斯工人或农民开枪！他们会懂得该把枪口指向哪里”[①]。1921至1922年间，他还与党的其他领导人一起，在全国开展了援助俄国伏尔加河地区旱灾农民的活动，1921年底募集了1200车皮谷物运往俄国。作为巴尔干地区共产党的主要领导人，他还积极推动巴尔干各国革命力量的统一与协调，以促进巴尔干地区共产党及工会组织的国际联合。1920年1月，季米特洛夫参加了在索非亚举行的巴尔干各国共产党代表会议，会上原巴尔干社会主义联盟[②]改名为巴尔干共产主义联盟，他出任书记。由于季米特洛夫出色的组织才干，全国工会同盟在其领导下威信不断提高，地区性影响愈益增大，在其组织协调下，巴尔干和多瑙河工会代表会议于1920年11月在索非亚召开，这次会议实现了巴尔干国家革命工会的联合。

其四，领导和从事合法议会斗争，将合法议会斗争与地下秘密斗争相结合。在从事国内革命运动的同时，季米特洛夫也进行合法议会活动，并取得过重大成果。1913年，在保加利亚国民议会选举中，保加利亚社会民主工党（紧密派）取得大胜，他第一次进入国民议会并当选为议会党团书记，自此一直被选为议员（除被迫流亡国外的年代）。作为索非亚市议会议员，他曾于1919年提议公开举行市议会会议，以加强劳动者对议会工作的监督；他在阐述共产党政策的会议上

---

① ［保］维·哈吉尼科洛夫等：《季米特洛夫传》，余志和、马细谱译，人民出版社1982年版，第54页。

② 该联盟由保加利亚共产党、南斯拉夫社会主义工人党、希腊社会主义工人党和罗马尼亚社会党组成。

不断号召大家要“在各自的岗位上振作精神”，“为从一小撮寄生的剥削者的残暴手中彻底夺取市议会而作好准备”。① 他还代表共产党的市议会党团站在劳动群众立场上，向索非亚市政府提出与以往的财政预算完全不同的由有产阶级纳税的预算案。在1920年3月18日举行的国民议会选举中，季米特洛夫还当选为索非亚和弗拉查两个地区的议员。在从事议会活动的同时，他也能充分意识到议会斗争的局限性，坚持自己的革命原则，在此前提之下灵活掌握议会活动的限度。

在思想觉悟与理论的阐述方面，季米特洛夫赞同并支持共产国际基本方针的态度与立场主要表现在：

其一，在个人著述中对列宁及共产国际的政策思想进行阐述和评价。1918年，保加利亚社会民主工党翻译出版了列宁的五本著作，其中包括《国家与革命》及《帝国主义是资本主义的最高阶段》，此后又陆续出版发行了多本列宁重要论著。季米特洛夫对列宁著作兴趣浓厚，在从事革命活动之余进行深入阅读和研究。他有极强的自学能力和求知欲，其深厚的思想文化修养以及高超的文字、语言（他至少精通保加利亚语、德语、俄语三种语言，英语、法语也具备一定水准）和理论水平，基本赖于后来的刻苦自学。他对列宁这些重要经典理论著作进行了反复阅读，对其中的主要思想有了深入领会。在为保加利亚1919年出版的小册子《列宁致欧美工人》所写的序言中他写道，“俄罗斯苏维埃社会主义共和国最具权威的领袖列宁的名字已享有世界声誉”，“同科学社会主义伟大奠基人和《共产党宣言》的作者马克思和恩格斯一起，列宁通过从事俄国社会主义革命的宏伟事业，通过

① ［保］维·哈吉尼科洛夫等：《季米特洛夫传》，余志和、马细谱译，人民出版社1982年版，第44－45页。

实际运用《共产党宣言》的原则，通过建立无产阶级苏维埃国家，在工人解放运动史中成为不朽的人物。他的名字已经成为国际工人革命的象征”，“列宁亲自写的和说的一切，今天对于各国战斗的无产阶级具有巨大意义”；他指出，“我们完全赞成列宁的观点。共产国际的原则和策略就是我们的原则和策略”；他还告诫保加利亚全体工人和其他劳动群众，要“听从列宁的有力召唤”，“深刻领会列宁的思想”。[①] 可以看出，季米特洛夫对列宁和共产国际的原则立场及策略思想深表赞同和支持。

其二，否定、批判机会主义和改良主义道路，主张阶级斗争与暴力革命道路。他强调指出，“争取更高的工资和更多的面包，争取八小时工作制，争取免除所得税，争取更好的住房条件和更低的房租，争取人的更好生活——所有这些都是同无产阶级为夺取政权和建立无产阶级专政而进行的斗争直接联系在一起的”；他认为共产党人“并不否认在资本主义范围内进行改良的必要性”，但他们“不把自己的活动目标局限在这一方面”，而是要“把工人阶级引上毫不妥协的阶级斗争的道路，直至彻底消灭资本主义”，这也是紧密派社会党人与广泛派社会党人的根本区别，广泛派“力求通过改良斗争使工会组织去适应资产阶级的统治”。[②] 1920 年 8 月 13 日，季米特洛夫写信给妻子留芭·季米特洛娃评价她的诗作，其中也表现出了鲜明的革命立场，他写道，“你是诗人和革命者，诗歌和生活，强烈深刻的诗的感

---

① Georgi Dimitrov, *Preface to the Pamphlet* “*Two open letters by Lenin to the American and European workers* (1919)”, Selected Works of Georgi Dimitrov, Sofia Press, Sofia, Volume 1, 1972, pp. 59 – 62. Online Version: Marxists Internet Archive (marxists. org) 2003. http: //www. marxists. org/reference/archive/dimitrov/.

② ［保］维·哈吉尼科洛夫等：《季米特洛夫传》，余志和、马细谱译，人民出版社 1982 年版，第 44 页。

情和生活经验、对生活中一切微妙曲折和对无产阶级劳动大众的斗争的充分了解的十分罕见的和幸福的结合”，她的诗“不是生拼硬凑的，而是一种强有力的革命号角”，“这是为一个伟大的革命、一个伟大的理想服务的诗歌”。①

其三，对当时罢工斗争的总结阐述。1920年2月，持续了55天的罢工斗争失败，但季米特洛夫仍高度评价了这次罢工，认为这场罢工斗争在精神上取得了巨大胜利。他在出版的小册子《从失败走向胜利》中写道，罢工“证明了甚至还处在资产阶级各政党及‘广泛派社会党人’的分裂政策影响下的最落后的工人和职员，都必不可免地需要有一个在共产主义工人运动道路上一往直前的、运输业无产阶级的统一的阶级组织”，“为了反对团结一致的资产阶级及其军警的政府，所有生产部门和各行各业的无产者在共产主义旗帜下团结成统一的工会和统一的政党，是必要的”②。他坚信“保加利亚工人阶级的前途是光明的”，他们会“从一部分人的暂时失败中吸取新的力量，增添更锋利的斗争武器，加快彻底战胜资本主义的步伐”；他认为共产党应从中吸取的教训是“在组织性、团结、高度的共产主义觉悟、铁的革命纪律、避开资产阶级和政府当局的挑衅、不夸大自己的力量和不低估敌人的力量”，以及“正确提出解放斗争每个时期的任务”。③

---

① ［保］季米特洛夫：《论文学、艺术和文化》，杨燕杰、叶明珍译，人民文学出版社1982年版，第7页。

② ［保］斯捷拉·布拉戈也娃：《季米特洛夫传》，泽湘译，世界知识出版社1958年版，第48—49页。

③ ［保］维·哈吉尼科洛夫等：《季米特洛夫传》，余志和、马细谱译，人民出版社1982年版，第50页。

（二）贯彻共产国际新策略

1921年春，季米特洛夫在参加共产国际三大前在莫斯科克里姆林宫列宁的办公室首次会见到列宁。当时，列宁51岁，季米特洛夫39岁。两人的会见谈话持续了大约两个小时，列宁询问了他保加利亚的国内局势，季米特洛夫讲述了关于工人和农民的群众斗争以及关于国内革命运动的迅速增长情况。列宁对他说："我的忠告是请不要迷惑!"，逐步分析了情况后，列宁指出，反动派的力量还非常强大，情势可能逆转而对共产党不利。[①] 列宁当时还告诫说："我劝你们不要想得太天真……你们会被击败的，反动势力还很强大，而你们还完全没有做好准备。"[②] 交谈结束后，列宁从写字台上拿了一本刚印出的《论粮食税》（又名《新政策的意义及其条件》）送给季米特洛夫，要他注意苏俄采取新经济政策时，在经济战线上所做的转变，列宁请季米特洛夫看一下样本，如果有重要意见可于第二天告诉他。[③] 首次与革命导师的面见会晤对季米特洛夫的革命思想产生了重大影响，坚定了其革命信念，进一步强化了其列宁主义立场；列宁的一些诚挚告诫也使其更为务实，更加注重革命的策略方法。

1921年6月22日至7月12日，共产国际召开第三次代表大会，这是季米特洛夫在革命环境中作为保加利亚共产党的代表第一次成功赴莫斯科参加世界代表大会。在与列宁会见后，他还首次面见到了斯

---

① ［保］索非亚报纸管理部：《季米特洛夫——伟大的共产主义者》，蒋齐生译，生活·读书·新知三联书店1950年版，第28—29页。

② ［保］维·哈吉尼科洛夫等：《季米特洛夫传》，余志和、马细谱译，人民出版社1982年版，第55页。

③ ［保］斯捷拉·布拉戈也娃：《季米特洛夫传》，泽湘译，世界知识出版社1958年版，第52页。

大林。[①] 由于国际形势的变化以及世界革命运动渐趋低落，在列宁主导下共产国际在这次大会上进行了战略策略的首次调整。会议提出了“到群众中去!”的口号，并号召“全体共产党人建立无产阶级统一战线”。[②] 会议认为“共产党人在欧洲的迫切任务不是夺取政权，而是争取工人阶级的多数”[③]。列宁指出，三大后“共产国际已经从进攻的策略转入了包围的策略，用渗透的方法代替了公开的武装斗争”[④]。1921年底，俄共（布）中央政治局通过了列宁起草的关于统一战线策略的决定；共产国际执委会和俄共（布）十一大通过了季诺维也夫（时任共产国际执委会主席）起草的《关于统一战线策略的提纲》，正式确立了共产国际实行统一战线的策略。[⑤]

共产国际策略上的这一重大转变对季米特洛夫的思想认识及革命实践产生了重要影响。参加完会议回到保加利亚后，他对共产国际倡导的新革命策略进行了理论阐述、实践尝试，并进一步发展了某些策略思想。

在理论上，他发表文章阐明了新形势和无产阶级斗争的发展道路，指出，如果各国共产党在劳动者中扩大自己的影响，他们就能打退资本的进攻并转入反攻，要不顾社会民主党头目们设置的重重障

---

① ［保］索非亚报纸管理部：《季米特洛夫——伟大的共产主义者》，蒋齐生译，三联书店1950年版，第29页。

② 《共产国际执行委员会在共产国际第三次代表大会闭幕时发表的宣言》，［英］珍妮·德格拉斯选编：《共产国际文件》第一卷（1919—1922），世界知识出版社资料室编印1963年版，第359、361页。

③ ［英］珍妮·德格拉斯选编：《共产国际文件》第一卷（1919—1922），世界知识出版社资料室编印1963年版，第402页。

④ ［英］珍妮·德格拉斯选编：《共产国际文件》第一卷（1919—1922），世界知识出版社资料室编印1963年版，第287页。

⑤ 由于共产国际内部左倾宗派主义势力较为强大，一直存在一条“左”的方针路线，致使共产国际三大后实行的策略转变在实际执行中很不彻底。

碍，实现共产国际提出的“到群众中去”的口号。1921 年 12 月，他在会议讲话中强调，全国工会同盟面临的任务是同各中立工会，首先是同尚未组织起来的工人群众采取一致行动。[①] 1922 年 2 月，共产国际执委会也作出如下倡议：“在即将到来的时期中，共产党人的任务就是在改良主义的旧工会中扩大自己的影响，与阿姆斯特丹领导人的分裂政策作斗争，并慎重地在工会运动中坚持实行统一战线的策略。”[②] 1923 年 5 月，他发表文章对工人阶级实行统一战线策略的必要性和重要性的问题进行了阐述，认为各国无产阶级的当前利益和长远的阶级利益使尽快建立统一战线成为要务。1923 年 6 月，季米特洛夫在发表的文章中对建立统一战线的形式和原则问题进行了阐述，认为统一战线在实践中完全不是意味着放弃自己党的一般原则或对党不负责任，而只是意味着为保护劳动群众而采取具体的反资本主义的共同行动纲领，并为实现这一行动纲领而进行共同的斗争。[③] 1923 年 8 月，他又指出，统一战线不是像资产阶级宣传所说的那样，要使各党面目全非，而是要使各党在自由制订和通过的纲领的基础上联合起来；这就不会使任何一个党成为掩护共产党人的活动的工具，也不是说共产党要溶化在统一战线之中，失去自己的无产阶级性质；统一战线同阶级合作毫无共同之处。[④]

在实践中，季米特洛夫从 1921 年 12 月开始尝试探索统一战线的

---

① ［保］维·哈吉尼科洛夫等：《季米特洛夫传》，余志和、马细谱译，人民出版社 1982 年版，第 57 页。

② 《共产国际执行委员会关于共产党人在工会中的任务的决议》，［英］珍妮·德格拉斯选编：《共产国际文件》第一卷（1919—1922），世界知识出版社 1963 年版，第 408 页。

③ ［保］斯捷拉·布拉戈也娃：《季米特洛夫传》，泽湘译，世界知识出版社 1958 年版，第 56 页。

④ ［保］维·哈吉尼科洛夫等：《季米特洛夫传》，余志和、马细谱译，人民出版社 1982 年版，第 66 页。

必要组织形式。他号召国内各中立组织的工人奋起斗争，在立场上站在共产党人一边。1922 年 6 月 21 日，全国工会同盟举行第三次代表大会，他在会上提出了几点重要建议：革命工会应以俄国工人委员会为范例，在企业中组织工人委员会；工人委员会是无产阶级统一战线形式的体现，应该由企业的所有工人选举产生，不管这些工人是否参加工会；有组织的和没有组织的工人应通过工人委员会加强联系，以便积极进行反对资本主义剥削的斗争。[①] 季米特洛夫的这些主张和建议在一定程度上推动了保加利亚工人统一战线的尽快实现。

季米特洛夫对共产国际第三次代表大会倡导推行的统一战线新策略思想的进一步发展主要包括两个方面：

首先，他在国内首先公开阐明建立工农统一战线的必要性。共产国际三大的基本方针是要建立无产阶级统一战线，实现共产党人和工人其他政治团体间的联合行动。对于国内的具体情况，季米特洛夫认为，保加利亚劳动者应该在建立工农政府的口号下团结起来；并指出，工农政府不等于一个由共产党领导的纯粹的工人政府，也不意味着要在国内实行苏维埃制度；工农政府将来自工农，保护工农的利益。[②] 1922 年，保加利亚共产党推动实现了与农民群众的政治组织——农民联盟的第一次合作。1923 年 8 月，季米特洛夫又发表文章指出，共产党现在不是为建立苏维埃政权和社会主义而斗争，而是为推翻法西斯专政、维护民主自由而斗争；应当用工农政府代替“人民同盟”政府，工农政府将使劳动人民得到合理的劳动报酬，使无地或少地农民

---

① ［保］维·哈吉尼科洛夫等：《季米特洛夫传》，余志和、马细谱译，人民出版社 1982 年版，第 57—58 页。

② ［保］维·哈吉尼科洛夫等：《季米特洛夫传》，余志和、马细谱译，人民出版社 1982 年版，第 60 页。

得到土地，使城乡消费合作社得到国家资助，这些都是民主的要求，而不是社会主义的要求。[①] 他认为工农统一战线应建立在一般民主要求的基础上。

其次，他较早地将统一战线策略运用到其反法西斯的斗争中。季米特洛夫是保加利亚国内较早的认识和揭露法西斯[②]现象的共产党领导人。1922 年，他通过诸多事实论据指出，国内已出现的法西斯危险是同资本的进攻有关系的，法西斯确实是从意大利的特殊土壤中生长出来的，但它的发展如同资本主义的进攻本身一样，是一种国际现象；法西斯是资产阶级反对无产阶级、维护自己的阶级统治的工具。[③] 1923 年 8 月，季米特洛夫在一篇文章中通过大量事实说明并揭露了法西斯专政反人民的性质，他指出，大资产阶级的统治同空前的警察恐怖形影相吊，法西斯专政使民主和政治自由丧失殆尽，法西斯的重要特征是它不仅打击共产党人，而且也打击所有的进步人士，它为了大资产阶级的利益而剥夺了劳动者的种种权利。通过理论探索和革命实践，季米特洛夫开始逐步形成争取建立由所有民主力量和进步力量参加的广泛的反法西斯统一战线的思想。1922 年，当法西斯危险在保加利亚出现时，他认为，尽管改良主义的头目们采取了有利于资产阶级的叛卖和投降主义的立场，但为了给反动派以有效的回击，必须把人

---

① ［保］维·哈吉尼科洛夫等：《季米特洛夫传》，余志和、马细谱译，人民出版社 1982 年版，第 66 页。

② “法西斯”（fascism）：是音译的外来词汇，是一个发端于西方的现代概念，可作为一种思潮，一种行为，一种体制理解。目前普遍的共识认为它是一种国家民族主义的政治运动，是极端形式的集体主义。《大英百科全书》中定义为：“个人的地位被压制于集体———例如某个国家、民族、种族或社会阶级之下的社会组织”，其基本特点是“以极权主义的方式由国家控制所有层面的生活”，包括政治的、社会的、文化的和经济的，并“以诉诸利他主义的宣传方式来正当化对于个体的压迫”。

③ ［保］维·哈吉尼科洛夫等：《季米特洛夫传》，余志和、马细谱译，人民出版社 1982 年版，第 60 页。

民中进步的、民主的力量团结起来。1923 年底，季米特洛夫又主张建立劳动者的统一战线反对法西斯的进攻，他指出："建立劳动者的统一战线势在必行"，"谁今天反对统一战线，他就是反对劳动人民的利益，反对劳动人民的权利，反对劳动人民的生命安全，他就是反对国家的自由和独立，就充当了反动派、法西斯和少数资本家反对多数人民大众的可怜的工具。"①

季米特洛夫的这些思想发展了列宁和共产国际关于统一战线策略的思想，使这一策略路线在保加利亚的国情之下具体化并付诸实践。它为国际革命无产阶级的斗争策略提供了重要经验，对保加利亚共产主义运动以及世界革命运动的理论和实践做出了一定贡献。

（三）引领保加利亚九月起义

第一次世界大战结束后，亚·斯坦鲍利斯领导的保加利亚农民联盟于 1918 年 9 月发动武装起义，迫使国王下台。1919 年 10 月，斯坦鲍利斯为首的农民联盟政府成立，该政府实行了许多进步的改革政策，巩固和维护小生产者利益，限制资本发展。1922 年，保加利亚国内开始出现法西斯危险倾向。1923 年 6 月 9 日，以亚·赞科夫为首的代表大资产阶级利益的反动军人集团发动法西斯军事政变②，推翻了农民联盟政府，建立起赞科夫领导的法西斯政权，开始实行法西斯专政。保加利亚共产党是除农民联盟外国内的第二大党，在这次法西斯政变中，保加利亚共产党却把政变看作是城市资产阶级同农村资产阶

---

① ［保］维·哈吉尼科洛夫等：《季米特洛夫传》，余志和、马细谱译，人民出版社 1982 年版，第 65 页。

② 对于保加利亚 1923 年 6 月的事件，学界存有争议，有的学者认为这并不是一次法西斯政变，1923 年时保加利亚国内尚无法西斯势力。

级的斗争，采取了中立的不干涉态度。这在很大程度上有利于法西斯势力。法西斯分子夺权后，向农民联盟和共产党发动进攻，开始大肆逮捕和镇压革命群众。

保加利亚政变后不久，共产国际于1923年6月12日至23日召开执委会第三次扩大全会，会议非常重视保加利亚的国内局势，并于最后一天对保加利亚问题进行了专题讨论。执委会认为，保加利亚共产党在政变中采取的政策是错误的，没有与农民联盟结成统一战线丧失了夺取政权的机会，要求保加利亚共产党尽快改正错误路线。这次全会通过了《告保加利亚工农书》，该呼吁书指出："保加利亚的工人、农民必须团结自己的队伍，在全国各地组织地下小组，在千百万劳动者中间进行群众鼓动工作，并在时机成熟时组成工农政府，以此来回答赞科夫的挑衅性政策。反对白色刽子手政府的怒潮正一浪高过一浪；保加利亚工人和农民对他们所遭受的残暴行为作出公正的报复时机就要到来。"[①] 呼吁书还指出，赞科夫为首的反动派尽可以横行一时，但他们的末日就要来临，保加利亚工人阶级和农民一旦结成联盟，就是不可战胜的；号召工农群众团结起来进行反法西斯斗争。[②] 会后，保加利亚共产党中央书记、共产国际执委会书记处书记科拉罗夫被派回国，以帮助保共中央实现路线转变。

在国内紧张局势下，季米特洛夫对保共在转变路线、制定新方针方面发挥了重要作用。他在保加利亚共产党中央机关报《工人报》上发表文章专门论述统一战线问题。其文章指出，为了反对法西斯独裁而全力开展斗争，十分必要在全体劳动人民和国内民主力量之间进行

---

① [苏] 索波列夫等：《共产国际史纲》，吴道弘等译，人民出版社1985年版，第194页。

② 中共中央编译局国际共运史研究所编：《共产国际大事记（1914—1943）》，黑龙江人民出版社1989年版，第195页。

合作；还阐明了反法西斯斗争的一般民主内容，法西斯主义“决不仅仅是反共产主义的，它也是反人民的。为了广大群众和知识分子生死攸关的普遍利益，同样也为了他们的政党和经济组织的利益，现在要求通过共同的努力，来保卫自身的自由、权利、尊严和生命，要求把资产阶级反动派及其最典型的表现——法西斯主义——消灭于萌芽状态中”；他认为，广大群众及其政党和经济组织的统一战线，将保证这个国家通过工农政府实现真正的人民当家做主，这意味着引导国家的经济、文化和政治生活以及所有社会发展遵循这样的方向，即满足劳动人民的需要，保护他们的权利、自由、生命、福利与和平。[①] 季米特洛夫的论述，对于教育党员、改变党的传统策略意识起到了重要作用，也提出了共产主义政党所肩负的反对法西斯主义、争取更为广泛的一般民主权利与争取社会主义的斗争相联系的重要任务。

1923年8月初，保加利亚共产党中央召开非常全会，科拉罗夫在会上传达了共产国际执委会作出的实行武装起义夺取政权、建立工农政府的指示。会议通过了举行武装起义的方针，决定10月底在全国范围同时起义。会议还决定与社会民主党、农民联盟等政治组织谈判，组成反法西斯统一战线。8月中旬，保加利亚共产党中央向社会民主党、农民联盟等提出了建立反法西斯统一战线的建议和共同行动的纲领。建议遭到社会民主党拒绝，保加利亚共产党只同农民联盟左翼达成了共同反法西斯的协议。由于武装起义被反动势力察觉，赞科夫政府于9月12日宣布共产党为非法组织并颁布全国戒严令，查封共产党主办的报刊，大肆逮捕共产党骨干。鉴于国内形势突变，9月20日，

---

① ［苏］索波列夫等：《共产国际史纲》，吴道弘等译，人民出版社1985年版，第193—194页。

保加利亚共产党中央临时决定武装起义将在9月22日至23日提前发动，成立由科拉罗夫、季米特洛夫和盖诺夫三人组成的革命军事委员会，负责统一指挥。由于起义准备仓促和反动分子破坏，未能完全按预定计划推进。许多起义的地区因互不联系响应，很快即被法西斯军队各个击破。在季米特洛夫和科拉罗夫领导下，保加利亚西北部地区的武装起义进展较为顺利，经过几天激战，击退了反动势力的进攻，起义队伍控制了西北部的大部分地区，并普遍建立起工农革命政权。反动当局迅速调集大量军队对该地区进行围剿，起义终因寡不敌众而被镇压。9月28日，季米特洛夫等领导部分起义队伍被迫撤往南斯拉夫境内。起义失败后，整个保加利亚笼罩在白色恐怖之中，约2万多名共产党员及工人、农民被残酷杀害，大量革命群众遭逮捕。季米特洛夫和科拉罗夫被迫流亡国外，被保加利亚法西斯政府缺席判处死刑。季米特洛夫由此开始了漫长的国外流亡生涯。

保加利亚1923年九月起义是季米特洛夫直接参加和领导的反法西斯武装起义，它也是世界历史上第一次由共产党领导的反法西斯武装起义，它在世界反法西斯斗争史上具有重要地位。起义前，共产国际对保共应采取的策略路线的分析是恰当的，但却由于远在莫斯科，不能透彻而全面地了解到保加利亚的国内形势，共产国际下达的保共要立即准备武装起义、夺取政权的指示并不符合当时的实际情况。保加利亚国内法西斯势力较为强大，社会民主党及农民联盟的右翼并不赞同与共产党联合反法西斯，因而保共的力量仍是较为弱小的，立即举行武装起义是一个错误的决策。共产国际在九月起义失败问题上应该负有重要责任。保共在法西斯政变前实行保持中立的政策是错误的，季米特洛夫等保共国内主要领导人对此决策应负重要责任。政变后，保共在共产国际的指示和干涉下调整政策，实行统一战线方针是适应形势发展要求的，季米特洛夫作为党的主要领导人对保共实现政策转变发挥了重要的积极作用。起义的准备工作被反动政府察觉后，保共中央作出提前举行武装起义的决策，这是较为盲目的，当时并不具备武装起义的形势和条件，在策略上犯了“左”的错误。保加利亚共产党中央当时没有切实从实际出发分析敌我力量的对比情况以及中间势力的政策倾向性，这样贸然举行武装起义，终因寡不敌众而被镇压，造成极大损失。同时，在起义前的准备工作及起义后全国各地的联络、协调统一领导等方面也都存在很多失误，季米特洛夫等保共主要领导人应负有重要责任。

九月起义虽然以失败告终，但对于季米特洛夫和保加利亚共产党是一次重大教训，也为世界共产主义运动和反法西斯斗争积累了丰富经验。正如季米特洛夫所指出的，共产党反法西斯的英勇战斗，共产党员表现出来的英雄主义，以及无产阶级的任务同反对反动派和法西斯的斗争的一般民主目标之间恰当的联系，使党同群众更紧密地团结在一起，并创造了“使党在争取民主和社会主义的战斗中转变成为城乡劳动人民的真正领导者的先决条件”。[①] 这次起义对他个人意义重大，在与他同时代的世界著名共产主义者中，季米特洛夫是最早经历在武装斗争中抗击法西斯的革命者。[②] 在此后的革命生涯中，他曾多次提到这次起义经历所带给他的深刻启示。

---

① ［苏］索波列夫等：《共产国际史纲》，吴道弘等译，人民出版社1985年版，第195页。

② Prakash Karat, Notes on the Revolutionary Life and Activities of Georgi Dimitrov, Social Scientist, Vol. 10, No. 7 (Jul., 1982).

二、共产国际地区革命领导人

从1923年9月底因九月起义失败被迫流亡国外，到1933年3月初因国会纵火案被捕的近十年时间是季米特洛夫侨居国外并从事秘密工作的时期。他开始主要从事共产国际在欧洲（尤其是西欧）的有关工作，逐步成为共产国际的著名活动家和西欧地区主要领导人。

（一）推进欧洲地区革命运动

1924年1月，季米特洛夫从维也纳到莫斯科参加了共产国际执行委员会关于保加利亚1923年6月法西斯政变事件和九月反法西斯起义事件的研讨会。共产国际执委会于2月作出决定，谴责了机会主义策略，指出九月起义对此后保加利亚革命运动的发展意义十分重大，还制定并通过了关于保共今后准备发动新的武装起义的方针。共产国际和保共当时并没有深刻分析九月起义失败的原因和教训，对革命形势的估计仍是“左”倾的。

1924年2月21日，革命导师列宁逝世，季米特洛夫参加了共产国际执委会护送（从哥尔克村护送到莫斯科）列宁灵柩的代表团。为纪念伟大导师，季米特洛夫以巴尔干共产主义联盟主席团名义发表《弗拉基米尔·伊里奇·列宁》一文，其中写道，列宁“创建了国际无产阶级革命的领导中枢——共产国际，它犹如一支光焰无际的火炬，照亮了被剥削的工人、农民以及被压迫的无权的人民大众争取解放的道路”，纪念伟大领袖的最好方式是“最广泛地继承列宁的遗产，即深入研究列宁主义及其在组织群众和领导解放斗争方面的实践”，列宁的“伟大思想将永远指引全世界的工人、农民彻底战胜资本主义和帝国主义”。[①]

1924 年 6 月，季米特洛夫出席在莫斯科召开的共产国际五大，他作为保加利亚共产党和巴尔干共产主义联盟代表参加了大会的政治委员会、组织委员会、工会委员会、殖民地委员会、波兰委员会、英国委员会和奥地利委员会，并在会上当选为共产国际执委会候补委员。

1925 年春，季米特洛夫又出席了共产国际执委会第五次扩大全会，会后留在共产国际执委会的领导机构中工作，他从事的主要工作包括参加共产国际主席团和书记处的会议、参与筹备和参加共产国际执委会扩大全会、为共产国际领导机构起草信件和文件等。在 1926 年 2 月 17 日至 3 月 15 日举行的共产国际执委会第六次扩大全会上，他当选为共产国际执委会主席团候补委员、执委会书记处候补书记、组织局委员。1926 年 3 月，共产国际执委会政治书记处为研究和领导各地区支部的活动而设立了地区书记处，季米特洛夫被任命为波兰—波罗的海地区书记处书记，负责波兰、芬兰、拉脱维亚、立陶宛、爱沙尼亚共产党的事务；他还作为共产国际执委会巴尔干地区书记处成员，负责书记处的日常工作。

1929 年初，季米特洛夫开始主要在柏林从事革命活动，先后用过沙夫玛和赫迪格两个假名。此时对于国内事务，季米特洛夫领导着设在柏林的保共国外局[②]。对于地区性事务，巴尔干共产主义联盟的领导机关（执行局）也设在柏林，他是执行局的政治书记。1929 年 4 月，季米特洛夫被共产国际政治书记处任命为共产国际执委会西欧局

① 金贡男：《关于季米特洛夫的五份资料》，载《河南师范大学学报》（社会科学版），1983 年第 4 期。

② 1930 年 8 月，根据共产国际执委会书记处的决定，保共国外局由柏林迁到莫斯科。

的领导人，自此到 1933 年 3 月被捕前一直负责共产国际这一重要地区局的领导工作。季米特洛夫所从事的共产国际工作都是在秘密状态之下进行，曾化名为扬沙夫斯马博士、鲁道夫赫迪格尔博士等隐居在柏林各区及郊外，没有固定住址。因工作需要，季米特洛夫经常在德国和欧洲其他国家活动，到过慕尼黑、德累斯顿、莱比锡、法兰克福、莫斯科、维也纳、布拉格、布鲁塞尔、阿姆斯特丹、巴塞尔、斯特拉斯堡、巴黎等地。

在欧洲资本主义的中心区域，季米特洛夫通过卓有成效的工作推动该地区共产主义运动的发展，动员劳动群众反对法西斯、反对战争和帝国主义压迫。他同 25 个欧洲共产党以及共产国际影响下的国际组织保持密切联系，帮助它们在组织和政治上逐步壮大成熟，并增强彼此间的团结与协作。其活动主要包括以下几方面：

其一，参加各国共产党的会议，参与重要问题的研讨并提出建议，向共产国际执委会汇报情况并执行其下达的指示。他作为共产国际执委会代表先后参加过 1929 年 6 月在柏林召开的保加利亚共产党第十二次代表大会、1929 年 6 月在巴塞尔召开的瑞士共产党中央全会、1931 年 6 月在维也纳召开的奥地利共产党第十一次代表大会和在阿姆斯特丹召开的荷兰共产党代表会议、1931 年 6 月在柏林召开的波兰共产党中央全会、1931 年 10 月召开的南斯拉夫共产党中央全会等。在参加的会议上，他认真研究各国共产党的问题，对形势的发展变化进行分析，并提出看法和建议。

其二，以共产国际执委会西欧局名义组织召开各国共产党会议，协调各党的行动。在季米特洛夫的组织和协调下，1929 年 3 月和 5 月分别举行了西欧地区共产党会议，对同年 8 月 1 日的反战行动进行筹备。1931 年 8 月，在世界性经济危机期间，他又召集各国党会议，专门研究共产党在失业工人中进行活动的问题。

其三，与共产国际的相关国际组织密切联系，协助其开展工作。这些组织主要包括青年共产国际西欧局、红色工会国际欧洲书记处、《国际新闻通讯》编辑部、国际红色救援团欧洲局、国际工人救援团中央委员会、反帝和反殖民主义压迫同盟书记处、欧洲农民委员会、红色体育国际执行委员会等。季米特洛夫同这些团体的办事处保持密切联系，参与筹备和召集这些组织的代表大会或其领导人会议。1929 年 7 月，季米特洛夫参加了在德国法兰克福召开的反帝同盟第二次代表大会，并在会上当选为反帝同盟执行委员会委员。他还受共产国际执委会委托，主持召开欧洲农民党代表大会，旨在团结劳动农民群众与工人阶级结成联盟，共同开展反对大地主和资本主义剥削压迫、反法西斯和反战争危险的斗争。

在从事共产国际的地区领导工作中，季米特洛夫根据当时的国际形势，着重关注并开展了以下几方面工作：

关于贯彻共产国际建立无产阶级统一战线的方针。为贯彻共产国际和红色工会国际关于建立统一工会的方针，季米特洛夫为推动保加利亚和巴尔干地区工会的统一做了大量工作。他主张把广大工人群众吸引到争取统一的运动中来，在城市和大企业中建立有各工会中心代表参加的“统一委员会”，这些委员会应直接领导争取统一的斗争，宣传召开大联合代表大会的主张。他建议各工会采取联合行动维护工人利益，组织工人代表团，提出要求，领导罢工斗争，“要利用一切机会，采用各种形式来使我们的工人同其他工会的工人和非党人士相互接近，在他们之间造成完全友好的气氛，使之有可能采取联合行动来反对共同敌人”[①]。季米特洛夫在向保共解释共产国际关于工会统一的决议时指出：“在阶级斗争的基础上，没有任何其他的先决条件而使各工会统一起来，为了各工会统一起来而召集代表大会，由代表大会决定统一的工会属于哪一个国际，同时，我国的工人一定要执行这个代表大会的决议——这就是我们对这个问题所持的立场，这个立场是坚定的也是为极广大群众所易于了解的，是有益的也是民主的，所以现时没有任何理由要强使我们去重新审查它。”[②]

关于反对法西斯主义的斗争。从历史角度看，法西斯主义的起源同民族沙文主义有关，它可以追溯到十九世纪下半叶和二十世纪初法国的极右翼反共和派——法兰西行动党的主张。它憎恨自由主义、民主制度和议会制度，推崇权力和暴力，并毫不犹豫地用暴力来对付它的敌人，拥护强硬的领导，明显地持反犹太主义和反共济会主义。[③]第一次世界大战后，墨索里尼于1919年3月在意大利的米兰建立了世界上第一个“战斗的法西斯”组织，领导开展法西斯主义运动。1921年他又创建国家法西斯党，领导该党利用意大利战后出现的国家危机和经济困难，利用中产阶级对红色革命的普遍恐惧心理以及当时泛滥全国的强烈民族主义情绪[④]，向国家政权发起攻势。1922年10月，墨索里尼攫取政权，在意大利建立起了世界上第一个法西斯专政的国家政权。共产国际最早向各国共产党呼吁进行国际反法西斯斗争是在

① ［保］维·哈吉尼科洛夫等：《季米特洛夫传》，余志和、马细谱译，人民出版社1982年版，第82页。

② ［保］斯捷拉·布拉戈也娃：《季米特洛夫传》，泽湘译，世界知识出版社1958年版，第67页。

③ ［英］弗·卡斯顿：《法西斯主义的兴起》，周颖如、周熙安译，商务印书馆1989年版，第12页。

④ ［英］弗·卡斯顿：《法西斯主义的兴起》，周颖如、周熙安译，商务印书馆1989年版，第81页。

1922年11月召开的共产国际四大上，这次代表大会通过的策略提纲在“国际法西斯主义”一节中号召：各国共产党的首要任务之一，就是组织对国际法西斯主义的反击，领导整个工人阶级对法西斯匪帮进行斗争，并在这方面大力应用统一战线的策略；在这种斗争中，利用建立非法组织的手段是绝对必要的。[①]

季米特洛夫在这一时期贯彻共产国际倡导的反法西斯政策主要表现在理论阐述和实践探索两个方面：

在理论上，他撰写文章对法西斯的本质和应采取的斗争策略发表见解。1923年底，季米特洛夫在维也纳发表文章动员世界无产阶级反对金融资本公开的法西斯专政。文章指出，法西斯主义不是仅东南欧所独有的偶然的和个别的现象；他以巴尔干各国的法西斯暴行为例，向其他资本主义国家的无产阶级揭露了法西斯主义的真正面目。此后他陆续发表《法西斯主义在巴尔干》《帝国主义在巴尔干》等文章，进一步揭露法西斯的本质及其与国际帝国主义的联系，并呼吁建立反法西斯统一战线。1928年，季米特洛夫在红色工会国际第四次代表大会上作论法西斯主义的报告，报告指出，必须认清“法西斯主义不是某一地方的、不是一时的或暂时的现象。它是帝国主义时代资产阶级的阶级统治和资产阶级专政的整个制度”，“法西斯主义对于无产阶级和阶级性的工会运动所具有的危险，是经常的和正在增长的危险”。他还主张将反法西斯主义的斗争和反战争危险的斗争结合起来。1929年，季米特洛夫又撰文指出，反法西斯主义的斗争“须与反战争危险的斗争密切联系起来。对这种危险进行胜利斗争的条件，就是在共产

① 《共产国际第四次代表大会所通过的策略提纲》，［英］珍妮·德格拉斯选编：《共产国际文件》第一卷（1919—1922），世界知识出版社1963年版，第541页。

党和巴尔干共产主义同盟领导下，建立、发展和加强无产阶级、农民、被压迫民族及少数民族的共同革命战线"①。

在实践中，季米特洛夫参与了1929年3月在柏林召开的反法西斯国际代表会议的相关工作，有来自24个国家的300多名代表参会。②他还对多个欧洲国家已出现的法西斯主义进行了揭露和斗争：

其一，反对保加利亚法西斯专政。被迫流亡国外后，季米特洛夫曾先后于1923年和1926年两次被保加利亚法西斯当局缺席宣判为死刑。九月起义的队伍撤到南斯拉夫境内后，许多战士被南当局关入集中营。他在国外组织开展反对保加利亚法西斯专政的国际运动，营救被拘留在南斯拉夫集中营的九月起义战士。同时，季米特洛夫写文章强调在反法西斯斗争中贯彻群众路线的重要性，反对采取个别的恐怖手段和孤立的游击行动。

其二，揭露和反对希腊资产阶级的法西斯化。1924年，季米特洛夫曾告诫希腊共产党希腊国内已出现法西斯分子，建议希共积极开展群众工作，举行群众集会，并在劳动人民中间进行最广泛的鼓动。③

其三，声援南斯拉夫人民反法西斯暴行运动。1929年，当时的塞尔维亚—克罗地亚—斯洛文尼亚王国（成立于1918年12月1日，王国面积几乎相当于此后的南斯拉夫）国王亚历山大一世废除宪法，解散议会，禁止包括共产党在内的一切政党的活动，实行独裁统治，并改国名为南斯拉夫王国。事件发生后，季米特洛夫组织了反对南斯拉

① ［保］斯捷拉·布拉戈也娃：《季米特洛夫传》，泽湘译，世界知识出版社1958年版，第65—66页。

② Prakash Karat, "Notes on the Revolutionary Life and Activities of Georgi Dimitrov", *Social Scientist*, Vol. 10, No. 7 (Jul., 1982).

③ ［保］斯捷拉·布拉戈也娃：《季米特洛夫传》，泽湘译，世界知识出版社1958年版，第65页。

夫法西斯主义势力暴行的国际同情运动，积极声援南斯拉夫人民的抗议行动。

其四，指导奥地利共产党开展反法西斯斗争。1924 年 4 月，季米特洛夫被共产国际执委会指派为驻奥地利共产党的代表，他密切关注奥地利国内政治局势，对奥共实行的方针政策提出建议，向共产国际执委会报告奥共的情况，还帮助该党弥合内部观点分歧和派别活动。1927 年奥地利议会大选后，他在写给奥共中央委员会关于选举结果的提纲中分析了法西斯主义的危险性，他特别指出，大资本正越来越明显地转变为法西斯，奥地利无产阶级应当尽快全面积蓄阶级力量，组织反对法西斯的斗争。在其建议下，奥共提出了解散反动团体、清除国家机构中的法西斯分子的坚决要求，并向社会民主党提出了采取共同行动反对法西斯进攻的建议。奥地利“七月事件”[①] 发生后，季米特洛夫给奥共写信进行声援，提议采取行动保护受害者、反对对工人阶级及其组织的迫害，建议奥共在全国范围内建立工人总委员会，共同反对反动势力；他建议为共产党的合法存在而斗争，也要积极准备进行地下工作；还告诫奥共应及时防范反动派发动政变。[②]

其五，反对德国的法西斯势力。对此季米特洛夫主要做了三方面工作：首先，与德共领导人协商对策。为了解以恩斯特·台尔曼为首的德国共产党中央与法西斯势力斗争的情况，他与台尔曼保持着密切联系，常在一起讨论国内政局、协商各种策略问题。其次，深入劳动

---

① 1927 年 7 月 15 日，维也纳工人为抗议奥地利政府的法西斯暴行举行罢工和示威游行，约 10 万示威者高呼“打倒法西斯”的口号，遭到警察武装镇压，工人群众与警察进行了英勇搏斗，至少 90 人死亡，600 多人受伤。该事件后被史学界称为“七月事件”。

② ［保］维·哈吉尼科洛夫等：《季米特洛夫传》，佘志和、马细谱译，人民出版社 1982 年版，第 65 页。

群众中作实际考察。尽管处于地下秘密状态，季米特洛夫仍参加一些街头游行示威，参加失业工人的会议，实地了解德国劳动群众的情况。再次，倡导建立德国无产阶级的统一战线。他通过考察指出了在实行统一战线方面的许多不足之处，并提出了具体的改进建议。1933 年 1 月 30 日，德国总统兴登堡任命希特勒任总理，建立起公开的法西斯专政。季米特洛夫不顾个人安危，继续留在柏林和慕尼黑，领导共产国际西欧局筹备召开欧洲工人反法西斯代表大会的组织工作。

关于组织开展群众性反战运动。季米特洛夫参与并领导了反对帝国主义战争的国际性群众运动，1928 年 7 月，他赴莫斯科参加共产国际六大，并于 8 月 6 日在大会上作了关于战争危险问题的报告。报告论述了资本主义不可调和的矛盾及其日益增长的战争威胁，必须反对低估这一威胁。他指出，反战运动应同反对资本进攻的斗争，同维护工人、农民和劳动知识分子切身利益的斗争结合起来；瓦解军队以及加强共产党在农业无产阶级、贫农和中农中的影响具有重大意义，因为军队在很大程度上是由这些人组成；如果最终还是爆发了帝国主义战争，革命无产阶级及其共产主义先锋队的主要职责就是把帝国主义战争变为国内战争，从而夺取无产阶级革命的胜利并彻底根除战争。[①] 会上他再次当选为共产国际执委会候补委员。1929 年，资本主义世界性经济危机爆发，帝国主义国家间矛盾日益激化，世界再次面临爆发战争的危险。在欧洲，共产国际成为国际性群众反战运动的主要组织者。在季米特洛夫和共产国际执委会西欧局的组织协调下，世界反战代表大会于 1932 年 8 月在荷兰首都阿姆斯特丹举行，季米特洛夫在此会见了各国

① ［保］维·哈吉尼科洛夫等：《季米特洛夫传》，余志和、马细谱译，人民出版社 1982 年版，第 86 页。

共产党及群众组织的代表，并与德共著名活动家弗里茨·赫克特一起领导了代表大会的共产党党团。他在会上当选为国际反战委员会委员。1932 年 12 月下旬，季米特洛夫又赴巴黎参加国际反战委员会会议，同该委员会中的共产党活动家亨利·巴比塞、马塞尔·加香、保罗·瓦扬—古久里、尼古拉·什维尔尼克、埃列娜·斯塔索娃等人以及德国、英国、比利时、荷兰等国的反战活动家进行了沟通和讨论。

（二）反对“左”倾路线和宗派主义

在开展共产国际相关工作的过程中，季米特洛夫还注意到党内出现的机会主义倾向，对保共及共产国际内的“左”倾路线、宗派主义进行了抵制和斗争。

1923 年，保加利亚反法西斯九月起义的失败就已透露出共产国际和保加利亚共产党中央存在的“左”的倾向，在当时严酷的革命环境中却没有引起足够的重视。起义失败后，保共中央仍在坚持实行尽快实施武装起义的方针。季米特洛夫较早地注意到了保共党内出现的机会主义倾向，预见到党内主张采取极端行动的危险性，并尽力使党消除路线分歧、摆脱组织危机。

1924 年 5 月，季米特洛夫向保共中央提出，应当把日常群众工作作为党的工作中心。1924 年秋，保共中央就实施武装起义问题进行讨论，季米特洛夫与科拉罗夫等主要领导人实事求是地分析了国内政治经济条件及阶级力量对比，认为在保加利亚国内法西斯反动势力大于共产党的革命力量，在这种形势下不宜实施武装起义；同时，国际政治环境也不利于举行起义。此后，季米特洛夫在写给科拉罗夫的书信中指出，“我们的人中有点要进行个人恐怖活动的苗头”，“这种苗头是极其危险的，要迅速纠正它”。[①]

1925 年 3 月，季米特洛夫赴莫斯科参加共产国际执委会为讨论保加利亚国内外局势而举行的会议，会议讨论了保加利亚共产党的政治路线，抵制并纠正了“左”的倾向，建议保加利亚共产党调整准备武装起义的方针，大力开展群众工作，满足群众的迫切需要。他作为保共主要领导人积极参与了会议的讨论和研究，在会议决策中起到了重要作用。

保加利亚共产党内部一直存在关于党的历史、党的战略策略等问题的严重分歧，争论激烈。1929 年 8 月至 10 月，保共在德国柏林召开中央全会，会上党内“少壮派”和“元老派”路线尖锐对立，为弥合观点分歧、防止党的组织分裂，季米特洛夫在会上做出很大努力，开展说服教育工作，但成效不大，他与科拉罗夫等占了少数。鉴于保共党内分歧日益尖锐严重，共产国际执委会从 1929 年 12 月到 1930 年 8 月召开了多次专门会议讨论保加利亚共产党的内部问题，保共中央也派出了四人组成的代表团参加会议，但季米特洛夫未包括在代表团内。保加利亚共产党危机的实质是党内上层存在的严重宗派主义，为避免宗派主义对党的工作造成危害，季米特洛夫积极呼吁反对这一倾向，消除领导层的严重危机，防止危险转到党的下层中去。但由于保共内的宗派主义者得到共产国际内部分领导人的支持，他的呼吁和努力并未起到良好效果。

季米特洛夫还对共产国际内部以及一些支部存在的极左错误和宗派主义进行了抵制。列宁逝世以后，德国共产党党内的马斯洛夫—费舍尔集团频繁活动，反对共产国际第三次代表大会和第四次代表大会通过的关于争取群众大多数并建立统一战线的策略方针。该派别认为

---

① ［保］维·哈吉尼科洛夫等：《季米特洛夫传》，余志和、马细谱译，人民出版社 1982 年版，第 79 页。

群众是消极被动的，共产国际争取群众大多数徒劳无益。他们不仅拒绝贯彻执行共产国际的这一策略路线，而且还公开号召共产党员退出工会组织，这势必会导致共产党及其工会组织的力量大幅削弱。1926年2月至3月，共产国际执委会第六次扩大全体会议召开，季米特洛夫在会上代表保共代表团就德国共产党问题发言。他在发言中谴责了德共党内的极左倾向和危险性，指出，"目前德国党最大的危险是极左派的危险，它妨碍党发展为群众性的无产阶级和布尔什维克的党"，"当全体会议行将闭幕的最后一刻钟所发生的情形，完全明显地证明了在我们面前有一个由一些小资产阶级、知识分子的极左派小团体所组织的危害共产国际的统一及其布尔什维克特性的阴谋。这些小集团以最卑劣的方式在俄国问题上投机。企图由此创立反共产国际的国际同盟"，他号召"整个共产国际必须坚决地起来反对这种阴谋和维护自己的统一与布尔什维克特性"。[①] 此后不久，季米特洛夫还提出了反对机会主义必须同时在"左"、右两条战线上作斗争的思想，认为在党内反对"左"的倾向的同时也不应停止反对右的偏向。

1926年秋，季米特洛夫在柏林和维也纳开展工作，他在同德国、奥地利以及其他国家的共产党领导人进行会谈时指出，反对派别活动的斗争也应该具有国际性，这是一场"为共产国际的存亡"而进行的斗争。同年，保加利亚共产党中央第一次扩大全体会议[②]在奥地利维也纳召开，季米特洛夫在会上作了关于共产国际执委会工作和联共（布）党状况的报告。报告较为详细地阐述了反对共产党内宗派主义

---

① ［保］斯捷拉·布拉戈也娃：《季米特洛夫传》，泽湘译，世界知识出版社1958年版，第69—70页。

② 由于被迫转入地下秘密工作状态，保共中央当时设在维也纳，国内的革命活动主要由党的执行局直接领导和开展。

的必要性和重要意义。1926 年 9 月，季米特洛夫在柏林了解到德国共产党马斯洛夫—费舍尔集团派别斗争的全部情况后，写信给共产国际执行委员会，信中指出："我认定我们必须立刻动员共产国际的全部力量来保卫苏联共产党的统一和共产国际本身，并尽可能最迅速最彻底地去消灭俄国反对派在客观上所起的反革命作用。"[①] 1927 年 2 月，为纪念列宁逝世三周年，季米特洛夫发表了《没有列宁，就没有列宁主义》一文，文章谴责了极左派在世界共产主义运动中的分裂活动，强调指出所有共产党人都应精通列宁主义、继承列宁主义思想遗产，回击内外敌人的破坏活动。

三、捍卫与声援：莱比锡审判中的交锋

1933 年，德国纳粹党为陷害德国共产党及其他进步政治力量，阴谋焚烧柏林国会大厦，制造了国会纵火案。侨居德国并领导共产国际有关工作的季米特洛夫不幸被捕，旋遭纳粹法庭审判。关于国会纵火案的莱比锡审判是近代世界政治史上最重大的审判之一。季米特洛夫在纳粹法庭上的大义凛然的表现震动世界舆论，他本人也因此得到"莱比锡之虎"的美誉，在国际上得到更高的声望。为揭穿纳粹阴谋，季米特洛夫在审判中采取积极进攻性战略，以确凿而翔实的论据对共产国际的纲领和政策进行了有力的宣传和辩护。在共产国际和各国共产党的推动之下，世界各地掀起了声援和营救季米特洛夫等在国会纵火案中被栽赃陷害的共产党人士的群众运动。

---

① ［保］斯捷拉·布拉戈也娃：《季米特洛夫传》，泽湘译，世界知识出版社 1958 年版，第 70 页。

（一）对共产国际方针的宣传与捍卫

1933年2月27日，德国国会大厦遭纵火焚烧，纳粹当局立即嫁祸于共产党人，在全国展开大范围逮捕。德国共产党被迫转入地下，德共主席台尔曼于3月3日被捕入狱。3月9日，仍留在柏林的季米特洛夫正忙于扫尾工作、准备转移到其他国家时，因纳粹党徒告发，在“伯扬霍夫”饭店被捕。与他同时被捕的还有另外两位保共党员布拉戈伊·波波夫和瓦西尔·塔内夫。

被捕后，纳粹党为季米特洛夫写的起诉书在三个多月的审判过程中一直未对外公开。开放后的档案资料显示，该起诉书长达235页，审判的目的不仅是反对德国共产党，主要是反对共产国际。起诉书控告季米特洛夫等“被告”是“莫斯科的俄国共产党委派的间谍”，这些共产党人负有通过纵火国会在德国组织武装暴动，从而使整个欧洲苏维埃化的任务。起诉书认为，“在国会纵火案以后，同样的纵火行动本来也会在华沙、维也纳和布拉格发生的，其目的是要使熊熊烈火燃遍欧洲”。起诉书还说，三个保加利亚人是在苏联（共产国际）长期待过的保共中央委员，是在德国进行共产主义活动、反国家活动的危险人物，季米特洛夫是“被告”中的领导人物，他被指控“在德国起着为共产党效劳的完全特殊的作用”。[①] 审判前，季米特洛夫向法庭提出了自己的证人，其中包括曼努伊尔斯基、库西宁、皮亚特尼茨基三位共产国际书记处书记，还有台尔曼、加香、片山潜等共产国际活动家，但这些证人都遭到法庭拒绝。季米特洛夫还列出了作为证据的一系列文件，主要包括：共产国际执委会第十二次全体大会的决议

① ［保］季米特洛夫：《狱中书信集》，继枚译，人民出版社1954年版，第2页。

(1932年9月)，德国、波兰、意大利三国红色工会反对派召集反法西斯国际工人代表大会的呼吁书（1933年2月25日），共产国际执委会号召无产阶级统一斗争的呼吁书（1933年3月5日），共产国际的行动纲领和章程。可以看出，无论是德国纳粹党起诉的标靶，还是季米特洛夫辩护的内容，都与共产国际及其政策密切相关。

法庭审判过程中，季米特洛夫没有进行防守性的个人辩护，而是采取了主动进攻性的为共产主义理念及共产国际政策辩护的策略。在法庭发言中，他对共产国际的纲领以及共产党人的宗旨和原则进行了宣传。纳粹党绝对禁止法庭上出现"挑衅性"的共产主义宣传鼓动，季米特洛夫因而常受到庭长这样警告："不要进行共产党宣传，现在你还敢再说一句话，我就把你撵出去"，"你不应当在这里进行共产党宣传。绝对禁止你这样做"，"假如你还要提问题，只能提纯粹事务性的问题"。[①] 季米特洛夫每次带有政治宣传意味的发言都使庭长大为恼怒，并多次被剥夺发言权，甚至被逐出庭外关押。但季米特洛夫对此毫无惧色，他反驳道，"谈到宣传的问题，我可以说，在这个法庭里有很多发言是具有宣传性质的"，"戈培尔和戈林的发言也起了对共产主义有利的间接宣传作用，但是没有人能以他们的行为产生了宣传作用而责备他们"。[②] 尽管面临法庭严格限制，季米特洛夫还是以极大的勇气在发言中对共产国际纲领及共产党的宗旨进行了毫不避讳的宣传。作为一位出色的演说家和宣传家，季米特洛夫将法庭辩护和理论宣传巧妙地结合在一起，起到了很好的论辩及宣传效果。

---

① 《控诉法西斯——季米特洛夫在莱比锡审讯中的两个发言》，种冲校译，生活·读书·新知三联书店1958年版，第15页。

② 《控诉法西斯——季米特洛夫在莱比锡审讯中的两个发言》，种冲校译，生活·读书·新知三联书店1958年版，第20页。

季米特洛夫援引大量确凿而翔实的文件资料作为论据，从两大方面对共产国际的政策方针进行了有力辩护。

一方面，反驳纳粹指控国会纵火是“共产国际的阴谋”，证明共产国际是一个具有严密组织性和高度原则性的国际组织，绝不是一个从事阴谋暴动的国际组织。季米特洛夫在这一方面的反驳和辩护主要包括以下四个方面：

第一，阐明共产国际的组织结构、基本性质及其奋斗目标。季米特洛夫首先指出，德国共产党和其他各国共产党都是共产国际的支部；然后说明了共产国际的基本性质，引用共产国际纲领第一条内容指出，“共产国际——工人的国际联合——是各国共产党的联合、是统一的世界性的共产党。它是世界无产阶级的革命运动的领导者和组织者，是共产主义原则和目的的体现者”，由此，共产国际的主要使命是要“争取工人阶级的大多数和贫苦农民的广大阶层，为建立全世界的无产阶级专政、为创设社会主义苏维埃共和国的世界联盟、为完全消灭阶级、为实现作为共产主义社会第一阶段的社会主义而斗争”①。这从共产国际的基本性质和主要任务的角度为自己的论点进行论证。

第二，阐明世界上最大国家的执政党，即联共（布）在共产国际内的地位。季米特洛夫指出，“在这拥有全世界千百万党员的共产国际这个世界性的党中，苏联共产党是一个最强有力的党。它是苏维埃联盟——世界上最大的国家的执政党”，而共产国际这一世界性的共产党是“与所有国家的共产党的领导共同判断政治情势的”②。共产国

① 《控诉法西斯——季米特洛夫在莱比锡审讯中的两个发言》，种冲校译，生活·读书·新知三联书店1958年版，第27页。

② 《控诉法西斯——季米特洛夫在莱比锡审讯中的两个发言》，种冲校译，生活·读书·新知三联书店1958年版，第27页。

际的“第一个也是最大的组成部分是一个世界上最大的国家的执政党”[①]。这说明：一个包含世界上最大国家的执政党的国际组织是绝对不会做毫无原则性和责任感的事情的。

第三，阐明共产国际做出的决策绝不是盲目的，而是极富理性的。季米特洛夫在最后的发言中指出，共产国际的“所有支部都对它直接负责，因而它是一个世界性的党，而不是一个阴谋者的组织”，而“这样一个世界性的党是不以起义和革命作儿戏的。这样一个世界性的党不能对它千百万信徒们公开说的是一回事，而暗地里做的又是另一回事。这样一个党是不作兴搞两本账簿的”，共产国际“在它对待千百万无产者的时候，在它采取关于战略和当前任务的决定的时候，是以极严肃的态度和充分的责任感来进行的”。[②] 季米特洛夫还强调：“共产党人幸好不像他们的敌人那样近视，他们不会在困难的环境中丧失理性。”[③] 这说明，共产国际是决不会盲目地从事所谓的“阴谋”活动的。

第四，阐明共产党员，尤其是党的领导者所具有的原则性和责任感。待讯期间，季米特洛夫于 1933 年 3 月 20 日在柏林写给警察局的书面声明中说，“作为一个共产党员，作为共产国际的一分子，我在原则上就反对个人恐怖行为，反对任何这种毫无意义的纵火行为”，因为这种行为“和共产国际的原则、群众工作的方法以及经济上和政治上的群众斗争是绝不相容的”，因为这种行为“只能伤害无产阶级的解放运动——共产主义事业”，“每一个共产党以及共产国际的纲领

---

① ［保］季米特洛夫：《狱中书信集》，继枚译，人民出版社 1954 年版，第 119 页。

② 《控诉法西斯——季米特洛夫在莱比锡审讯中的两个发言》，种冲校译，生活·读书·新知三联书店 1958 年版，第 28 页。

③ ［保］维·哈吉尼科洛夫等：《季米特洛夫传》，余志和、马细谱译，人民出版社 1982 年版，第 114 页。

与党章都禁止个人恐怖行为，任何采取个人恐怖手段的党员都会受到开除党籍的处分”，“我们是共产党员，不是无政府主义者”。[①] 在庭审发言中，季米特洛夫又从自己的身份出发指出，“我是布尔什维克，是无产阶级的革命家”，“我作为保加利亚共产党中央委员和共产国际执行委员会委员，是负责的和做领导工作的共产党员”，“我有充分的准备对我的保加利亚党和共产国际的一切决议、文件和行动负完全责任”。[②] 这说明，负责任的共产党的领导人是不会违背党的基本原则而从事“阴谋”活动的。

通过以上四点可以证明，国会纵火绝不是共产国际和德国共产党的阴谋，而恰恰相反，是“预先精心策划好的屠杀德国工人阶级及其先锋队共产党的一种阴谋”[③]。

另一方面，反驳纳粹指控国会纵火是“共产国际号召起义的信号”，通过大量事实证明共产国际在当时的任务是实行统一战线，而绝不是发动武装起义。

审讯的起诉书认为，被告们是“莫斯科的共产党派到德国来准备武装暴动的全权代表”，控诉的根据是“这种犯罪的暴行是对国家的敌人们的一种信号，他们见到信号以后，就要向德帝国进行总进攻，把它消灭，然后建立无产阶级专政、建立一个唯第三国际之命是从的苏维埃国家”。[④] 纳粹党还计划通过事实来证明这一点，他们指出，德

---

① ［保］季米特洛夫：《狱中书信集》，继枚译，人民出版社 1954 年版，第 11—12 页。

② 《控诉法西斯——季米特洛夫在莱比锡审讯中的两个发言》，种冲校译，生活·读书·新知三联书店 1958 年版，第 51—52 页。

③ ［保］维·哈吉尼科洛夫等：《季米特洛夫传》，余志和、马细谱译，人民出版社 1982 年版，第 116 页。

④ 《控诉法西斯——季米特洛夫在莱比锡审讯中的两个发言》，种冲校译，生活·读书·新知三联书店 1958 年版，第 22—23 页。

国共产党和“红色阵线战斗者同盟”正准备在1933年2月和3月进行武装暴动，并且已经发出了有关这方面的指示，国会纵火案正是这次暴动的信号。[①] 为了证实国会纵火案是武装起义的信号，纳粹党的二号人物戈林也在法庭上宣称，“希特勒一上台，德国共产党就不得不鼓动群众”，“共产党被迫有所作为，现在不干，就永远没有机会了”，“共产党许多年来都号召大众反对国社党，现在国社党掌握了政权，共产党要就是立即采取行动，要就是永远不采取行动，这中间再没有别的选择了”。法庭检察官维尔纳博士也宣称，“共产党已经处在不战斗就得投降的境地（虽然他们并没有把战争进行到底的准备）。这是它现在处境中仅有的选择。不是不经战斗而放弃它的目的，就是冒一次险，孤注一掷，也许可以把环境变得对它有利”。[②]

对于这些指控，季米特洛夫的反驳和辩护主要围绕以下两方面进行：

首先，季米特洛夫指出，德国共产党当前的主要任务和斗争策略绝不是立即准备武装起义。季米特洛夫根据确凿的会议文件指出，根据共产国际执委会第十二次全会决议，德国共产党的主要任务在于，“动员千百万劳动大众来保卫他们的日常利益，反对垄断资本对他们所进行的掠夺，反对法西斯主义，反对紧急命令，反对民族主义和沙文主义，开展政治罢工和经济罢工，为无产阶级国际主义而斗争，进行示威，以此来引导群众走向政治总罢工；争取社会民主党的基本群众，坚决克服工会工作中的弱点”。共产国际当时的斗争策略是“群

① ［保］季米特洛夫：《狱中书信集》，继枚译，人民出版社1954年版，第4页。

② 《控诉法西斯——季米特洛夫在莱比锡审讯中的两个发言》，种冲校译，生活·读书·新知三联书店1958年版，第25—26页。

众工作，群众斗争，群众反抗，统一战线，不作任何冒险行动”。[①] 而德国共产党在“二三月间建立统一战线的任务一点也不意味着起义以及准备起义，而只是意味着动员工人阶级来反对资本家的掠夺和国社党的暴力”[②]。这说明，共产国际和德国共产党都没有提出立即进行武装起义的任务或计划，共产国际更没有委托作为它的一个支部的德国共产党执行这种任务。

其次，季米特洛夫指明，实行统一战线是共产国际当时最主要的策略。季米特洛夫在法庭上宣读了一份共产国际执委会的宣言作为论据，其中指出，共产国际和各国共产党“不止一次地宣称，他们准备同社会民主党工人一起向资本的进攻、政治上的反动派和战争威胁作斗争”，“当着进攻德国工人阶级和发动世界反动派全部力量的法西斯主义的面前，共产国际执委会号召一切共产党再作一次同社会民主党工人建立统一战线的尝试”，共产党人“无论过去和将来永远站在争取统一战线的斗争的首列”，共产国际执委会坚信“不论社会民主党的领袖怎样对待建立统一战线，社会民主党和无党派的工人将会克服一切障碍，同共产党员一起，不是在口头上，而是在实际上实现统一战线”。季米特洛夫强调，“为无产阶级专政而斗争，是全世界所有共产党的任务”，“要实现这个确定不移的纲领，不仅需要依靠工人阶级的力量，还需要其他劳动大众的力量”。[③] 季米特洛夫还指出，从该宣言中找不到要立即进行武装起义夺取政权的任何词句。

---

① 《控诉法西斯——季米特洛夫在莱比锡审讯中的两个发言》，种冲校译，生活·读书·新知三联书店1958年版，第28－29页。

② 《控诉法西斯——季米特洛夫在莱比锡审讯中的两个发言》，种冲校译，生活·读书·新知三联书店1958年版，第36页。

③ 《控诉法西斯——季米特洛夫在莱比锡审讯中的两个发言》，种冲校译，生活·读书·新知三联书店1958年版，第29—32页。

通过以上两大方面有力的反驳和辩护，季米特洛夫最后指出，法庭调查的结果“对于每一个具有正常智力的人说来可以认为是完全搞清楚了”，“国会纵火与共产党的任何活动丝毫无关，即与罢工、示威或其他类似的任何事件都无关”，“任何人（我把罪犯和精神病患者除外）都不认为国会纵火是起义的信号。没有人发现与国会纵火有关的任何起义的事实、行为或企图”。[①]

季米特洛夫在庭审最后深怀激愤、坚定自信地指出，“历史的车轮在转动，向前转动，朝着苏维埃的欧洲、朝着苏维埃共和国世界联盟的方向转动”，“在共产国际领导下的无产阶级所推动的这个车轮，无论是用恐怖手段、判处苦役或者死刑，都不能把它挡住。它在现在和将来都在转动，直转到共产主义的彻底胜利”![②] 至此，几乎所有证人、证言都被辩驳得立不住脚，法官这时宣布将永远剥夺季米特洛夫的发言权。

他通过思维严密的逻辑推理、宣传感染力和无畏雄辩，在审判席上逐步变被动为主动、变被告为原告。正如法国共产党领导人多烈士后来在共产国际七大会议上评价的：季米特洛夫在莱比锡的帝国最高法庭上自豪地宣布“以共产国际和全世界劳动人民的名义，控诉法西斯的血腥暴行。”[③]

几年后，季米特洛夫在苏联与人交谈时被问到过这样的问题：“所有的律师都感到惊奇”，“在完全被隔离的情况下怎么能如此正确

---

① 《控诉法西斯——季米特洛夫在莱比锡审讯中的两个发言》，种冲校译，生活·读书·新知三联书店1958年版，第32—33页。

② 《控诉法西斯——季米特洛夫在莱比锡审讯中的两个发言》，种冲校译，生活·读书·新知三联书店1958年版，第45页。

③ 《国际共产主义运动历史文献（57卷）——共产国际第七次代表大会文献（1）》，中央编译出版社，2013年版，第459页。

地判断方向，以如此惊人的充分论据和辩证力量发言”？对此季米特洛夫回答道：“这是利用一切供判断方向的具体材料的列宁主义方法。立意、进攻策略、攻击的战略计划、革命地运用‘合法的’权利和机会。”[①] 这在当时莱比锡审判法庭上，也达到了非常罕见的论辩效果，使得“每一个愿意团结起来反抗法西斯主义野蛮进攻的人，都深情地、赞许地、热烈地呼喊着季米特洛夫这个布尔什维克的名字”[②]。这是在国际舞台上对共产国际基本路线方针进行的最有力辩护。

（二）各国共产党声援与营救运动

世界各国媒体对国会纵火案非常关注，对莱比锡审判的具体情况进行了及时报道。在各国工人尤其是各国共产党的积极组织和推动下，争取释放季米特洛夫等国会纵火案“被告”的群众性运动在苏联、英国、美国、法国、瑞典、挪威、瑞士、西班牙、保加利亚、捷克斯洛伐克、奥地利、加拿大、巴西等许多国家迅速而广泛展开，势如迅雷，风起云涌。大批写给法庭庭长、检察官、政府内政部长的抗议函电也从世界各地寄至德国柏林和莱比锡。国际反法西斯委员会接连派出自己的代表前往柏林，但德国纳粹当局拒绝委员会的代表们与被捕者进行会晤。各国群众通过各种形式进行抗议与声援，他们在纳粹德国驻外国大使馆和领事馆前举行游行示威，很多国家都组织召开了群众性抗议大会，并通过数千个决议，有的国家还组织工人罢工，阻止火车线路运行，有的进而抵制对德国的经济贸易。

---

① 《季米特洛夫日记选编》，马细谱、杨燕杰、葛志强等译，广西师范大学出版社 2002 年版，第 44 页。

② 《国际共产主义运动历史文献（57 卷）——共产国际第七次代表大会文献（1）》，中央编译出版社，2013 年版，第 459 – 460 页。

保存在位于莱比锡的季米特洛夫博物馆中的警察局的一份报告也表明，德国共产党和工人为抗议、声援及营救国会纵火案被告而进行了广泛活动，这一报告记载，“由于1933年9月21日在帝国法院开始对国会纵火案罪犯进行审讯，共产党员在这里展开了活跃的活动”，仅在9月份，单在莱比锡一地就搜查了1100多人和逮捕了400人。[①]连纳粹的安全特工部门盖世太保人员也抱怨说，对付共产党组织的抗议或声援活动非常不容易。盖世太保在其季度报告中坦承，“单单递给国会纵火案审讯委员会以及帝国最高检察署的，就有远远超过一千份的抗议书、决议和辩驳书，其形式或者是亲笔写的和打字的信，或者是印刷和电报”，“表示抗议的信由个人或几个人签名，部分的是受将近有40万人的组织的委托。同时还有经成百个人亲笔签名的决议”。[②]

国会纵火案发生后，德国法西斯受害者国际救援委员会在法国巴黎成立，该委员会的主要工作任务是搜集有关国会纵火的资料和纳粹的恐怖行为，组织国际性抗议运动。1933年六七月间，德国共产党在该委员会协助下，编写出版了《揭穿国会纵火案真相和希特勒恐怖活动褐皮书》，该书对动员社会各界声援和保护国会纵火案的“被告”起到了重要作用。该委员会还成立了一个由各国著名律师和社会活动家组成的国际调查委员会。审判开始前一周，该调查委员会就在英国著名律师丹·普里特的主持下召开会议，对几十名证人和专家的证言、纳粹当局的官方报道及搜集的证明材料进行了客观的审查评价，

① 《控诉法西斯——季米特洛夫在莱比锡审讯中的两个发言》，种冲校译，生活·读书·新知三联书店1958年版，第56页。

② 《控诉法西斯——季米特洛夫在莱比锡审讯中的两个发言》，种冲校译，生活·读书·新知三联书店1958年版，第57页。

这次会议又被称为“伦敦反审判”。调查委员会在9月20日公布结论指出，被控告的共产党人无罪。这对莱比锡法庭的法官、检察官及辩护者们产生了重要影响，他们不得不面对这一结论。德国共产党中央委员会出版了介绍莱比锡审判情况的秘密简讯，并进行了广泛传播，使季米特洛夫在法庭上的言行和举动为更多的民众所了解。

国会纵火案期间，共产国际执行委员会召开的第十三次全会第一次会议上，在开幕词中就强调：“我们记得受到苦役和死亡威胁的季米特洛夫同志”，“向英勇的布尔什维克、坚定的革命者季米特洛夫同志及其他被告致以我们热情的敬意”。[①]

在中国，中国共产党中央委员会于1933年8月1日下达了《关于援助德国白色恐怖下的革命战士的通知》，对反法西斯的正义力量给予了及时、有力的声援。[②]

在英国伦敦，约5000名工人于9月中旬在德国大使馆前游行示威，示威的工人代表向大使馆递交了一份代表7万名工人的抗议决议书。

在法国巴黎，声援莱比锡审判的民众集会于11月8日在贝利埃大厅举行，季米特洛夫的母亲应邀在集会上讲话，众多演讲者号召人们为拯救国会纵火案的“被告”进行斗争。工人还在大规模群众集会上选举出到德国保护国会纵火案受害者的代表团，但纳粹德国政府拒绝代表团入境。

在季米特洛夫的祖国保加利亚，10月3日，由保加利亚共产党发起，托多尔·日夫科夫组织和领导的保卫季米特洛夫全国行动委员

---

① 《国际共产主义运动历史文献（55卷）——共产国际执行委员会第十三次全会文献（1）》，中央编译出版社，2015年版，第7页。

② 卫兴龙：《莱比锡审判的胜利者》，载《世界知识》，1983年第24期。

会，在索非亚的雷内山斯剧场公开举行了十个小时的抗议集会。众多保加利亚国内知识界名人参加了这次集会，会议还邀请到了季米特洛夫和塔内夫的母亲到会讲话，著名的共产党员律师安托·鲍亚季耶夫、著名作家托多尔·格诺夫和工人党的代表也应邀到会讲话。会场上高声呼喊口号并热烈鼓掌。这次集会终因警察武装干预而被迫中断。[①]

各国重要报刊也纷纷发表评论文章，声援季米特洛夫等在纳粹法庭上的斗争。1933 年 9 月 25 日，苏联《真理报》刊载的评论写道，季米特洛夫“并不考虑自己本人，并不考虑自己的生命，并不考虑自己的安全。他仍在从事本党的事业，并且懂得，他不但正在用自己的演讲，而且正在用自己的全部行动，向千百万无产者讲授一堂革命斗争课”[②]。11 月 5 日，奥地利《工人报》的评论写道，季米特洛夫“反对德国当权者的斗争如此令人惊叹，如此令人振奋，实属罕见”。比利时《人民报》于 11 月 14 日发表题为《赞季米特洛夫》的文章指出，“在恐怖造成的普遍沮丧的气氛中……当想起这位保加利亚共产党人在莱比锡最高法庭上大义凛然时，就会感到振奋和欣慰”。[③] 波兰《华沙报》刊文指出，季米特洛夫“智力过人，才华横溢，他把被告席变成了控告台”。[④] 英国《曼彻斯特卫报》于 1934 年 2 月 10 日刊登了路透社的采访，题为《一个未被战胜却因压抑而疲惫不堪的狱中

---

① ［保］托多尔·日夫科夫：《日夫科夫回忆录》，吴锡俊等译，新华出版社 1999 年版，第 32 页。

② ［保］维·哈吉尼科洛夫等：《季米特洛夫传》，余志和、马细谱译，人民出版社 1982 年版，第 102 页。

③ ［保］维·哈吉尼科洛夫等：《季米特洛夫传》，余志和、马细谱译，人民出版社 1982 年版，第 110 页。

④ 卫兴龙：《莱比锡审判的胜利者》，载《世界知识》，1983 年第 24 期。

人》；2 月 20 日该报又刊载了德国援助委员会关于成立季米特洛夫基金的呼吁。[①]

经过国会纵火案“被告”在纳粹法庭上的英勇斗争，以及世界各国人民和国际正义舆论的有力声援，1933 年 12 月 23 日，莱比锡审判以季米特洛夫等人被纳粹法庭宣布无罪而告终。但三位“被告”并未即刻获释，季米特洛夫等又被纳粹当局“保护性监禁”了两个多月。在此期间，世界反法西斯力量在“释放季米特洛夫及其同志”的口号下开展了紧张的斗争。[②] 由于保加利亚当局拒绝承认拘押在德国莱比锡监狱中的三名保加利亚共产党员的公民身份，季米特洛夫等人的亲属通过苏联驻柏林大使馆向苏联政府请求给予三人以苏联国籍，很快获得了苏联政府的同意。根据苏联驻柏林大使馆的说法，季米特洛夫等三人自 1934 年 2 月 15 日起正式成为苏联公民。[③] 2 月 27 日，即德国国会纵火案案发一周年这天，季米特洛夫等三名保加利亚共产党人获释，并于当天乘飞机抵达苏联首都莫斯科。莱比锡审判的重大意义在于，它彰显出了无产阶级革命者崇高而坚定的勇气，标志着在道义上对纳粹分子取得了第一次胜利。[④]

---

① 参见《季米特洛夫日记选编》，马细谱、杨燕杰、葛志强等译，广西师范大学出版社 2002 年版，第 30、33 页。

② ［保］维·哈吉尼科洛夫等：《季米特洛夫传》，余志和、马细谱译，人民出版社 1982 年版，第 117 页。

③ 《季米特洛夫日记选编》，马细谱、杨燕杰、葛志强等译，广西师范大学出版社 2002 年版，第 32 页。

④ Prakash Karat, “Notes on the Revolutionary Life and Activities of Georgi Dimitrov”, *Social Scientist*, Vol. 10, No. 7 (Jul., 1982).

第二章　促推：季米特洛夫与共产国际政策的转变

在共产国际后期政策的转变过程中，执行委员会总书记季米特洛夫起到了极为重要的作用。他是共产国际政策改革中的关键性人物之一，深刻影响了共产国际后期实行的主要政策。要深入考察和分析共产国际的政策，就要考察和比较共产国际在各个不同阶段实行的总体战略和具体策略。战略（strategy）在狭义上是指导战争全局的方略，在政治和经济领域，其涵义泛指统领性的、全局性的、长期性的、关系胜败的谋略、方案和对策；策略（tactics）一般是指根据形势发展和实现战略目标的需要而制定的在一个比较短时期内的具体的行动方针和斗争方法。[①] 笔者认为，三者的关系是：战略决定策略，策略服从并服务于战略。战略和策略都体现在一定历史时期所实行的政策之中，而政策中又包含和反映长远的战略和具体的策略。

---

① 英语世界权威的《韦氏词典（The Merriam - Webster Dictionary）》对政策、战略和策略三个概念定义为：【policy】"a definite course or method of action selected to guide and determine present and future decisions"；【strategy】"a careful plan or method esp. for achieving an end"；【tactics】"the skill of using available means to reach an end"。参见［美］梅里亚姆 - 韦伯斯特公司编：《韦氏词典（The Merriam - Webster Dictionary）》，世界图书出版公司 1996 年版，第 564、712、732 页。

一、历史关键时刻：政策转变背景

（一）世界性经济危机及其政治影响

1929年秋，美国纽约华尔街股市开始急剧下跌。在一个半月多的时间内，美国各公司股票总值下跌到500亿美元，下跌了43%。[①] 与此同时，大规模信贷破产迅速在资本主义世界其他国家蔓延。1929—1933年世界性经济危机由此爆发。

伴随着资本主义的制度性弊病再度袭来的这次经济危机是史上空前的一次，持续时间长、波及范围广，破坏性最大，影响也最为深刻。银行纷纷破产，信贷解体，企业倒闭，恐慌迅速扩散，整个社会陷入一片萧条之中。

各主要资本主义国家工业总产量都比危机前大幅下降，美国降低了46%，德国降低了47%，英国为16.5%，法国为31%，意大利为33%。而在此前爆发过的经济危机中，工业产量一般只降低10%～15%。[②] 美国股票市场的下降持续了三年时间，在此期间，美国钢铁公司的股票从262下降到22，通用汽车公司的股票从73下降到8；到1933年时，美国工业总产量和国民收入暴跌了将近一半，商品批发价格下跌了近三分之一，商品贸易下降了三分之二以上。[③]

---

① ［苏］莱布索恩、希里尼亚：《共产国际政策的转变》，齐春子等译，求实出版社1983年版，第4页。

② ［苏］莱布索恩、希里尼亚：《共产国际政策的转变》，齐春子等译，求实出版社1983年版，第4页。

③ ［美］斯塔夫里阿诺斯：《全球通史：从史前史到21世纪》（第7版），董书慧等译，北京大学出版社2005年版，第692页。

经济危机产生了深刻的世界性影响，使世界工业生产指数和国际贸易总额急剧下降，下降幅度超过了以往的任何一次经济危机。不包括苏联在内的世界工业生产指数从1929年的100下降到了1930年的86.5、1931年的74.8和1932年的63.8，共下降了36.2%，而在此前几次经济危机中，最大只下降了7%；国际贸易的衰退更为剧烈，从1929年的686亿美元下降到1930年的556亿美元、1931年的397亿美元、1932年的269亿美元和1933年的242亿美元，而以往危机中国际贸易额最大的降幅仅为7%。[①]

中下层劳动人民在经济危机中遭受的损失最为惨重。各主要资本主义国家工人的工资收入剧减，并出现大规模失业。1933年3月，美国的失业人口保守估计有1400多万，相当于全部劳动力的四分之一；英国的失业人数将近300万，占全部劳动力中的比例与美国大致相同；德国的情况最糟，工会成员中有五分之二以上的人完全失业，另外还有五分之一的人只能打零工。[②] 到1933年，全世界的失业工人约达到了三千万。[③] 主要资本主义国家工人日益赤贫化，工业区成为萧条区；大批农民破产，农村地区大部遭受饥荒；小商人、知识分子等中间阶层也纷纷破产，丧失生活来源。经济危机持续期间，大萧条、大饥荒、大恐慌笼罩着主要资本主义国家及地区。

资本主义世界经济危机导致了严重的社会政治后果。危机的蔓延使无产阶级和中等阶层的生存状况不断恶化，导致阶级斗争日益尖锐

---

① ［美］斯塔夫里阿诺斯：《全球通史：从史前史到21世纪》（第7版），董书慧等译，北京大学出版社2005年版，第692—693页。

② ［美］斯塔夫里阿诺斯：《全球通史：从史前史到21世纪》（第7版），董书慧等译，北京大学出版社2005年版，第694页。

③ ［美］海斯、穆恩、韦兰：《世界史》下册，中央民族学院研究室译，生活·读书·新知三联书店1975年版，第1253页。

化和经常化。由大规模失业和极端贫困而引发的工人罢工此起彼伏，从 1929 年到 1932 年，在十五个最大的国家中共发生了约 18794 次罢工，有约 8500 万人参加了罢工。①

经济危机引发的巨大动荡也进一步推动了殖民地半殖民地国家民族解放运动的不断高涨。主要资本主义国家为转嫁日益严峻的危机，普遍加深了对殖民地半殖民地的掠夺和剥削，引起当地民众的强烈反抗，掀起了新的工人罢工、城市暴动、农民起义等浪潮，民族矛盾进一步尖锐。在一些国家和地区还出现了各社会阶层联合反帝、推动建立统一战线的新动向。

资本主义国家国内阶级矛盾、国际民族矛盾的不断激化，世界革命浪潮的日益逼迫，使垄断资产阶级大为惊恐，积极采取措施寻求出路、摆脱危机。由于各主要资本主义国家的经济发展水平、政治文化传统、阶级力量对比以及各国在世界政治版图中的地位各不相同，为渡过危机，资本主义国家出现了以美国“罗斯福新政”和德国希特勒法西斯极权统治为代表的两种不同的干预治理方式。德国希特勒式的法西斯主义的转变是最具危险性和灾难性的转变，正如亨利·基辛格所指出的，“希特勒的崛起代表世界史上最大的灾难之一”②。它打着“国家社会主义”的旗号，依靠公开的恐怖独裁维持统治，以强权暴力镇压无产阶级革命运动，将资本主义危机转嫁到劳动人民身上，不仅极力反对共产国际、共产主义，也公开取消和反对资本主义议会民主制。对于资本主义民主发展不充分国家的反动势力而言，德国法西斯式的极权恐怖统治方式具有很强的诱惑力。随着失业或破产的人口

---

① ［美］威廉·福斯特：《世界工会运动史纲》，李华、赵松、史仁译，生活·读书·新知三联书店 1961 年版，第 403 页。

② ［美］亨利·基辛格：《大外交》，顾淑馨、林添贵译，海南出版社 1998 年版，第 280 页。

剧增，在法西斯分子借机鼓吹民族主义的煽动下，许多人将最后的希望寄托在了极端主义政党的身上。希特勒正是藉此在德国国内迅速崛起的。

同时，希特勒的崛起也助长了其他国家法西斯势力的进攻浪潮。在欧洲，法国、西班牙、英国、奥地利、匈牙利、保加利亚、波兰、芬兰等国也都出现了严重的法西斯主义倾向。在美国及拉丁美洲的巴西、智利、阿根廷等国的法西斯势力也开始抬头，甚至在南非也出现了法西斯组织。世界法西斯势力开始加紧动员一切最为反动、仇视资产阶级民主和社会主义的力量来对抗世界革命力量，对抗世界社会主义和共产主义力量。工人阶级及其政治组织首当其冲，成为法西斯势力打击的主要标靶。

在经济危机的影响下，世界战争的危险也日益加剧。由于资本主义发展的不平衡性，帝国主义国家为争夺势力范围开始扩军备战。在亚洲，日本于 1931 年开始入侵中国东北；在欧洲，德国法西斯在国内加紧宣传鼓动、重整军备，准备通过战争进行对外扩张。

1929—1933 年资本主义经济危机导致了世界范围阶级冲突不断加剧，法西斯主义、帝国主义开始严重威胁到人类的和平进步及前途命运。整个世界正经历并面临着严峻的经济危机、社会政治危机和战争危机。

（二）世界工人运动状况与社会民主党政策

在世界性经济危机不断震荡，人类面临日益增长的法西斯主义、帝国主义威胁的形势下，于第一次世界大战中出现严重分野的世界工人运动仍处于分裂状态，工人组织的各个派别政策不一，各自为政，甚至相互掣肘。

第一次世界大战中第二国际各国党领导人在对待战争问题上的分歧导致了其思想上和政治上的破产，世界工人运动和社会主义运动随之分裂为三大派别，分别是改良的右派（社会民主党）、中间派以及革命的左派。第一次世界大战结束后，右派社会民主党率先进行组织集结，于1919年2月在瑞士城市伯尔尼成立了社会主义国际（也称作伯尔尼国际），推行改良主义政策，力图将国际工人运动和社会主义运动引上改良主义道路。由于这一派别在原第二国际工人中具有重要影响，而1919年3月俄共（布）领衔革命左派成立的共产国际（第三国际）因力量还相对分散、弱小，对欧洲工人的影响有限，因此右派社会民主党在当时仍然掌握着国际工人运动和社会主义运动的主导权。中间派在政治上充满了矛盾，不愿放弃改良主义立场，在行动上支持右派社会民主党的政策。中间派与革命左派在有关革命时机、夺取政权的方式等重大问题上发生严重分歧后，日益向右派社会民主党靠拢。1921年2月，中间派各党在维也纳成立社会党国际工人联合会，又称为“第二半国际”，其指导思想和基本政策仍然摇摆不定。至此，世界工人运动和社会主义运动已分裂组合为伯尔尼国际、共产国际（第三国际）和第二半国际三个国际性组织。三个国际组织也曾力求促成世界工人运动的统一，于1922年4月在德国柏林召开过三个国际的联席会议，并达成了初步协议。但由于伯尔尼国际和第二半国际在会后拒不执行柏林会议决议，三个国际的联合最终未能实现。

1923年5月，右派社会民主党的伯尔尼国际和中间派的第二半国际在德国汉堡举行代表大会，二者合并为社会主义工人国际，推行与资产阶级合作的改良主义纲领。这使右派社会民主党的力量大为增强，同时也加深了工人运动内部的裂痕。世界工人运动由此形成社会主义工人国际和共产国际两个国际组织的分立局面，到20世纪30年代初，这种分裂状态一直在持续。

社会主义工人国际成立后，推行改良主义政策。它谋求在资本主义制度范围内，通过社会改革提高工人阶级的物质地位和文化地位，通过政治改革以扩大民主，通过国际性改革以确保和平；采用和平进化的议会民主方法争取工人阶级掌握政权，通过民主机构变资本主义社会制度为社会主义社会制度。[①] 其所属各社会民主党及其改良主义工会吸引了大多数工人群众，也获得了中产阶级的广泛支持，并在一些国家单独或联合执政，成为欧洲国家最强大的社会政治力量之一。到1931年1月，社会主义工人国际所属各国政党党员总人数和总选票数已达6204112人和26400689张。[②] 社会主义工人国际在坚持改良主义政策及立场的同时，也长期把共产国际、各国共产党的存在视作威胁自身的主要危险，坚持分裂态度，拒不接受共产国际提出的关于建立工人统一战线的建议，拒绝同共产主义政党进行谈判。1933年8月，社会主义工人国际还在宣称，共产国际的“统一战线策略不会导致国际团结的建立，而只会导致工人阶级内部的斗争”[③]。值得注意的是，整个社会民主党的内部也不是铁板一块，其右翼领导人推行与资产阶级合作的改良主义政策，执意把共产党视为最大威胁，认为主要的敌人来自“左面”；他们站在反共产主义、反苏维埃主义的立场上，

① ［奥地利］尤利乌斯·布劳恩塔尔：《国际史》第二卷，杨寿国等译，上海译文出版社1986年版，第397页。

② ［奥地利］尤利乌斯·布劳恩塔尔：《国际史》第二卷，杨寿国等译，上海译文出版社1986年版，第396页。

③ 苏联科学院编：《世界通史》第9卷上册，北京编译社译，生活·读书·新知三联书店1959年版，第540页。

号召重点打击共产主义运动和苏联。[①] 而社会民主党的左翼主张实行更为灵活的政策，在原则允许的范围内促进工人阶级的团结统一，趋向与共产党及其工会在一定原则下进行合作。随着法西斯主义威胁的日益迫近，社会民主党内的左翼力量开始增强，它在1933年8月社会主义工人国际巴黎会议上就提出了为了反法西斯的实际行动而与共产党达成协议的要求。[②]

（三）共产国际政策问题及其新探索的萌动

革命导师列宁健在时，共产国际在其领导下，根据革命形势的发展变化制定过较为符合实际的战略和策略，在一定程度上纠正了盲目“进攻”的“左”的倾向。1921年共产国际第三次代表大会谴责了“左派”的盲目“进攻理论”，在大会通过的《论策略（提纲）》中提出：“共产国际当前的首要任务是争取使工人阶级的大多数完全处于共产国际的影响之下，吸引工人阶级中最积极的部分参加直接斗争。”[③] 在共产国际三大提出争取工人阶级大多数的基础上，1921年12月，共产国际执委会正式提出了实行工人统一战线策略的问题。1922年2月，共产国际执委会第一次扩大全会指出，统一战线策略是第三次代表大会遵循的策略的继续和发展；同时还提出，在运用这一策略时，要与各个国家的条件相适应。[④] 针对第二半国际提出的关于

---

① ［苏］莱布索恩、希里尼亚：《共产国际政策的转变》，齐春子等译，求实出版社1983年版，第28页。

② ［苏］莱布索恩、希里尼亚：《共产国际政策的转变》，齐春子等译，求实出版社1983年版，第56页。

③ ［匈］贝拉·库恩编：《共产国际文件汇编（1919—1932）》第1册，中国人民大学编译室译，生活·读书·新知三联书店1965年版，第261页。

④ ［匈］贝拉·库恩编：《共产国际文件汇编（1919—1932）》第1册，中国人民大学编译室译，生活·读书·新知三联书店1965年版，第375—376页。

召开国际工人代表大会的建议，共产国际也表示同意并派出代表与会。1922年11月召开的共产国际第四次代表大会也重点讨论了斗争策略问题，认为“共产党人在某种情况下不能拒绝同敌对的工人党的领袖们进行谈判”，“在某些场合，共产党人应当表示准备同非共产主义的工人党和工人组织一起成立工人政府。”① 可以说，到1924年共产国际第五次代表大会召开以前，共产国际主要遵循了列宁的策略思想，根据具体实际，采取了较为灵活的政策。

列宁离世后，联共（布）党内政治斗争加剧，共产国际各支部也不断开展反对机会主义派别的斗争。伴随着各国共产党“布尔什维克化”运动的推行，共产国际的策略方针逐步“左”倾，政策日益趋于保守和僵化。从20世纪20年代末到30年代初，共产国际的僵化政策主要表现在如下四个方面：

第一，对社会民主党实行“左”倾关门主义和宗派主义政策。

1924年6月召开的共产国际第五次代表大会号召继续坚持争取工人大多数，坚持下层统一战线，同时争取同上层协商谈判的策略。但对社会民主党性质的认定却开始“左”转。会议文件认为，社会民主党是“资产阶级制度的支柱之一”，② 是“资产阶级的‘第三’党”③，法西斯主义者和社会民主党只不过是“现代资本主义的左右手”。④ 代表大会通过的关于法西斯主义的决议指出，“在资产阶级社会日益土

---

① ［匈］贝拉·库恩编：《共产国际文件汇编（1919—1932）》第1册，中国人民大学编译室译，生活·读书·新知三联书店1965年版，第419—420页。

② ［匈］贝拉·库恩编：《共产国际文件汇编（1919—1932）》第2册，中国人民大学编译室译，生活·读书·新知三联书店1965年版，第11页。

③ ［匈］贝拉·库恩编：《共产国际文件汇编（1919—1932）》第2册，中国人民大学编译室译，生活·读书·新知三联书店1965年版，第15页。

④ ［匈］贝拉·库恩编：《共产国际文件汇编（1919—1932）》第2册，中国人民大学编译室译，生活·读书·新知三联书店1965年版，第16页。

崩瓦解的情况下，一切资产阶级政党特别是社会民主党，都具有了不同程度的法西斯性质”，“法西斯主义和社会民主党是大资本专政的同一件武器上的两面锋刃。因此，社会民主党永远不能成为无产阶级反对法西斯主义斗争中的可靠同盟者”。[①] 1926 年 3 月，共产国际执委会第六次扩大全会虽然重申了统一战线策略的重要性及必要性，但却未加区分地斥责社会民主党“左派”领袖表面上赞同统一战线，实际破坏统一战线[②]。1927 年 5 月，共产国际执委会第八次全会也强调广泛运用统一战线策略，但却认为，社会民主党“左派”是“共产主义在工人运动中的最危险的敌人”[③]。到 1933 年 12 月共产国际执委会第十三次全会时这种看法一直没有改变。1928 年 9 月，共产国际第六次代表大会又从战略上提出了资本主义“第三时期”理论和“阶级反对阶级”的斗争策略，进一步强化了对社会民主党实行的错误政策。此后，共产国际执行委员会第十次（1929 年 7 月）、第十一次（1931 年 4 月）、第十二次（1932 年 9 月）扩大全体会议都把积极反对社会民主党，打击社会民主党左翼这一“最危险的敌人”提到会议显著位置。认为社会民主党不仅是建立法西斯主义专政的主要社会支柱和基本依靠力量，而且还是反苏战争的主要组织者。[④]

共产国际在坚持对社会民主党主要看法和政策的同时，也不允许各国支部松动对社会民主党及其所属工会的基本立场。1928 年 2 月，

---

① ［匈］贝拉·库恩编：《共产国际文件汇编（1919—1932）》第 2 册，中国人民大学编译室译，生活·读书·新知三联书店 1965 年版，第 80 页。

② ［匈］贝拉·库恩编：《共产国际文件汇编（1919—1932）》第 2 册，中国人民大学编译室译，生活·读书·新知三联书店 1965 年版，第 208—210 页。

③ ［匈］贝拉·库恩编：《共产国际文件汇编（1919—1932）》第 2 册，中国人民大学编译室译，生活·读书·新知三联书店 1965 年版，第 429 页。

④ 参见［匈］贝拉·库恩编：《共产国际文件汇编（1919—1932）》第 3 册，中国人民大学编译室译，生活·读书·新知三联书店 1965 年版。

共产国际执委会第九次全会在研究讨论法国问题时，较为严厉地批评了法国共产党对法国社会党左翼实行的接近政策。会议指出，法国共产党“不是把社会党左翼看作阻碍社会党工人走向共产主义的障碍，而是看作一个能够把工人吸收到共产党方面来的共产主义集团”，“错误地理解统一战线，机械地加以执行”，未充分揭露并批判法国社会党“充当帝国主义代理人和反动派的支柱的作用”。[①]

共产国际对社会民主党的策略陷入到列宁曾深刻批评过的“左”倾关门主义和宗派主义错误，这与斯大林的看法有密切关系。斯大林当时认为，世界各国的无产阶级革命运动，“主要的打击方向是孤立小资产阶级民主派，孤立第二国际各党，这些党是和帝国主义妥协这一政策的基本支柱”[②]，认为“不消灭工人运动中的社会民主主义，就无法消灭资本主义”[③]。斯大林还更进一步认为，为在反对社会民主党的斗争中获胜，必须“强调和社会民主党的所谓‘左’翼作斗争的问题”，“不粉碎‘左’翼社会民主党人就不可能战胜整个社会民主党”。[④] 斯大林的观点偏离了共产国际初期列宁曾经修正并主张过的策略思想。

第二，对殖民地和半殖民地的政策日益“左”倾。

在对殖民地和半殖民地国家民族资产阶级的看法上，1928 年 9 月召开的共产国际第六次代表大会虽然承认一部分民族资产阶级“立足于民族运动的基础上”，应当重视民族改良主义的影响，它的活动可

---

① ［匈］贝拉·库恩编：《共产国际文件汇编（1919—1932）》第 2 册，中国人民大学编译室译，生活·读书·新知三联书店 1965 年版，第 498 页。

② 《斯大林选集》上卷，人民出版社 1979 年版，第 248 页。

③ 《斯大林选集》上卷，人民出版社 1979 年版，第 624 页。

④ 《斯大林选集》下卷，人民出版社 1979 年版，第 127—128 页。

能成为发动大规模革命行动的原因；但同时又断言，民族资产阶级“不是一支反对帝国主义的力量”，“共产党必须拒绝同民族改良主义反对派结成任何一种联盟”。[①] 会议文件还具体指出，就印度而言，“在工会中，印度共产主义者应当无情地揭露民族改良主义的领袖，坚决争取把工会变为无产阶级的真正的阶级组织”，“共产主义者应当揭露印度国大党的民族改良主义，并且与自治党人、甘地主义者等的各种消极抵抗论相反，要提出进行武装斗争来解放祖国和驱逐帝国主义者的不妥协的口号”，“必须牢记，共产主义者在任何条件下都不应放弃对领导（即他所在的群众组织的领导）的机会主义和改良主义策略进行公开批评的权利”。[②] 共产国际第六次代表大会通过的纲领对殖民地和半殖民地国家提出的口号是，为争取无产阶级和农民的民主专政而斗争，然后再将其转变为无产阶级专政。[③]

关于社会民主党的殖民地政策，会议文件尖锐地指出，社会民主党的殖民地政策是“积极支持帝国主义剥削和压迫殖民地人民的政策”，社会民主党是“执行帝国主义殖民政策的同谋犯和直接帮凶，它们在这个方面最无耻地背叛了自己的社会主义纲领，他们成了掠夺成性的帝国主义在宗主国和殖民地的代理人”，共产党应当“把反对社会民主党的殖民地政策的斗争看作是反对帝国主义的斗争的有机组成部分”。[④]

---

① 《共产国际第六次代表大会》报告速记稿第 6 册。转引自［苏］莱布索恩、希里尼亚：《共产国际政策的转变》，齐春子等译，求实出版社 1983 年版，第 39—40 页。

② ［匈］贝拉·库恩编：《共产国际文件汇编（1919—1932）》第 3 册，中国人民大学编译室译，生活·读书·新知三联书店 1965 年版，第 127 页。

③ ［匈］贝拉·库恩编：《共产国际文件汇编（1919—1932）》第 1 册，中国人民大学编译室译，生活·读书·新知三联书店 1965 年版，第 53 页。

④ ［匈］贝拉·库恩编：《共产国际文件汇编（1919—1932）》第 3 册，中国人民大学编译室译，生活·读书·新知三联书店 1965 年版，第 134—135 页。

第三，在社会主义革命发展道路问题上存在严重的教条主义和“左”的倾向。

1928 年，共产国际第六次代表大会提出并分析了资本主义体系总危机的三个不同时期，提出了“第三时期”理论，认为这一时期“特别加剧了生产力发展和市场缩小之间的矛盾，就必然会引起一个新的冲突的时期，即帝国主义国家之间的帝国主义战争、它们反对苏联的战争、反对帝国主义的民族解放战争和帝国主义者武装干涉的时期，也就是大规模阶级搏斗的时期”[①]。在对资本主义的判断上认为，“资本主义已经完成了它的进步的历史作用，已经成了进一步发展的障碍，已经处于崩溃过程中，已经在让位给无产阶级专政（苏联），并一再把人类引向新的灾难”[②]。

关于不同国家的社会主义道路问题，共产国际六大通过的纲领认为，在发达资本主义国家里发生社会主义革命，将是用“一次打击”的方法，在那里必然是“直接过渡到无产阶级专政”。对于落后国家，认为“在其他国家胜利的无产阶级专政的援助下，落后的殖民地已经具有非资本主义发展道路的客观可能性，而先进的殖民地则具有了由资产阶级民主革命转变为无产阶级社会主义革命的可能性。在具备有利的客观条件时，这种可能性就会变为现实性，但发展的实际过程则取决于斗争，而且仅仅取决于斗争”，“由于存在着这一前途，因而在各殖民地面前就产生了以苏维埃为基础的革命政权问题”[③]。

---

① ［匈］贝拉·库恩编：《共产国际文件汇编（1919—1932）》第 3 册，中国人民大学编译室译，生活·读书·新知三联书店 1965 年版，第 3 页。

② ［匈］贝拉·库恩编：《共产国际文件汇编（1919—1932）》第 3 册，中国人民大学编译室译，生活·读书·新知三联书店 1965 年版，第 92 页。

③ ［匈］贝拉·库恩编：《共产国际文件汇编（1919—1932）》第 3 册，中国人民大学编译室译，生活·读书·新知三联书店 1965 年版，第 92—93 页。

世界经济危机期间，共产国际对世界无产阶级革命的趋势估计过高，认为“目前正在朝着阶级与阶级之间、国家与国家之间大规模冲突的新阶段过渡”[①]。认为此次经济危机是资本主义的最后一次、最为严重的危机，危机的结果必然是世界无产阶级革命的胜利。这导致了共产国际对某个国家革命成熟程度的判断往往会超越该国实际的发展阶段。

第四，对法西斯主义的发展态势认识不足。

当时，共产国际往往把资产阶级政党都看作是法西斯政党，把社会民主党的指导思想与法西斯主义思想等同看待。共产国际六大文件就指出，“社会民主党的正统思想——阶级合作的思想，在许多方面是同法西斯主义思想不谋而合的。许多社会民主党的实际活动，以及改良主义工会官僚的实际活动，都已经显示出采取法西斯主义方法来对付革命运动的萌芽”[②]。法西斯现象及法西斯运动出现以后，在欧洲各国的发展程度也是不同的，共产国际当时也未能具体分析各国法西斯化的不同程度，进而指导各国共产党采取不同的对策。同时，也没能及时地看清法西斯主义者与资产阶级民主阶层之间不断加剧的矛盾，因而对捍卫资产阶级的民主与自由权利有所忽视。没有充分估计到法西斯的力量及其进攻所导致的可能后果，共产国际六大在对法西斯的看法上仅从国际关系的方面指出了其冒险性和威胁性，认为“在国际关系方面，法西斯主义奉行暴力和挑衅政策。波兰和意大利的法西斯专政已经日益暴露出侵略意图，这就是对和平的经常威胁，就是

---

① ［匈］贝拉·库恩编：《共产国际文件汇编（1919—1932）》第 3 册，中国人民大学编译室译，生活·读书·新知三联书店 1965 年版，第 278 页。

② ［匈］贝拉·库恩编：《共产国际文件汇编（1919—1932）》第 3 册，中国人民大学编译室译，生活·读书·新知三联书店 1965 年版，第 14 页。

用军事冒险和战争来对各国无产阶级进行威胁”①。

随着法西斯主义威胁及帝国主义战争危险的迫近，共产国际和各国共产党也在一定范围内开始了与其他阶层或党派联合反法西斯、反对帝国主义的实际探索。

1928 年，法国共产党虽在共产国际执委会第九次全会上接受了批评，但它仍然根据本国的具体情况松动并调整了对法国社会党的政策，此后又“大胆”地率先与社会党进行反法西斯联合。从 1932 年开始，德共、法共、捷共等欧洲国家的共产党都开始了联合其他反法西斯派别的实际斗争，并取得了重要经验。在法国共产党人的倡议下，国际反法西斯大会于 1933 年 5 月在法国巴黎召开，许多法国社会党、改良主义工会以及其他各阶层群众组织的代表与会，会议提出了反法西斯联合统一行动的口号。1933 年 3 月 5 日，共产国际执委会向各国工人发出呼吁：“面对正在纠集世界上一切反动力量向德国工人阶级进攻的法西斯，共产国际号召各国共产党，通过社会民主党再作一次与社会民主党工人群众共同建立统一战线的尝试。共产国际执委会做这样的尝试是确信：工人阶级反对资产阶级的统一战线会粉碎资本和法西斯的进攻，并能大大加速整个资本主义剥削制度的必然灭亡。”②同年，欧洲反法西斯工人代表大会也在共产党人的倡议下在巴黎召开。除共产党人以外，一部分社会民主党工人和进步的反法西斯知识分子的代表也与会，会上提出了一个反法西斯和反帝国主义战争、捍

---

① ［匈］贝拉·库恩编：《共产国际文件汇编（1919—1932）》第 3 册，中国人民大学编译室译，生活·读书·新知三联书店 1965 年版，第 14 页。

② 《真理报》1933 年 3 月 6 日。转引自［苏］莱布索恩、希里尼亚：《共产国际政策的转变》，齐春子等译，求实出版社 1983 年版，第 51—52 页。

卫劳动人民民主权利和经济要求的纲领。[①]

1933 年 12 月，共产国际执委会召开第十三次全会，对争取建立反法西斯工人统一战线问题进行了讨论。会议通过了《关于法西斯主义、战争危险和各国共产党任务的提纲》，号召“共产国际所有支部坚持战斗去实现同社会民主派工人结成战斗的统一战线，要不顾和对抗社会民主党背信弃义的领导人的意愿”[②]。在此次大会的发言中还出现了一些尚未成熟的意见，如认为法西斯不仅是革命工人不共戴天的敌人，而且也是广大劳动群众和民主阶层的不共戴天的敌人。[③] 这样的看法是具有相当的积极意义的。尽管这次会议所确定的方针仍是以旧的政策为基调，例如仍旧认为社会民主党在“继续扮演资产阶级的主要社会支柱”[④]，“反对社会民主主义，争取自下的统一战线”[⑤]，但会议也从此前各国共产党在反法西斯斗争中取得的新经验出发，进行了具有积极意义的探索。同时，共产党内出现的主张联合反法西斯的意见也促动了社会民主党内部的分化组合，使社会民主党内的左翼力量开始增强，通过采取联合统一行动反法西斯日益成为双方有识之士的共同要求。

---

① ［苏］莱布索恩、希里尼亚：《共产国际政策的转变》，齐春子等译，求实出版社 1983 年版，第 53 页。

② ［英］珍妮·德格拉斯选编：《共产国际文件（1929—1943）》，东方出版社 1986 年版，第 378 页。

③ ［苏］莱布索恩、希里尼亚：《共产国际政策的转变》，齐春子等译，求实出版社 1983 年版，第 57 页。

④ ［英］珍妮·德格拉斯选编：《共产国际文件（1929—1943）》，东方出版社 1986 年版，第 372 页。

⑤ ［英］珍妮·德格拉斯选编：《共产国际文件（1929—1943）》，东方出版社 1986 年版，第 378 页。

二、历史到来拐点：担任共产国际领导人

（一）1934 年：一个关键拐点

欧洲历史进入 1934 年时，帝国主义和法西斯主义势力在各主要资本主义国家进一步增强。在许多国家，法西斯主义运动渐次掀起高潮，法西斯分子开始不断发动攻势，并力求攫取国家政权。各国民众面临更为严峻的反对战争和反对法西斯化的急迫形势。

在德国，世界法西斯势力的反动中心已基本形成。1934 年 1 月 30 日，希特勒在担任德国总理一周年纪念日时，正式以《国家重建法》解散了所有邦议会，取消了联邦制，邦政府隶属于全国政府，成为全国政府的行政机构。[1] 8 月 2 日，兴登堡总统病逝。8 月 9 日，经过纳粹严密控制的总统选举后，希特勒集党、政、军三大权于一身，成为不受法律约束的独裁者。至此，国家政权已集中到纳粹党领袖手中，改组后的国家机关暴力镇压职能大为增强，开始实行普遍的恐怖统治和秘密警察监视。纳粹分子取缔工人政党，大肆逮捕其党员，德国共产党和社会民主党都被取缔。纳粹党还加紧在军事上武装全国，并在政治和经济上为对外侵略扩张进行周密部署，军事生产迅速扩大。

在法国，经过 1934 年“二月事件”的洗礼以及共产党人和社会党人的共同努力，反法西斯的工人统一战线率先在一国内实现。1934 年 2 月 6 日，法国的法西斯团体在首都巴黎掀起攻势，企图通过武力占领波旁宫，并开始与警察发生武装冲突。在法国共产党的号召下，有大约 25000 名工人走上街头，在巴黎城市各主要据点抗击法西斯分

---

① 吴友法：《德国现当代史》，武汉大学出版社 2007 年版，第 168 页。

子的进攻。在工人的抗击下，法西斯组织的意图没有得逞。2 月 9 日，法国共产党倡议组织起“反法西斯联盟”，并举行了约有 350000 人参加的示威游行，但遭到当局禁止。工人们在“打倒法西斯”的口号下，同政府警察的冲突持续了五个小时，数千名社会党的工人也参加了这次行动。[①] 2 月 12 日，法国社会党及总工会号召举行总罢工，法国共产党及其统一总工会也积极参加。数十万示威者自发组成“人民阵线”走上街头，所有左翼和极左组织、工会组织、政治组织和联盟组织（如人权联盟）都参加游行；总罢工在“统一行动”这一宗旨的支配下进行。[②]“二月事件”使法国共产党充分认清了此前推行的宗派主义错误，使之更为坚定地根据本国实际实行工人联合反法西斯的政策。法国共产党由此也开始了制定团结一切国内的可能力量共同反对法西斯主义的政策。这一政策得到了越来越广泛的民众的支持，从 1934 年 2 月到 6 月，在反法西斯统一战线口号的号召下，法国共产党仅在巴黎周围地区即成功举行了 22 次游行示威和 830 次群众集会。[③]很快，共产党和社会党的青年组织首先达成了实施统一行动的协议。5 月 20 日至 21 日，法国全国反法西斯代表大会在巴黎召开，全体反法西斯主义者制定并通过了《统一宪章》。在法国共产党中央委员会于 5 月 30 日和 6 月 5 日两次向法国社会党提出实现统一行动的建议后，两党开始进行正式谈判。6 月 23 日，法国共产党召开全国代表会议，专门讨论工人阶级统一战线的策略问题，会议提出把反对法西斯和保卫

---

① 参见［苏］莱布索恩、希里尼亚：《共产国际政策的转变》，齐春子等译，求实出版社 1983 年版，第 62 页。

② 参见［法］皮埃尔·米盖尔：《法国史》，蔡鸿滨等译，商务印书馆 1985 年版。第 524 页。

③ ［苏］莱布索恩、希里尼亚：《共产国际政策的转变》，齐春子等译，求实出版社 1983 年版，第 63 页。

一般民主作为党的首要任务。法国共产党的统一战线政策得到了社会党内越来越多党员的支持，7 月 8 日，两党举行了有 10 万人参加的反法西斯联合示威游行。7 月 27 日，法国共产党与法国社会党正式签署了在反法西斯斗争中实行统一行动的条约。由此，工人阶级反法西斯统一战线在法国率先形成。

奥地利在 1933 年底，就已“成为一个威权制的社团主义国家，它既不能容忍民族社会主义者，也不能容忍反对派社会民主党”①。1934 年初，奥地利各地又发生了法西斯分子的叛乱进攻事件。法西斯主义者首先在奥地利的蒂罗尔州发动叛乱，随后开始在各地逮捕民主人士和革命民众。由于国内形势的急剧恶化，奥地利共产党被迫转入地下。2 月 10 日，澳大利共产党通过秘密刊物发文号召工人举行总罢工，但共产党影响下的工人力量非常薄弱，多数工人处于社会民主党的影响之下。同日，在政府任命法西斯势力中的骨干担任维也纳市市长后，法西斯分子开始发动夺取国家政权的行动。由于奥地利社会民主党的上层领导面对国内动荡局势几无作为，未及时向工人发出举行总罢工的号召，工人力量涣散，未能实现联合统一行动。2 月 12 日夜间，法西斯分子袭击了社会民主党党部，工人群众在武装斗争中遭到惨败。2 月 15 日，社会民主党领导人被迫逃往捷克斯洛伐克。次日，社会民主党被取缔，党的基金也被没收。5 月 1 日，奥地利开始实施新的宪法，法西斯势力自此取得统治地位。

在西班牙，1934 年初的形势渐趋复杂，阶级斗争日益尖锐，群众运动风起云涌，如工人和农民的罢工、为争取释放德国国会纵火案主

① ［美］史蒂芬·贝莱尔：《奥地利史》，黄艳红译，中国大百科全书出版社 2009 年版，第 215 页。

要“被告人”台尔曼、季米特洛夫以及巴西共产党的领导人普列斯特斯而掀起的广泛群众运动等。共产党及其工人组织和无政府主义者在共同开展的这些群众运动中加强了联系。在此期间，西班牙社会党所属的青年组织——社会主义青年联盟最先开始与西班牙共产主义青年团进行联合行动，在各方面压力下，社会党的领导层开始同共产党进行谈判，并达成了初步协议。1934 年 9 月，西班牙共产党中央全会通过了共产党加入工人同盟的决定，同时也宣布，同盟还不是真正的无产阶级阵线的组织，因为许多工人组织在其中还没有代表。① 10 月初，法西斯势力的骨干分子加入政府，并开始加紧活动，工人及各阶层民众联合反法西斯势力的形势更为紧迫。同月，以阿斯杜利亚斯的煤矿工人为中心的总罢工爆发，并很快演变为武装起义。在总罢工和起义过程中，共产党人再次向社会党及无政府主义者提出建立统一战线的倡议，但遭到其上层领导人的拒绝，结果在起义的领导中造成了混乱，对整个运动造成巨大损失，起义在大屠杀中被镇压。② 领导层拒绝统一行动而致使工人阶级的分裂进一步深化，是劳动人民起义失败的主要原因。

在意大利，共产党人和社会党人在共同反抗法西斯势力的斗争中联系更为密切，争取建立统一战线已成为共产党的政策趋向。1933 年出现的以意大利社会党为首的彼·南尼的中左派集团和意大利社会党内部秘密中心（莫兰吉集团），都主张意大利社会党和共产党结成统一战线，两党于 1934 年 8 月达成了实行统一行动的协议。③ 虽然这一

---

① ［苏］莱布索恩、希里尼亚：《共产国际政策的转变》，齐春子等译，求实出版社 1983 年版，第 76 页。

② ［美］威廉·福斯特：《三个国际的历史》，李潞等译，人民出版社 1958 年版，第 398 页。

③ ［苏］莱布索恩、希里尼亚：《共产国际政策的转变》，齐春子等译，求实出版社 1983 年版，第 78 页。

协议未涉及推翻法西斯独裁及建立新的政治制度等根本性问题，但这是两党联合进行反法西斯斗争所迈出的十分重要的一步。

随着各国反对法西斯攻势行动的普遍展开，工人阶级和其他阶层实行联合统一行动的呼声越来越高。在罗马尼亚、波兰、捷克斯洛伐克、英国、芬兰、瑞典、希腊等国家，共产党人都在斗争中积累了反法西斯的经验和教训。法国的成功经验和奥地利的惨痛教训尤其给工人政党及其他反法西斯党派以极为深刻的教益。

在政治局势剧烈动荡的 1934 年，欧洲各国共产党在策略转变方面都迈出了重要一步，来自共产国际内部下层的倡导建立统一战线联合反法西斯的要求也开始深刻影响到共产国际上层的决策。但这仍然仅是体现在策略层面，各国共产党在实际运动中所取得的经验都未能超出策略的范围，许多实质性问题正在探索之中。愈加严峻的形势要求、各国共产党在运动中的实践探索，都使共产国际越来越处于一个关键性的政策拐点上。

同时，随着希特勒纳粹独裁政权的巩固及其对外扩张计划的拟定，苏联的对外政策也开始发生变化，苏德之间的友好合作关系渐趋紧张。第一次世界大战后，苏德两国签订了贸易协定发展合作关系。从 1925 年到 1933 年，德国一直是苏联最主要的贸易伙伴，贸易额约占苏联对外贸易的 50%。纳粹德国退出“国联”准备对外扩张时，苏联对法西斯主义的威胁尚缺乏足够的认识，1933 年 12 月，时任苏联人民委员会主席的莫洛托夫还宣称，“苏联政府没有理由更改对德国的政策”[①]。但当希特勒为谋取新的国际生存空间而策划反苏时，斯大

① ［西班牙］费南德·克劳丁：《共产主义运动——从共产国际到共产党情报局》第 1 卷，方光明、秦永立等译，福建人民出版社 1982 年版，第 187 页。

林改变了对苏德关系的看法。1934 年 1 月 26 日，斯大林在联共（布）第十七次代表大会作报告，报告一开始就指出，“新的战争显然逼近了”；他认为，“一场（反对苏联的）战争对资产阶级将是最危险的战争，这点是几乎无可质疑的”①。而就在同一天（1 月 26 日），德国与波兰签订了互助条约，苏联认为这个条约是“希特勒对苏联的一个明显的侵略步骤”②。苏联由此放弃了改善苏德关系的努力，而开始转向要求加入“国联”，改善自身与资本主义国家之间的关系，致力于构建欧洲集体安全。苏联对外政策的变动很快就决定性地影响到了共产国际的策略。

当此重要历史拐点之时，从纳粹德国监狱获释后的季米特洛夫于 1934 年 2 月飞抵莫斯科，历史即将提供给他在苏联和共产国际活动的重要舞台。

（二）斯大林的明确认可与支持

1926 年 11 月，季诺维也夫被解除共产国际执委会主席后，共产国际执委会第七次扩大全会决定取消主席制，成立执委会政治书记处。布哈林担任政治书记处书记，成为共产国际的首脑人物。1929 年 4 月，由于被定为“右倾投降主义集团”首领，布哈林被撤销了共产国际执委会书记处书记职务。此后，关于共产国际的主要领导人，威廉·福斯特认为，“莫洛托夫在形式上成为共产国际的领袖，但在 1929 年到 1935 年间，共产国际实际上是由三人组成的书记处——曼

① ［西班牙］费南德·克劳丁：《共产主义运动——从共产国际到共产党情报局》第 1 卷，方光明、秦永立等译，福建人民出版社 1982 年版，第 188 页。

② ［西班牙］费南德·克劳丁：《共产主义运动——从共产国际到共产党情报局》第 1 卷，方光明、秦永立等译，福建人民出版社 1982 年版，第 189 页。

努伊尔斯基、库西宁、皮亚特尼茨基——领导的”[①]。而根据季米特洛夫 1934 年 4 月 7 日与斯大林谈话时所表露的看法，他认为共产国际当时的“领导核心”是曼努伊尔斯基、皮亚特尼茨基、库西宁和克诺林四人。[②] 可以断定，作为联共（布）驻共产国际的代表，曼努伊尔斯基在共产国际领导层内部所起的作用会更大一些，他经常就一些重要事务直接与斯大林接触。

当时，由于受联共（布）党内政治斗争影响，共产国际内部也开展了布尔什维克化运动及反右倾机会主义的斗争。在这种不正常的政治氛围的影响之下，共产国际执委会领导层因循守旧，工作较为混乱。重要领导人大都循规蹈矩，力求明哲保身，害怕被扣上右倾机会主义的帽子，基本上无人敢于带头推动共产国际政策上的突破。共产国际内部上层的意识倾向与中下层对策略的变动要求是严重脱节的。同时，这种状况也使得共产国际与联共（布）中央政治局，尤其是与斯大林的关系大为疏远，1934 年 4 月 24 日，曼努伊尔斯基在与季米特洛夫交谈时就透露出了这种较为尴尬的局面。他说，共产国际“与斯大林隔离开了。第十三次全会之前才站起来。自己管自己。我要求过政治局委员来看我们。没有成功”[③]。

共产国际领导层的这种状况也引起了斯大林的不满，因为共产国际内部的涣散和混乱势必会影响到苏联正在筹划推动中的对外政策转变。1934 年 4 月 7 日，季米特洛夫在克里姆林宫与斯大林等联共

---

① ［美］威廉·福斯特：《三个国际的历史》，李潞等译，人民出版社 1958 年版，第 399 页。

② 《季米特洛夫日记选编》，马细谱、杨燕杰、葛志强等译，广西师范大学出版社 2002 年版，第 37 页。

③ 《季米特洛夫日记选编》，马细谱、杨燕杰、葛志强等译，广西师范大学出版社 2002 年版，第 39 页。

（布）主要领导人谈话，斯大林在谈话中对共产国际的工作及其主要领导人进行了分析和评价，即表现出了不满态度。他在谈话中透露的看法有以下两点：

首先，斯大林认为共产国际的主要领导人脱离实际，教条主义严重，“不进行马克思主义的分析”。斯大林说，曼努伊尔斯基“每年都预计会有无产阶级革命，可总是没有发生。有一次他汇报说有个村子起义了，可是却无法找到那个村子”①。斯大林批评共产国际的领导人“不注意细节”，而“往往是细节起着决定性的作用”，批评某些领导人害怕“被扣上右倾机会主义的帽子”。他还评价“这些人不爱进行马克思主义的分析”，“总说些大话和一般论断”，并认为“这还是季诺维也夫留下的东西”。②

其次，斯大林对共产国际的主要领导人作出了基本评价，对他们都不甚满意。谈话中，斯大林对共产国际执委会中的几个主要领导人评论道：“库西宁挺好，但是个学院派的人；曼努伊尔斯基是鼓动家；克诺林是宣传家；皮亚特尼茨基……”③ 显然，斯大林认为这几个主要领导人各人的优点十分明显，但相对于共产国际的实际工作需要来说都是很不够全面、不够合适的。从其话语中可以窥知，斯大林认为的真正适合共产国际首脑职务的人是要在具备较高马克思主义理论修养的同时，也应具备很强的组织能力、高超的宣传演说水平。可以说，斯大林中意的共产国际领导人应该是一个具有深厚的马克思主义理论

---

① 《季米特洛夫日记选编》，马细谱、杨燕杰、葛志强等译，广西师范大学出版社2002年版，第36—37页。

② 《季米特洛夫日记选编》，马细谱、杨燕杰、葛志强等译，广西师范大学出版社2002年版，第37页。

③ 《季米特洛夫日记选编》，马细谱、杨燕杰、葛志强等译，广西师范大学出版社2002年版，第37页。

素养的无产阶级革命活动家。

季米特洛夫获释并到达莫斯科后，由于他在德国纳粹监狱中长时间饱受摧残，其健康状况很差，先被安排到位于莫斯科附近的阿尔汉格尔斯克州的克里姆林医院疗养院进行疗养。疗养期间，季米特洛夫带病发表了大量谈话和演讲，主要内容是揭露法西斯主义的实质，指出国际无产阶级联合反对法西斯势力的重要意义，说明无产阶级的统一战线是反法西斯斗争获胜的最可靠手段。他还开始着手写一部综合介绍莱比锡审判的著作，还出版了一本《拯救恩斯特·台尔曼》的小册子，这本小册子很快被译为多种语言文字出版。

在治病疗养的同时，季米特洛夫还与斯大林及联共（布）中央政治局的其他实权人物广泛接触，并写信给斯大林谈有关自己要从事的工作的问题。作为多年从事共产国际实际工作的具有丰富经验的活动家，在国会纵火案的莱比锡审判中又表现出色，享有世界性威望，季米特洛夫很快即得到了斯大林的认可。

1934 年 4 月 3 日，在到达莫斯科一个多月后，季米特洛夫给斯大林写了一封信，主要是谈自己今后的工作意愿。他在信中写道："我认为，我在莱比锡有机会做出的事是共产国际的政治资本，应该全面地、完全合理地而且及时地加以利用。但是这一切也会在很大程度上同我将来的工作，同它的安排、它的性质、形式和规模联系在一起。在我形式上成为苏联公民之后，我觉得安排这项工作不那么简单。恐怕应该考虑到各种因素。我很想同您商讨与这个状况有关的一系列原则性的和具体的问题。我想这无疑会对工作非常有益。"① 从信的内容

---

① 《季米特洛夫日记选编》，马细谱、杨燕杰、葛志强等译，广西师范大学出版社 2002 年版，第 34 页。

可以看出，季米特洛夫有想继续从事共产国际相关工作的意愿，认为这样可以更好地利用其在莱比锡审判中获得的政治资本。但他同时又有很多顾虑，因为此时其法定身份是苏联公民，他担心以苏联公民的身份从事共产国际的领导工作会有诸多不便。斯大林收到这封信并作综合考虑后，很快即作出了推荐并支持季米特洛夫领导共产国际的决定。

季米特洛夫写信后的第四天（4 月 7 日），他到克里姆林宫与斯大林及联共（布）的主要领导人会谈，斯大林当时还对季米特洛夫绕了一个小小的弯子。谈话中，斯大林在指出共产国际工作中的弊端后问他说："现在谁在那里（指共产国际）带头呢？谁应该带头呢？"季米特洛夫回答道："我现在很难弄清楚。"斯大林随即开玩笑似的说道："您别要滑头啦！"从斯大林话语中可以推断，他知道季米特洛夫早已熟悉了共产国际的基本状况，是在试探季米特洛夫是否愿意尽快接手共产国际的领导工作。

季米特洛夫并没有向斯大林表示出想马上接手负责共产国际之意，而是稍稍推诿了一下，他说道："我在狱中常常想，共产国际终于在您的领导下历史地凝聚成了自己的领导核心（曼努伊尔斯基、皮亚特尼茨基、库西宁、克诺林）。"意即共产国际的领导核心已经形成，这还要归功于斯大林的领导，不好再作更换。这可能非常出乎斯大林的预想，他马上语气较为强硬地说："谁说这'四个人'应该这样呆下去。您说的是历史，而历史有时也需要矫正。"在此，斯大林已经明确表态可以撤换目前共产国际的主要领导人，也意即可以支持另外的人来领导共产国际。

行事稳妥谨慎的季米特洛夫仍旧没有立即明确表态，而是又思虑周全地说："我想您作为我们的最高统帅，总还应该担负领导共产国际的责任，尽管您万分繁忙，也应该参与对重大问题的研讨。"斯大林从中感受到了季米特洛夫说话与行事的沉稳与慎重，于是便直截了当地说："您跟几个同志先干起来吧，我们会帮您的。"莫洛托夫也在一旁说道："您曾面对敌人。现在出狱了，就把工作抓起来吧。"交谈至此，季米特洛夫心里有了底，但他还是有些担心他的苏联国籍与共产国际工作的关系问题，他需要得到斯大林在该问题上的明确态度。于是他问斯大林："我的苏联国籍会怎么样？它对我发表意见会有什么障碍吗？"斯大林为打消其顾虑，答复季米特洛夫说："必要时您可以放心地对各种问题发表意见。我们并不对每个苏联公民的行为承担责任。"①

至此，斯大林和莫洛托夫都明确表态推荐和支持季米特洛夫担任共产国际的主要领导人，季米特洛夫在言谈中所表现出来的处事稳妥谨慎以及对最高统帅的尊崇之意也令斯大林大为赞赏。客观上讲，从斯大林对当时共产国际主要领导人作出评价时所蕴含的他理想中的新任领导人的标准来看，季米特洛夫也正符合这一标准。他是一位具有很强马列主义理论素养的久经考验的无产阶级革命活动家，他以前负责的共产国际西欧局的工作情况以及在莱比锡审判中的出色表现都说明，他无疑是当时从事共产国际事务的领导者中组织能力及宣传演说水准最高的活动家之一。同时，斯大林这次在克里姆林宫的谈话中表态时，联共（布）中央其他领导人，莫洛托夫、伏罗希洛夫、古比雪夫、米高扬等人都在座，这使季米特洛夫执掌共产国际的"合法性"

---

① 《季米特洛夫日记选编》，马细谱、杨燕杰、葛志强等译，广西师范大学出版社 2002 年版，第 37—38 页。

更为稳固。这样季米特洛夫很快便开始顺利走上共产国际重要领导岗位。4 月 23 日，斯大林推荐季米特洛夫担任共产国际执委会中欧书记处的领导，原来的领导克诺林被另行安排。[①] 4 月 29 日，季米特洛夫当选为共产国际执委会政治书记处书记、共产国际政治委员会委员和中欧地区局领导；5 月 23 日，他又被吸收为共产国际执委会主席团成员。[②]

除了得到斯大林及其他联共（布）中央领导人的认可和支持外，季米特洛夫还很快得到了当时共产国际执委会主要领导人的拥护，尤其是曼努伊尔斯基给予了他很大的支持和鼓励。4 月 23 日，执委会开会讨论有关共产国际第七次代表大会事宜时，曼努伊尔斯基在会上“建议季米特洛夫为主要报告人”[③]。次日，曼努伊尔斯基与季米特洛夫交谈时，又勉励他说：“我对共产国际的这种状况十分着急。你要承担起主要报告。这个报告应该把你在社会舆论中享有的地位和在共产国际中起的作用协调起来!”[④] 4 月 25 日，曼努伊尔斯基再次与季米特洛夫谈话，从谈话中可以看出，他对斯大林 4 月 7 日在克里姆林宫对季米特洛夫的谈话深有领会，并表态全力支持季米特洛夫任共产国际领导人。他说：“我对你和斯大林的谈话想了很久。这不是一次偶然的谈话。它确实有非常重大的政治意义。他早该在几年前就说出这个看法。应该从这次谈话中得出结论。我们共产国际需要一个‘管家人’。莱比锡案件历史地把你推到前面。你在群众中有巨大影响。你的声音有极大号召

---

① 《季米特洛夫日记选编》，马细谱、杨燕杰、葛志强等译，广西师范大学出版社 2002 年版，第 39 页。

② ［保］维·哈吉尼科洛夫等：《季米特洛夫传》，余志和、马细谱译，人民出版社 1982 年版，第 123 页。

③ 《季米特洛夫日记选编》，马细谱、杨燕杰、葛志强等译，广西师范大学出版社 2002 年版，第 39 页。

④ 《季米特洛夫日记选编》，马细谱、杨燕杰、葛志强等译，广西师范大学出版社 2002 年版，第 39 页。

力。你应该担负起这个领导工作。”他还给季米特洛夫提出了一些工作建议，认为应该“选定一些人，把他们团结起来。这不会一帆风顺。许多东西都应该改变。我们这里有可怕的因循守旧的习气和官僚主义。我早就试图去改变它，但是缺少必要的权威”。他同时根据自己以往的工作经验认为，在共产国际的主要领导机构工作“必须同斯大林接触”，而以季米特洛夫的资历和威望，这对季米特洛夫“更容易些”。他还进一步勉励季米特洛夫“快快养好病，把工作认真抓起来吧”。[①]

这样，在得到联共（布）领导人的支持以及共产国际主要领导人的拥护之后，季米特洛夫在共产国际的工作开始逐步由外围到核心，从筹备运作共产国际第七次代表大会诸项事宜开始，逐渐担负起曼努伊尔斯基此前所言的共产国际正需要的“管家人”的重任。

三、历史演展方向：推动共产国际政策转变

（一）引导共产国际七大会议筹备

共产国际第七次代表大会的筹备事宜中，最重要的是大会的议题及主要报告，即共产国际和国际共产主义运动当时正面临的基本形势、紧迫任务及其解决方案。关于代表大会的筹备，1933 年 12 月召开的执委会第十三次全会中，皮亚特尼茨基曾就此作过专门发言，提议议程中有“国际形势和共产国际的任务”、“选举共产国际领导机构”等事项[②]。1934 年 4 月 23 日，曼努伊尔斯基和皮亚特尼茨基到季

① 《季米特洛夫日记选编》，马细谱、杨燕杰、葛志强等译，广西师范大学出版社 2002 年版，第 39 页。

② 《国际共产主义运动历史文献（55 卷）——共产国际执行委员会第十三次全会文献（2）》，中央编译出版社，2015 年版，第 602 页。

米特洛夫处讨论共产国际七大有关事项，他们初步确定了大会的主要议题为“无产阶级反对法西斯主义和反对战争的革命团结”，并初步商定由曼努伊尔斯基就该议题作主要报告，由皮亚特尼茨基作《群众工作，反战斗争》的报告，但曼努伊尔斯基当即建议由季米特洛夫为主要报告人，就大会的主要议题作报告。[①] 次日，曼努伊尔斯基再次以私人身份告知并鼓励季米特洛夫“要承担起主要报告”。

5月11日，共产国际执委会书记处召开会议讨论有关第七次代表大会的召开及日程等问题，受联共（布）在共产国际内地位的影响，会上大多数人主张委托曼努伊尔斯基在共产国际七大上作主要报告，但曼努伊尔斯基当即提议主要报告的内容应该专门阐述反法西斯斗争，因而应由季米特洛夫来作这个报告，他本人则同意作关于苏联社会主义建设的总结报告。[②] 会议最后通过了曼努伊尔斯基的提议，决定由季米特洛夫作大会的主要报告。共产国际新政策后来所取得效果的事实也充分说明，如法国共产党领导人多烈士在大会讨论主题报告时第一个所认为的：七大报告对有关共产国际面临任务上的阐述“没有一个人能够比我们的季米特洛夫同志、莱比锡战役的胜利者更在行、更有权威性的了”[③]。

5月14日，季米特洛夫向共产国际执委会提出了共产国际七大的会议日程草案。5月28日，共产国际执委会主席团会议经讨论通过了以季米特洛夫所提日程草案为基础的第七次代表大会的议事日程，会议根据

---

① 《季米特洛夫日记选编》，马细谱、杨燕杰、葛志强等译，广西师范大学出版社2002年版，第39页。

② ［苏］莱布索恩、希里尼亚：《共产国际政策的转变》，齐春子等译，求实出版社1983年版，第84—85页。

③ 《国际共产主义运动历史文献（57卷）——共产国际第七次代表大会文献（1）》，中央编译出版社，2013年版，第459页。

议事日程成立了共产国际七大的筹备委员会，并委托季米特洛夫就大会的第二项议程——“关于法西斯的进攻与共产国际为工人阶级的团结而斗争的任务”——作主要报告。会后，季米特洛夫开始带病领导报告起草委员会的各项工作，该报告起草委员会的主要成员除季米特洛夫外还有皮亚特尼茨基、科斯塔尼扬、什麦拉尔、赫克尔特。①

季米特洛夫在进入共产国际执委会书记处后，由于其资历和声望以及联共（布）中央的支持，实际上已经开始领导起共产国际的日常工作。接受共产国际委托在共产国际七大上作主要报告的重要任务后，为推动并促使其倡导的新政治路线方针得以讨论、确定，他为此开展了多方面工作，在身体健康状况还未完全恢复的情况下付出了艰辛的努力，对共产国际政策的转变起到了非常重要的作用。季米特洛夫为此所做的工作主要包括以下四个方面：亲自写信给斯大林作政策上的沟通；对会议筹备委员会及共产国际领导层内部进行说服教育；进一步学习领会马克思列宁主义的相关理论，关注和研究国际形势的发展变化；对欧洲各国共产党的工作进行指导和帮助。

第一，给斯大林写信沟通。

1934 年 6 月底至 7 月初，季米特洛夫在大会报告起草委员会召开第一次讨论会之前，将大会主要报告的提纲草案交给斯大林审阅，并给他写了一封亲笔信，提出了在进行实质性工作以前共产国际需要纠正的认识偏差和错误方针，并提出了自己的意见和建议。季米特洛夫的亲笔信论据充分，具有很强说服力。他在信中指出，统一战线和为工人阶级的团结而斗争的问题应该成为代表大会报告和代表大会工作

---

① 《季米特洛夫日记选编》，马细谱、杨燕杰、葛志强等译，广西师范大学出版社 2002 年版，第 43 页。

的中心。但是，为了正确解决这个问题，就需要改变一系列过时的和导致失利的观点。例如，当时不正确地把社会民主党一律视为社会法西斯党，对社会民主党的所有领导人持否定态度和把他们看作甘心出卖工人阶级的叛徒，还认为在任何情况下左翼社会民主党人都是主要危险。[①] 信中还强调，必须纠正那种认为统一战线策略仅仅是一种旨在揭露社会民主党首领的手法的观点，并认为统一战线的建立不只是下面的事。季米特洛夫还建议给予各国共产党以更大的自主权和主动权，提出应改变“共产国际的领导方法和工作方法”。[②]

当时的斯大林一直在专注于其“左”倾化的“一国加速建设社会主义”方针。几天后，他就此信回应季米特洛夫说：“我没有答复您，我没有时间。我脑子里还根本没有想过这个问题。我们应当做出准备。”看来，斯大林当时仍是以怀疑的态度看待正在同社会民主党的领导协商建立统一战线的可能性，并且倾向于赞同过去对社会民主党的评价。但斯大林不久就转变了看法，开始承认反法西斯斗争的人民民主性质，支持季米特洛夫关于推动建立包括社会民主党在内的广泛的反法西斯统一战线的观点。10 月 25 日，斯大林致信季米特洛夫，表示同意关于改变共产国际机关的工作方法、逐步改组共产国际等一系列建议，他还在信中写道，“我肯定，联共（布）党中央政治局是支持你的”。[③]

斯大林之所以较快地转变了看法，季米特洛夫写给他的亲笔信无

① 《季米特洛夫书信集》（1905—1949 年），参见［保］维·哈吉尼科洛夫等：《季米特洛夫传》，余志和、马细谱译，人民出版社 1982 年版，第 127 页。

② ［保］维·哈吉尼科洛夫等：《季米特洛夫传》，余志和、马细谱译，人民出版社 1982 年版，第 124 页。

③ ［苏］莱布索恩、希里尼亚：《共产国际政策的转变》，齐春子等译，求实出版社 1983 年版，第 91 页。

疑起到了重要作用；而另外一个至关重要的因素是斯大林出于苏联国家利益的考虑准备调整对外政策。面对纳粹德国的侵略威胁，为了苏联的国家安全，斯大林有构建欧洲集体安全体系的设想，这需要同欧洲主要资本主义国家修补和发展关系。为消除同资本主义国家发展关系的重要障碍，积极改善共产党与欧洲社会民主党的关系是其中的重要一环，而季米特洛夫的观点和建议正好能够推动实现这一步骤。可以说，斯大林的转变受到了季米特洛夫观点的启发和影响，同时也是其推行实用主义外交政策的需要。

第二，对会议筹备委员会共产国际领导层的说服教育。

筹备共产国际第七次代表大会报告期间，报告起草委员会以及共产国际的领导层内部仍有不少人坚持教条主义，思想僵化保守。一些依然持极左观点的人认为，革命高潮仍会马上到来，或者已经开始，他们号召深入进行反对社会民主党人的斗争，号召成立由共产党人领导的独立工会，推动共产国际的政策进一步激进化。[①] 还有一些成员，如贝拉·库恩、洛佐夫斯基、克诺宁和王明等，起初还坚持机会主义的指导方针，仅仅同意对策略做小的修改；他们对革命高潮的成熟程度估计过高，坚持认为社会民主党仍应被视为资产阶级的支柱，右倾仍然是国际共产主义运动的主要危险，大多数国家的共产党革命工会应该保持独立，等等。[②] 季米特洛夫对此早有觉察和考量，1934 年 5 月 1 日，他在莫斯科红场参加例行阅兵，见到了斯大林，他向斯大林提出要约时间“再谈谈共产国际的工作”问题，因为他“觉得共产国

---

① ［美］杰夫·弗里登：《共产国际策略转变的内部政治动力》，载《国际共运史研究》，1988 年第 3 期。

② ［苏］索波列夫等：《共产国际史纲》，吴道弘等译，人民出版社 1985 年版，第 370—371 页。

际的人有点‘思想混乱’”；斯大林当时答复他说，“这不要紧。一切都会弄好的”。[①]

在报告的起草过程中，还有些人仅赞同在共产国际的策略上做部分改变，而在有关推动建立广泛的反法西斯统一战线这一最重要战略问题上则不敢迈出实质性的步伐。鉴于此，季米特洛夫于7月1日在就代表大会第二项日程写给委员会的信中，一开始即连续提出了四个“是否正确”的问题，都是关于对待社会民主主义的态度和政策的问题，即“笼统地把社会民主主义说成是社会法西斯主义，是否正确?”“认为社会民主党无论在哪里，无论在任何条件下都是资产阶级的主要社会支柱，是否正确?”“认为社会民主党的一切左翼集团在任何条件下都是主要危险，是否正确?”“笼统地把社会民主党和改良主义工会的全体领导干部都说成是工人阶级自觉的叛徒，是否正确?”[②] 这几个关键问题切中要害，引起了报告起草委员会成员的很大关注和深入的讨论。为推动实现工会联合，季米特洛夫又提出了一个当时不少人看来非常敏感的问题来进行讨论，即“关于把革命工会和改良主义工会联合起来，而不把承认共产党的领导权作为先决条件”的问题。季米特洛夫还进一步分析了争取改良主义工会中的工人的问题，他指出，“要知道，可以预料到，在社会民主党和改良主义工会中，目前有不少负责人也会在斗争过程中同社会民主党工人一起转而走上革命道路。想方设法使他们易于实现这一转变，从而也就使社会民主党工人更快地转到我们这边来，这对我们是有利的”。季米特洛夫还认为

---

① 《季米特洛夫日记选编》，马细谱、杨燕杰、葛志强等译，广西师范大学出版社2002年版，第40页。

② 《共产国际有关中国革命的文献资料》第二辑（1929—1936），中国社会科学院近代史研究所编译，中国社会科学出版社1981年版，第333—334页。

“不向改良主义工会的会员明确提出把这些工会改变成为无产阶级斗争的工具这个任务，而总是议论是否可能争取改良主义工会的问题”，这是“无益的空论”。[①]

关于工人统一战线问题，季米特洛夫在信中讲明，“由于局势发生了变化，我们的统一战线的策略也必须加以改变。我们不应当把统一战线的策略仅仅当作揭露社会民主党的手段，而不认真地设法在斗争中建立真正统一的工人队伍；我们应当把这一策略变成开展反对法西斯进攻的群众性斗争的有效因素”。为使委员会成员明确努力的方向，季米特洛夫在信中语气较为强硬地阐明了自己的观点：“必须抛弃那种认为统一战线只能在下面实行的观点，同时必须不再把向社会民主党领导发出的一切呼吁看成是机会主义”；“必须发挥群众的战斗主动性，共产党不要对统一战线机构采取凡事包办的态度：不要装腔作势地谈论共产党的领导权，而要在实际上实现共产党的领导”；“在整个群众工作中，以及在宣传鼓动中，必须根本改变我们对社会民主党工人和无党派工人的态度”。[②]

季米特洛夫还在共产国际执委会和七大报告起草委员会召开的会议上以及各种社会活动中，通过充分的论据和富有创见的观点，逐步影响并说服了共产国际内仍持有“左”倾观点的成员。同时，法西斯主义势力在欧洲各国日益增强的动向及其普遍性威胁也促使众多保守者逐步放弃了旧的传统观点，转而拥护季米特洛夫等所倡导的新方针。

第三，不断学习马克思主义、列宁主义理论著作，根据形势变化

① 《共产国际有关中国革命的文献资料》第二辑（1929—1936），中国社会科学院近代史研究所编译，中国社会科学出版社 1981 年版，第 334 页。

② 《共产国际有关中国革命的文献资料》第二辑（1929—1936），中国社会科学院近代史研究所编译，中国社会科学出版社 1981 年版，第 334—335 页。

和实践经验提出指导意见。

季米特洛夫在带病领导和参与共产国际七大报告筹备工作的同时，还反复认真学习了马克思主义和列宁主义的有关论著，尤其是学习和研究了列宁关于国际工人运动和国际共产主义运动战略和策略的著述，从中深入领会经典作家们有关革命战略和策略的思想，以先进的理论指导实践活动。季米特洛夫关于建立工人统一战线以及反法西斯人民阵线的许多观点大都受到列宁思想的启发和影响，他在20世纪30年代世界新形势下对列宁的战略策略思想进行了发展和创新，这也进一步丰富了列宁主义理论。

季米特洛夫在平时还密切关注着各国共产党，如法国、西班牙、德国、意大利、英国、保加利亚、奥地利、匈牙利等国共产党的活动情况，阅读和摘录了有关各国党的报道资料，与时俱进地研究新情况、新问题，从中总结经验教训，使决策建立在丰富实践经验的基础之上。在对共产国际七大报告起草委员会的一次讲话中，季米特洛夫根据自己对形势的认识以及各国党的情况的跟踪研究，明确指出，“根据最近几件事的经验，必须果断和迅速地改变我们的策略、我们的计划和我们的工作方法”，“不要顾虑束缚我们手脚的那些现存的策略计划。需要改变的就必须改变。需要弄得更准确的就必须马上弄得更准确”。在新形势下，他“首先想到了我们同社会民主党人，同改良主义的工会和同其他非共产主义的工人阶级组织的关系”，“想到了我们对社会民主党的工人群众和对其他非共产主义组织群众的态度”，“想到了我们的统一战线策略和在各个国家中采用这一策略”。①

---

① ［美］杰夫·弗里登：《共产国际策略转变的内部政治动力》，载《国际共运史研究》，1988年第3期。

第四，对欧洲各国共产党的工作进行直接指导和帮助。

如前所述，1934 年 4 月，发生在法国的一系列紧张事件引起了共产国际的极大关注。此后，季米特洛夫对法国共产党在国内剧烈变动形势下的政策进行了直接的指导和帮助。他倡导法国工人阶级采取共同行动，建立工人统一战线，指导法国共产党进一步扩大统一战线的范围。5 月 11 日，季米特洛夫在与法国共产党领导人多列士谈话时指出，“共产党的工人和社会民主党的工人之间的隔阂应该打破。凡是能实现这一目的的任何方法都是正确的。统一战线的政策必须摆脱季诺维也夫时期的陈旧的教条主义公式”，“我们必须证明，共产党真正地并在实际上愿意而且能够共同战斗。二月和最近时期的经验证明，这是多么成功的经验”。季米特洛夫认为组织统一行动的任务是主要的，反对把所有还没有摆脱改良主义影响的人都咒骂为工人阶级的敌人的企图。他指出，应该对改良主义领袖进行有理有据的具体批评，而不是谩骂，“至今，社会民主党的工人还不明白，我们为什么谴责他们的领导，并把他们说成是‘叛徒’，大概我们要把这些工人同他们的领导更牢固地拴在一起”①。季米特洛夫在谈话中还提到了在工人统一行动的基础上建立更广泛的反法西斯统一战线的问题。他指出：“应该明白，工人、共产党人、社会民主党人和其他反对资产阶级的人们的任何联合行动，都是对我们有利的，即使在开始时不是所有的人都准确地按照我们的口号进行活动。”② 法国共产党在 6 月份同法国社会党展开谈判时，共产国际执委会书记处给法国共产党中央发去一封

① ［苏］莱布索恩、希里尼亚：《共产国际政策的转变》，齐春子等译，求实出版社 1983 年版，第 87—88 页。

② ［苏］莱布索恩、希里尼亚：《共产国际政策的转变》，齐春子等译，求实出版社 1983 年版，第 88 页。

指示信，提出了新的政治原则，指导法共扩大统一战线的范围。信中指出，法国共产党“必须提出在法国建立一个比任何工人阶级政党或组织都要广泛的统一战线。工人群众行动的一切力量都必须集中在反对法西斯的斗争上。为了建立反法西斯阵线，必须制订出一个将受最广大群众拥护的包括各种要求的纲领”，“必须停止在党的报刊或党的演说家的讲话中经常出现的那种党正在为消灭资产阶级民主而战斗的说法。这种勉强的和完全片面的说法在政治上是错误的”。[1] 同时，该信还强调指出了法国共产党面临的以下任务：全力以赴地不仅是要为反对法西斯和一般资产阶级消灭或限制民主自由的企图而进行斗争，而且还要力求扩大民主自由。[2] 季米特洛夫和共产国际执委会书记处的这些指示精神，直接帮助了法国共产党于1934年6月在伊夫里召开的全国代表大会上做出了果敢决定，制定出符合法国实际情况的切实可行的新方针。政策的转变使法国共产党摆脱了1934年“二月事件”后面临的被动局面，季米特洛夫和共产国际的指导推动了法国共产党与社会民主党签订共同行动的协议，进一步启发了法国共产党的领导人多列士的“广泛的人民阵线”思想。法国的成功经验也成为季米特洛夫指导欧洲其他国家共产党转变政策、实行工人统一战线的重要范例。

在德国，希特勒上台执政一年半以后，德国共产党内部的宗派主义倾向仍很严重。与德国社会党人之间进行接触和解的政策受到德国共产党党内“左”倾分子的阻挠和反对。季米特洛夫为此开展了大量指导工作并不断告诫他们：“德国共产党和德国社会民主党的工人组

---

① ［美］杰夫·弗里登：《共产国际策略转变的内部政治动力》，载《国际共运史研究》，1988年第3期。

② ［苏］莱布索恩、希里尼亚：《共产国际政策的转变》，齐春子等译，求实出版社1983年版，第89页。

织之间需要团结”[1]。季米特洛夫和共产国际的指导起了一定作用。1934 年 7 月底，德国共产党党内要求与社会民主党统一行动的呼声占据了优势。8 月 1 日，德国共产党中央委员会召开会议，改变了方针政策，开始推动建立反对纳粹当局的工人统一战线。

季米特洛夫还密切关注着意大利、英国、西班牙、保加利亚、奥地利等国共产党在国内的活动情况，他经常与来到莫斯科汇报工作的各国共产党的主要领导人会晤，对他们的工作提出指导性意见，以帮助他们顺利制定出国内的反法西斯统一战线政策。

（二）共产国际七大报告与新政策确立

1935 年 7 月 25 日至 8 月 21 日，共产国际第七次代表大会在莫斯科召开。季米特洛夫是在这次代表大会召开的第九天、季米特洛夫于 8 月 2 日向大会作了题为《关于法西斯的进攻以及共产国际在争取工人阶级团结起来反对法西斯的斗争中的任务》的著名报告。根据此次大会的详细会议记录，他当天出现在会场大厅时，德国共产党代表团马上齐声高呼“红色阵线”，当他登上主席台准备作报告时，首先从中国共产党代表团的座位中响起集体欢呼声。[2] 当他做完这一历史性主题报告后，与会人员全体起立，向他致以暴风雨般的欢呼，现场高呼声中出现诸如“季米特洛夫万岁!”等口号，与会者高呼其为“共产国际的旗手，布尔什维克式的乌拉!”、“共产国际反法西斯的英勇

① ［美］杰夫·弗里登：《共产国际策略转变的内部政治动力》，载《国际共运史研究》，1988 年第 3 期。

② 《国际共产主义运动历史文献（57 卷）——共产国际第七次代表大会文献（1）》，中央编译出版社，2013 年版，第 387 页。

战士”等。①

代表大会对这一主要报告连续讨论八天后，季米特洛夫又于8月10日作了题为《工人阶级统一起来反对法西斯》的对大会讨论的答复性发言。8月21日，大会闭幕时，他又作了《代表大会的收获》的闭幕辞。共产国际在第七次代表大会上所确立的新政策主要包括反对法西斯、反对战争、争取民主、实行统一战线政策（包括推动建立工人统一战线、反法西斯人民阵线、反帝阵线）等。季米特洛夫的长篇报告是此次代表大会的主报告，为大会中心之议题，对该报告进行讨论的时间也最长。大会主报告是集体智慧和工作的结晶，在相当程度上同时也是季米特洛夫个人创造性努力的结果，他个人在这一报告的起草、成形及完善过程中始终起着主导作用。

季米特洛夫在大会上阐发的主要政策性意见主要体现在其主报告以及对大会讨论的答复发言中。季米特洛夫主报告的内容主要是对法西斯的认识和分析、反法西斯斗争的具体策略、关于巩固共产党及争取工人阶级的政治统一等问题。在大会讨论后的答复发言中，他所阐述的主要内容有对反法西斯问题的进一步补充、争取民主问题、推行新路线的组织保证（干部问题）等；在报告和发言中他还批驳了宗派主义等错误倾向。概括说来，季米特洛夫在报告和发言中所阐明的政策性观点主要有如下几个方面：

第一，关于对法西斯基本性质的认定。

季米特洛夫对法西斯的基本性质作出了科学论断，他在“法西斯主义的阶级性”一节中明确指出，法西斯是“金融资本的极端反动、

---

① 《国际共产主义运动历史文献（57卷）——共产国际第七次代表大会文献（1）》，中央编译出版社，2013年版，第458页。

极端沙文主义、极端帝国主义分子的公开恐怖独裁”，法西斯“就是金融资本本身的政权”，“是对工人阶级、农民和知识分子的革命阶层的恐怖报复的组织。就对外政策说，法西斯是煽动对其他民族加以毫无人性的仇视，在方式上极端残暴的侵略主义”。希特勒的法西斯“不仅仅是资产阶级民族主义，而且是兽性的沙文主义。它是一种政治匪帮的政体，是一种对工人阶级、农民、小资产阶级及知识分子中的革命成分实行挑衅和迫害的制度。它是中世纪的野蛮行为和兽性行为，它是对于其他民族的肆无忌惮的侵略”。法西斯取得政权上台执政，“并不是寻常一个资产阶级政府继承另一个资产阶级政府，而是一个资产阶级的阶级统治的国家形式——公开的恐怖独裁，代替另一个资产阶级的阶级统治的国家形式——资产阶级民主”，如果忽视两者的区别，就“会使革命无产阶级不能动员城乡劳动人民的最广泛阶层为反对法西斯夺取政权的威胁而斗争，也会使革命无产阶级不能利用资产阶级阵营内部所存在的矛盾”。[①]

第二，关于反法西斯斗争的战略策略——实行统一战线。

在这一问题上，季米特洛夫首先阐明了建立反法西斯统一战线的重要性和必要性。他在报告中认为，无产阶级的“行动统一”在“打退法西斯的进攻”方面的重要性是个浅显的常识，共产国际和第二国际“两个反法西斯国际所属各政党统一行动的效力，不限于影响现在依附它们的共产党员和社会民主党员，还会使天主教的、无政府主义的和未经组织起来的工人队伍，甚至其中曾经一时为法西斯的煽动所欺骗的人们，也都感受强有力的影响”，“无产阶级强有力的统一战线，对于劳动人民的其他一切阶层，对于农民，对于城市小资产阶级，对于知识分子，也

① 《季米特洛夫选集》，人民出版社1953年版，第41—43页。

会发生很大的影响。统一战线会激起动摇的群众对工人阶级力量的信赖”。总的来看，“全国和国际规模的无产阶级行动统一，是有力的武器，足以加强工人阶级的力量，对法西斯、对阶级的敌人，不仅能够胜利地防御，而且能够胜利地反击”。鉴于此，目前必须做的第一件事是“要把各工厂的、各县区的、各省区的、各国的、全世界的工人都组织起来，结成统一战线，建立行动统一”。[1] 在大会闭幕辞中，他再次总结和强调了统一战线的重要意义，认为“只有争取建立统一战线才能很好地替无产阶级的利益服务”，“统一战线是推翻法西斯和资本主义制度、阻止帝国主义战争的最可靠的道路”。[2]

其次，季米特洛夫阐述了反法西斯统一战线的基本内容和具体形式。关于在当时历史阶段统一战线的基本内容，季米特洛夫认为，“保卫工人阶级经济的和政治的当前利益，保卫工人阶级反抗法西斯，应该是所有资本主义国家内统一战线的出发点和主要内容”。他强调，斗争的口号和形式“是从群众的迫切需要和他们在发展的现阶段的斗争能力水平而产生出来的”，在时局发生变化时，要“迅速地改变斗争的形式和方法”。[3] 他还具体地深入分析了个别国家（美国、英国、法国）国内统一战线的基本问题；并要求应该特别重视在法西斯组织中开展群众工作，认为“这是一个困难而复杂的任务”，“必须学习、精通和应用合乎这些国家具体情况的特殊对待方法和手段，而不是空喊‘打倒希特勒’和‘打倒墨索里尼’”。[4] 还要加强青年工作、妇女工作以及反法西斯的思想斗争工作等。而在殖民地半殖民地国家建立

① 《季米特洛夫选集》，人民出版社 1953 年版，第 62—63 页。
② 《季米特洛夫选集》，人民出版社 1953 年版，第 172 页。
③ 《季米特洛夫选集》，人民出版社 1953 年版，第 67—68 页。
④ 《季米特洛夫选集》，人民出版社 1953 年版，第 81 页。

反帝统一战线时，要“首先必须认识群众反帝国主义斗争进行中的各种不同的条件、民族解放运动不同的成熟程度、无产阶级在其中所起的作用以及共产党对群众所发生的影响”[①]。关于统一战线的具体形式，“在不同的国家具体实行时要采取不同的形式”，这“要看工人团体的情况和性质以及它们的政治水平如何，要看个别国家的形式如何，要看国际劳工运动在进展中的变化如何，等等”[②]；在反法西斯斗争中，无产阶级统一战线是基础，在此基础上要“动员劳动人民群众”积极“建立广泛的反法西斯人民战线”。[③] 在国际上还要建立反对战争的反战统一战线，在殖民地半殖民地国家建立反帝统一战线。在报告的结束语中特别提醒：“一切呆板的公式都是我们的死敌。我们要随时随地顾及具体情况，而不要在任何地方和一切地方都按照一种固定的刻板的形式来活动，不要忘记在千变万化的环境里共产党的地位是不会一样的”。[④]

最后，季米特洛夫还特别强调了无产阶级在统一战线中的主导地位及共产党的领导作用问题。他在主报告的第三部分“巩固共产党并为无产阶级的政治统一而斗争”中指出，“在建立统一战线的斗争中，共产党的领导作用的重要性大大地增加了。只有共产党才确实是工人阶级统一战线的发动者、组织者和动力”，工人阶级统一战线的领导力量“只能是一个强大的、无产阶级的革命政党”；为保证共产党在统一战线中的领导作用，“完成自己的使命”，必须“尽力加强各国的共产党并增加它们的党员”，还要与社会民主党思想的渗入“进行不

① 《季米特洛夫选集》，人民出版社 1953 年版，第 101—102 页。
② 《季米特洛夫选集》，人民出版社 1953 年版，第 69 页。
③ 《季米特洛夫选集》，人民出版社 1953 年版，第 71 页。
④ 《季米特洛夫选集》，人民出版社 1953 年版，第 126—127 页。

调和的斗争"，警惕右倾机会主义，并要反对阻碍统一战线的关门主义。[①] 同时，还要求共产党员不能脱离群众，要"设法与极广泛的群众打成一片"[②]，提高党的马克思主义理论水平，反对教条主义。在对报告讨论的答复发言中，季米特洛夫指出，无产阶级是"反法西斯人民战线的主导力量"，没有无产阶级的统一战线就不可能"建立真正的反法西斯人民战线"，"无产阶级统一战线的进一步发展，也主要取决于它能否变成反法西斯人民战线"。[③]

第三，关于反对战争问题。

季米特洛夫在主报告指出，由于"极深刻的经济危机的发展"，统治的资产阶级日益倾向于法西斯主义，"目的在于采取非常的掠夺手段来对付劳动人民、准备一次帝国主义的掠夺战争"。[④] "各帝国主义集团正企图把危机的全部负担转嫁到劳动人民的身上"，"他们正企图奴役弱小民族，加强殖民地的压迫，并用战争方法重新分割世界，来解决市场问题"。[⑤] 他明确提出，法西斯主义就是"肆无忌惮的沙文主义和侵略战争"[⑥]，当前必须反对战争，须"预防日益迫近的帝国主义战争的危险，要使法西斯更难准备这种战争"。[⑦] 在大会闭幕辞中，季米特洛夫又指出，这次大会"是为维持和平，反对帝国主义战争的威胁而斗争的大会"，"帝国主义战争是资本主义的产物，只有推翻资本主义才能消灭一切战争"，但"劳动人民大众能以战斗的行动阻止

① 《季米特洛夫选集》，人民出版社1953年版，第116—117页。
② 《季米特洛夫选集》，人民出版社1953年版，第127页。
③ 《季米特洛夫选集》，人民出版社1953年版，第136页。
④ 《季米特洛夫选集》，人民出版社1953年版，第39页。
⑤ 《季米特洛夫选集》，人民出版社1953年版，第40页。
⑥ 《季米特洛夫选集》，人民出版社1953年版，第45页。
⑦ 《季米特洛夫选集》，人民出版社1953年版，第68页。

帝国主义战争”。[①]

第四，关于争取民主权利，以及对待资产阶级民主的态度问题。

季米特洛夫在答复发言中认为，资本主义制度下的劳动人民首先必须具体分析“资产阶级统治在各国所表现的种种形式”，在本国“存在着哪种政治制度”，这分为“资产阶级民主形式”“大大削减了各种民主权利的资产阶级专政”“公开法西斯形式的资产阶级专政”三种形式，而分清资产阶级政治制度的形式“绝不是无足轻重的问题”。共产国际应该“保卫工人阶级经过多年的顽强奋斗而夺得的每一分民主成果，要为扩大这些成果而坚决斗争”，同时还要认识到“对于资产阶级民主的态度不是在一切情况下一模一样的”。[②] 季米特洛夫还提出，在当前的危急形势之下，资本主义国家的劳动群众必须要在“资产阶级民主与法西斯主义之间，作一个明确的选择”，在有关共产国际策略的重大问题上，要充分掌握并运用马列主义的方法，不要“惧怕发布明确的民主口号”。[③] 季米特洛夫还通过引用列宁的观点进一步提醒道：“在历史上，伟大的革命是由保卫工人阶级的基本权利的小规模运动中发展出来的”，“要能够把争取民主权利与工人阶级争取社会主义的斗争联系起来，首先就必须在保卫资产阶级民主这一问题上，抛弃任何呆板的看法”。[④]

第五，关于新政策施行的组织保障及对错误思想倾向的抵制。

为保证大会决议顺利执行，季米特洛夫在对大会讨论的答复中特别阐述了“当前最重要的问题之一”——干部问题。他要求各国共产

① 《季米特洛夫选集》，人民出版社 1953 年版，第 170 页。
② 《季米特洛夫选集》，人民出版社 1953 年版，第 145 页。
③ 《季米特洛夫选集》，人民出版社 1953 年版，第 146 页。
④ 《季米特洛夫选集》，人民出版社 1953 年版，第 147 页。

党在实际工作中必须认识到干部的重要性，并提出了六点正确的干部政策：系统地考察认识干部、适当地提拔干部、善于把干部用在最有利的地方、适当地分配干部、经常地帮助干部、适当地注意保全干部。他还提出了正确选择干部的四项主要标准："要无条件地献身于工人阶级的事业，忠实于党，并且在敌人面前——在战斗中、在监狱中、在法庭中——受过考验"；"要极密切地接近群众"；"要能独立地自觉方向，不怕担负决策的责任"；"不但在对一切违背布尔什维克路线的现象作不调和的对抗时，而且在对阶级敌人作斗争时，都要守纪律，受布尔什维克的锻炼"。[①] 为加强党的领导力及战斗力，季米特洛夫在闭幕词中还号召要坚决维护党的统一，并抵制错误思想倾向。他指出，"党是高于一切的！像保卫我们的眼珠那样来保卫党的布尔什维克统一，是布尔什维主义的首要的和最高的纪律"，这次"大会是开展布尔什维克自我批评和加强共产国际及其支部领导权的大会"，要抵制"自满的关门主义、现成的公式和刻板的策略、思想的懒惰、用领导党的方法代替领导群众的方法等"。[②]

综上所述，季米特洛夫在共产国际第七次代表大会上的一系列报告较为全面地反映了共产国际的新政策。对新政策确立的重要性与必要性、具体内容与形式、推动施行的组织保障及对错误思想的抵制等方面，季米特洛夫都作了详尽、深入的阐释和论述。可以说，共产国际第七次代表大会奠定了他作为共产国际新任领导人开展的后续一系列工作的基础。

---

① 《季米特洛夫选集》，人民出版社 1953 年版，第 152—157 页。

② 《季米特洛夫选集》，人民出版社 1953 年版，第 176 页。

第三章　掌舵：共产国际执委会总书记

1935 年 8 月底，共产国际第七次代表大会结束后，大会新产生的共产国际执委会又开会选举出共产国际执委会主席团及政治书记处的组成人员。季米特洛夫当选为共产国际执委会总书记，这位有着丰富实践经验并具有世界性威望的国际共产主义运动活动家正式成为“独一无二的世界共产党”——共产国际的首脑人物。从共产国际第七次代表大会结束后到 1939 年 9 月初第二次世界大战爆发这段时期，世界局势剧烈动荡，季米特洛夫领导共产国际在复杂形势下开展工作，贯彻执行共产国际七大制定的新政策。

一、变革共产国际领导机制与贯彻新方针

（一）改进共产国际组织体制与工作方式

在共产国际创立初期的 1919 年到 1923 年，由于当时的国际形势以及推行世界革命战略的需要，共产国际在列宁领导下实行以民主集中制为基础的组织体制。但同时，由于列宁个人具有很强的民主作风，

他领导下的共产国际又非常注重决策的民主程序，当时每个支部党在决策前的民主讨论会中都能够充分地发表意见。列宁去世后，斯大林逐步掌握联共（布）党内最高权力，从1924年共产国际五大以后，他开始越来越多地直接干涉共产国际的工作。1929年，共产国际主席布哈林被排挤出领导层后，共产国际逐渐处于斯大林及其支持者的直接控制之下。斯大林惯于运用单纯行政技术手段处理问题，在其直接干预下，共产国际原先以民主集中制为基础的领导体制日益变为权力过度集中的领导体制。共产国际通过下达指令直接干涉各支部党的内部事务，尤其是各国党的方针政策及主要领导人选的组织安排。

季米特洛夫来到莫斯科后，在斯大林认可下开始担负共产国际的领导工作。1934年7月1日，季米特洛夫在就共产国际七大第二项议程写给大会报告起草委员会的信中，第一次比较完整地阐述了他有关改变共产国际组织及工作方法的建议和设想。在关于改变共产国际的领导及工作方法的必要性问题上，季米特洛夫写道，“考虑到莫斯科要在一切问题上有效地领导处于各种不同情况下的共产国际的六十五个支部是不可能的（有些党在宗主国，有些党在殖民地；有些党在高度发达的工业国，有些党在农民占优势的国家内；有些党是合法的，有些党是非法的；等等），所以必须改变共产国际的工作方法和领导方法”。他还直言不讳地把共产国际执委会称为一个“庞大的官僚机构”，要对这些机构进行精简，要“更新一部分共产国际工作干部”，并认为如果不更新干部，“就不能改变共产国际的领导方法和工作方法”。他建议，共产国际必须将注意力集中于“对共产主义运动实行总的政治上的领导，在基本的政策和策略问题上给予各国共产党以指导”，要“在各地建立起共产党的坚强的布尔什维克领导”，并通过精简官僚机构“来加强各国共产党的工作人员”，“必须大力开展布尔什维克式的自我批评”。[①] 10 月 20 日，季米特洛夫又写信给斯大林更详细地阐述了自己的看法，他写道：“目前的实际情况是这样：共产国际领导机构负责解决各支部的一切问题，结果是一方面我们不能把精力集中在主要问题上；另一方面共产国际支部习惯于等待莫斯科的一切决定，不发挥自己的主观能动性，也不承担领导党的责任。”[②] 可见，季米特洛夫在刚开始接手共产国际领导工作时，就已经非常敏锐地注意到了共产国际在组织制度及领导方式上存在的主要问题和严重弊端，认识到要推动共产国际实现战略和策略的转变首先必须改变共产国际的工作方法和领导方法。

在共产国际七大的主报告中，季米特洛夫也特别强调了加强各国共产党的队伍、充分发挥其主动性的重大意义。报告指出，“只要各国共产党在各方面加强自己的队伍，只要它们发挥自己的主动性，实行马克思列宁主义的政策，并应用正确的、灵活的、照顾到阶级力量实际的情况和对比的策略，它们就能保证动员极广大劳动人民群众，来进行反对法西斯和反对资产阶级进攻的共同斗争”[③]。在讨论中，大会批评了以前实际工作中的民族虚无主义，批评了忽视各国具体特点和民族利益的错误政策。季米特洛夫还在会上指出，“打个比方，无产阶级国际主义必须在每个国家‘服水土’，以便深深地扎根在本国内。在各个国家中，无产阶级斗争和工人运动的民族形式同无产阶级

---

① 《共产国际有关中国革命的文献资料》第二辑（1929—1936），中国社会科学院近代史研究所编译，中国社会科学出版社 1981 年版，第 335 页。

② ［苏］ф. И. 菲尔索夫：《共产国际活动机制》，载《近现代史》1991 年第 2 期。转引自马贵凡：《试论共产国际领导体制的演变》，载《国际共运史研究》，1993 年第 4 期。

③ 《季米特洛夫选集》，人民出版社 1953 年版，第 116 页。

国际主义是不矛盾的；恰恰相反，正是在这些形式中，才能成功地捍卫无产阶级的国际利益”[①]。季米特洛夫的发言和建议受到了大会的重视，客观形势的变化也使进一步加强各国党的独立性和主动性成为大会代表们的共识。这些倡议经过大会讨论而被确立下来，大会通过的决议中就明确指出，“考虑到各国共产党员有使命来领导正在革命化的群众运动，他们的作用和责任日益重大，考虑到有将日常领导集中于各国支部本身的必要性”，共产国际执委会要“把活动重点转移到制定世界工人运动的基本政治、策略路线”，“要在决定任何问题时，根据各个国家的具体情况和特殊条件出发，而且一般说来，要避免直接干涉各党的内部组织的事务”；要“帮助各国共产党运用本身经验和世界共产主义运动的经验，但要避免机械地把一个国家的经验套用到另一个国家，避免用一成不变的方法和笼统的公式去代替具体的马克思主义分析”；要“保证共产国际领导机构同共产国际各支部之间更紧密的联系，办法是共产国际各最重要的支部的权威代表更积极地参加共产国际执委会的日常工作”。[②] 担任共产国际领导人后，季米特洛夫也多次就各国共产党的自主性问题发表看法。1936 年 6 月 29 日，共产国际执委会书记处召开讨论“关于举行反对世界战争危险斗争日”问题的会议，季米特洛夫在会上发言指出，“对于各国党不必给予详细指示，应根据每一个国家的具体情况给予指示和帮助，各国党应将这些指示进一步具体化”[③]。1937 年 6 月，他在执委会书记处召开

---

① ［苏］索波列夫等：《共产国际史纲》，吴道弘等译，人民出版社 1985 年版，第 411—412 页。

② 《共产国际七大关于共产国际执委会报告的决议》，［英］珍妮·德格拉斯选编：《共产国际文件（1929—1943）》，东方出版社 1986 年版，第 446 页。

③ 中共中央编译局国际共运史研究所编：《共产国际大事记（1914—1943）》，黑龙江人民出版社 1989 年版，第 461 页。

的一次会议上对共产国际七大确定的这一方针作了评价，季米特洛夫说，“第七次代表大会在共产国际对各国共产党指导关系方面作了一个改变，这是正确的”，他更进一步指出，“各国党应该越来越自主，并且能够在任何时候决定自己的政策和策略，以及自己的有效领导。我们希望我们所有的支部能够永远地做到这一点”。[①]

共产国际七大结束后，在季米特洛夫领导之下调整改组了共产国际执委会的组织机构，同时也改进了共产国际的工作机制。根据共产国际七大会议精神，1935 年 9 月，共产国际执委会书记处通过了改组执委会机构的决议，该决议在执委会主席团 10 月举行的会议上获得批准。根据该决议，共产国际执委会原来所设置的各地区书记处和地区局被全部撤销，执委会向各国党派出的授权代表机构也被相应废除；执委会庞大的官僚组织机构被压缩整合为两个部——干部部和宣传与群众组织部；执委会书记处下设执行局、事业管理处和交通服务处三个部门；执委会的总书记和书记们同各国共产党驻执委会的代表合作执行任务，每一位书记分管一定国家的事务。在领导制度方面，停止了召开共产国际执委会扩大会议或全会的做法；取消了原先向各国党派遣执委会全权代表、特派代表和指导员的制度；规定共产国际执委会只同党的最高领导进行直接联系；各国党派出的驻共产国际代表团直接在执委会主席团或书记处的会议上汇报工作，执委会组织成立相关小组起草决议或要求各代表团提出此后工作的具体建议，经研究同

① ［苏］索波列夫等：《共产国际史纲》，吴道弘等译，人民出版社 1985 年版，第 411 页。

意后再指示各党根据建议开展工作。①

在季米特洛夫的领导和协调下，共产国际组织体制及工作方式的调整和改进具有重要意义。它明确了共产国际执委会总的职能和权限，理顺了纵向的组织结构关系，结束了以前执委会对各国支部党所实行的“全面领导”和“全面干预”的领导方式。这些改革使共产国际的组织领导体制开始向着有利于各国党独立自主的方向发展，有利于推动建立新型的党际关系。执委会组织机构的精简也增强了共产国际的效能。同时，这也直接推动了共产国际七大新方针在各国的贯彻执行，有利于各国党在共产国际的总体指导下独立自主地制定出符合本国实际情况的具体路线、方针和政策。从 1935 年共产国际七大结束到 1939 年第二次世界大战爆发之前，这些体制改革在推动实行工人统一战线、反法西斯、反对战争、反对帝国主义等工作中都发挥了重要作用，各国党的独立性和主动性明显增强，各国共产党也在政治上日趋成熟，大都能够根据共产国际的建议开始进行独立决策。但这些改革并没有从根本上改变长期以来形成的联共（布）在共产国际内的特殊地位，季米特洛夫仍须就重大问题同斯大林和联共（布）中央协商决定。在实际运作中，也仍然存在许多共产国际直接干预各国支部党决策的情况，甚至出现过直接动用组织手段解散某国共产党的事例。1938 年初，共产国际执委会在没有确凿根据的情况下作出关于解散波兰共产党的决定，并于当年 6 月派出共产国际特使到波兰传达解散的指示，迫使波兰共产党一致同意服从共产国际执委会的决定。

---

① 共产国际执委会组织机构和工作方式的改进。参见：［苏］索波列夫等：《共产国际史纲》，吴道弘等译，人民出版社 1985 年版，第 416—417 页。［保］维·哈吉尼科洛夫等：《季米特洛夫传》，余志和、马细谱译，人民出版社 1982 年版，第 145—146 页。中共中央编译局国际共运史研究所编：《共产国际大事记（1914—1943）》，黑龙江人民出版社 1989 年版，第 437 页。

（二）阐释并贯彻共产国际七大新方针

1935年8月，共产国际七大完成了该国际组织自1919年成立以来最重要的一次政策转变，共产国际的工作进入一个新的历史阶段。作为共产国际新任领导人，季米特洛夫把阐释和贯彻共产国际新方针的工作作为其领导事务中的最重要的内容之一。

季米特洛夫通过撰写文章、发表演说等方式对新方针进行了深入的阐发。他根据政治形势的发展需要和各国党面临的主要任务，对在各国建立反法西斯统一战线的必要性、主要内容和形式等问题都进一步作出了具体阐释。1935年9月25日，青年共产国际第六次代表大会在莫斯科召开，季米特洛夫向大会致贺词，他在贺词中强调，这次大会的全部活动应该用来讨论团结青年一代进行反法西斯斗争的问题，讨论建立青年统一战线和实现青年团结的问题；解决这个问题的途径之一是建立“新型的青年群众组织”，进行反法西斯和反战斗争，为青年的权利而斗争。[①] 1936年1月10日，季米特洛夫在《共产国际》（俄文版）上发表了题为《德国法西斯主义的“法律制度”——答里宾特洛甫先生》的谈话，驳斥了纳粹德国外交部部长里宾特洛甫在德国《人民观察家报》上对德国法律制度的吹嘘，揭露了其关于“法西斯上台是一场革命、其历史使命是拯救文明”等谎言，揭露了德国法西斯践踏民主、残酷迫害德国工人阶级，欺骗德国人民和世界舆论的罪恶行径。[②] 季米特洛夫在共产国际七大上作的主报告和总结

---

① ［保］维·哈吉尼科洛夫等：《季米特洛夫传》，余志和、马细谱译，人民出版社1982年版，第148页。

② 中共中央编译局国际共运史研究所编：《共产国际大事记（1914—1943）》，黑龙江人民出版社1989年版，第444页。

性发言也被翻译为多种语言文字出版并大量发行，很多季米特洛夫的著作也很快从苏联传到其他国家。在法国、英国、荷兰、丹麦、斯堪的纳维亚国家、美国等共产党处于合法地位的国家，季米特洛夫的著作或言论被登载在由共产党主办的期刊杂志上公开发表，有的还出版了单行本公开发行；而在德国、保加利亚、匈牙利、罗马尼亚等共产党处于非法地位、进行地下活动的国家内，其文献和言论则通过秘密印刷所和油印机印刷，有时也用手抄写进行传播。[①]

为贯彻在反法西斯斗争中建立工人阶级统一战线的方针，季米特洛夫多次倡议直接同社会主义工人国际的上层领导进行协商谈判，争取早日实现国际工人的统一行动。1935 年 9 月 23 日，在意大利法西斯进攻埃塞俄比亚的战争爆发前夕，季米特洛夫以共产国际执委会的名义致电社会主义工人国际书记处，呼吁两个国际积极采取共同行动，一致反对意大利入侵埃塞俄比亚。其电文指出，“在阿比西尼亚的战争随时都会爆发”，而两个国际“至今已做的一切”，“鉴于危险的巨大，仍是很不够的”，“两个国际维护和平的努力必须联合。两方应该共同行动，共同挫败法西斯战争煽动者”。电文认为，“两个国际的联合行动将能动员工人阶级，并且带动人民中其他阶级的和平力量。它将团结全体人民为和平斗争。它将掀起非常强大的世界反战运动，国际联盟将不得不采取有效行动以反对意大利和德国法西斯主义的侵略。防止法西斯罪犯正将人类推向一场威胁着的大灾难，现在尚为时未晚，明天也许就不可能了”。季米特洛夫建议两个国际派出代表立即进行磋商，以“讨论共同实施”两国际提出的“维护和平的措

① ［保］维·哈吉尼科洛夫等：《季米特洛夫传》，余志和、马细谱译，人民出版社 1982 年版，第 147—148 页。

施的最好办法”。[①] 10 月 7 日，在意大利入侵埃塞俄比亚的战争爆发后，季米特洛夫又代表共产国际执委会再次重申了此前有关争取两个国际统一行动的建议。尽管这些呼吁和建议很快即遭到了社会主义工人国际领导层的拒绝，但却有力地影响了欧美诸国的工人群众，得到了民众的广泛响应。倡议得到了各国共产党、红色工会国际、青年共产国际、反战反法西斯世界委员会、保卫埃塞俄比亚人民国际委员会以及其他反法西斯组织的支持。这也有利于推动共产党同社会民主党及其所属工会组织之间采取统一行动反对法西斯的斗争。10 月 16 日，在季米特洛夫推动下，共产国际执委会又就此发表了《争取世界无产阶级行动的统一》的声明，声明批评了社会主义工人国际在该问题上的消极态度，号召“各国工人粉碎统一战线敌人的进攻，结束在反法西斯和反战斗争中力量分散的局面”。声明还说，“根据第七次世界代表大会的决议和共产国际随时准备就统一行动问题进行谈判的声明，共产国际执委会号召各国共产党要极力争取建立统一战线，并要同社会主义工人国际队伍中一切拥护统一战线的人建立密切的合作，以便共同进行反对法西斯、反对帝国主义战争和资本进攻的斗争”。[②] 对于意大利法西斯的侵略扩张行径，共产国际在季米特洛夫领导之下还发起了广泛的国际抗议运动，许多国家的共产党、工会组织以及其他反法西斯组织都参与了群众性抗议大会并进行游行示威。

为了争取实现国际工会运动的统一、贯彻共产国际新方针，季米特洛夫这位资深的工会运动活动家对共产国际所属工会的事务也进行

① 《共产国际执委会就阿比西尼亚的战争危险给第二国际书记处的电报》，［英］珍妮·德格拉斯选编：《共产国际文件（1929—1943）》，东方出版社 1986 年版，第 474—475 页。

② 中共中央编译局国际共运史研究所编：《共产国际大事记（1914—1943）》，黑龙江人民出版社 1989 年版，第 438 页。

了具体的指导。1936 年 3 月 11 日，季米特洛夫主持召开共产国际执委会书记处会议，重点审查红色工会国际领导人索·洛佐夫斯基提出的报告《争取工会运动统一的斗争的总结和红色工会国际的任务》，季米特洛夫在会议的总结发言[①]中指出，我们的策略要看具体情况，区别对待，不能把资产阶级民主国家和德、意、日法西斯国家争取工会运动统一的斗争同样看待；不能把中国的这一斗争也同样看待，这里需要区别对待，这样才能得出正确的具体结论。他在发言中批评了洛佐夫斯基和红色工会国际过去在罢工问题上的错误方针，认为应当理解千百万工人不举行罢工也能得到好处的愿望，应根据工人的认识水平和情绪提出罢工的要求，使罢工能够产生效果，能够改善工人的状况，要防止罢工“政治化”的空谈，指出红色工会国际要把自己的力量、精力和智慧集中在争取英国、法国、西班牙、瑞典及其他国家的工会统一上，集中在反对破坏美国和日本的工会统一上，也就是要把注意力集中在最重要的国家和地区。他还批评了洛佐夫斯基关于把共产国际和红色工会国际相提并论的错误说法，提议改变红色工会国际的形式并对其进行改组，把红色工会国际的工作重心转移到国外，在国外建立宣传与争取工会统一的中心。

为贯彻共产国际七大方针，季米特洛夫多次召集主持或参加共产国际执委会主席团和书记处会议，对在新的国际形势下建立工人统一战线、人民阵线、和反帝统一战线以及防止和反对世界战争等重大问题进行深入讨论。他经常在共产国际总部自己的办公室内或家中接待和会晤来到莫斯科的各国共产党的领导人和革命活动家，询问他们对

---

① 中共中央编译局国际共运史研究所编：《共产国际大事记（1914—1943）》，黑龙江人民出版社 1989 年版，第 449—450 页。

共产国际新方针的贯彻情况，并对他们的工作进行具体指导，协助他们解决工作中的难题。1936年3月23日至4月1日，共产国际执委会主席团召开会议，主要讨论争取实现统一战线和人民阵线、为争取和平、反对法西斯侵略等重大问题。季米特洛夫在会议上致长篇开幕词，对大会讨论的基本方向及具体讨论方式进行说明。经协商讨论，会议通过了《关于战争危险问题的决议》。会议结束时季米特洛夫又致闭幕词，强调了主席团决议所涉及的主要问题，并对共产国际在运动实践中业已取得的成绩进行了总结。1936年6月29日，他主持召开共产国际执委会书记处会议，把8月1日定为反对世界战争威胁斗争日。他在会议上作了重要发言[①]，他肯定这一斗争日对于动员群众，反对帝国主义战争，保卫和平是有利的，没有任何理由取消这一斗争日。他还根据共产国际新方针指出，根据形势的变化和共产国际已确定的新的战略策略方针，对这一斗争日的形式和运动口号应该有所改变；对举行示威游行的日期不必作硬性规定，必须与各个国家的具体条件相适合；应当使这些示威游行按照统一战线的路线来进行，要争取同社会民主党及其地方组织，同工会以及其他许多保卫和平反对战争的组织一起行动，不能只限于共产党的集会和游行，要使这种行动具有全民性；提出的口号必须符合每一个国家的具体情况，不能千篇一律，既要适应共产党的方针政策，又要适应国际形势的要求。他最后还强调，“必须更坚决地、更彻底地、更勇敢地执行和运用共产国际第七次代表大会的正确的策略方针”。在季米特洛夫推动下，1938年5月1日，共产国际执委会在发表的“五一宣言”中，再次向社会主义工人

---

① 发言内容参见中共中央编译局国际共运史研究所编：《共产国际大事记（1914—1943）》，黑龙江人民出版社1989年版，第449—450页。

国际和阿姆斯特丹工会国际提出建议，呼吁建立国际无产阶级的统一战线，团结起来反对法西斯主义、反对新的世界大战。

二、对西班牙民族革命战争的见解与指导

（一）理论探讨与阐述

1936年7月到1939年3月间，西班牙爆发了一场民主主义对抗法西斯主义的具有广泛国际意义的民族革命战争。这场战争最初是由西班牙国内社会矛盾引发的内战，随后由于纳粹德国以及意大利法西斯武装干涉，进而演变成为一场世界反法西斯民众广泛参与的国际性战争。

季米特洛夫很早就开始关注西班牙的国内政治形势。1935年8月，他在共产国际七大上指出，西班牙正处在资产阶级民主革命的过程中，由于工人阶级在组织上零星涣散，因此必须与农民群众汇合起来，建立工农统一战线。这从理论上阐明了西班牙民主革命的策略问题。季米特洛夫在大会上倡导的统一战线方针，对于西班牙共产党的活动和西班牙的革命斗争产生了重要影响。1936年2月，西班牙人民阵线在选举中获胜并上台执政，共产国际执委会书记处在5月份发表声明，西班牙劳动人民的主要目的是为民主共和国而斗争，而不是在目前就从资产阶级民主革命向社会主义革命转变。

西班牙内战爆发后，季米特洛夫于1936年9月18日至19日召集共产国际执委会书记处，专门讨论西班牙问题。库西宁作了关于西班牙形势的报告，季米特洛夫作了总结性发言。他在发言中对世界新形

势下西班牙革命的性质、特点、革命所建立的国家性质、发展前途等重大理论问题进行了阐述，提出了新的思想观点。[①] 他表述的新看法主要有如下三个方面：

第一，目前苏联这一社会主义大国“已在六分之一的地球上取得胜利”，德国、意大利等大国已经在国内建立起法西斯专政。在这种新情况下，对于国家性质问题，如果还是认为“要么是资本主义，要么是社会主义；要么是苏维埃国家，要么是法西斯专政”，这种提法是不准确的。现在已经不能再像过去那样来看待资产阶级民主共和国的问题了。

第二，西班牙人民争取在现阶段通过革命斗争建立起来的民主共和国，将不再是像“美国那样的旧民主共和国”，也不是法国、瑞士那样的共和国；西班牙共和国将是一个“实行真正人民民主制的特殊国家”，它还不是苏维埃国家，而是一个“反法西斯的、左的、有真正左的一部分资产阶级参加的国家”。

第三，在当前既存在资产阶级民主国家，又存在苏维埃民主制国家这样一个过渡阶段，同时还出现了（西班牙）这样一种人民阵线在其中“起决定性的影响”“同时还存在着资产阶级制度”的民主共和国。这就提出了一个“在不彻底消灭私人资本主义所有制的条件下组织生产的问题”，以及“在工人阶级及其在反法西斯斗争中的同盟者即小资产阶级和农民的参加和监督下组织生产”的问题。理论上可以把它表述为“在现阶段上工农民主专政的一种特殊形式”。

此外，季米特洛夫还补充指出，“现在正在西班牙发生的事情，

---

① 详细内容参见《季米特洛夫在共产国际执委会书记处会议上讨论西班牙问题时的发言》（1936年9月18日），载《国际共运史研究》1987年第1期。

明后天，在最近时期内，可能会在别的国家，在法国，在比利时，甚至在荷兰发生”。他还提醒说，这些问题“无论在理论上或政治上都摆到了共产国际的面前，这对于战胜法西斯主义至关重要”，因而“必须对它们加以研究”。

季米特洛夫的这一系列新观点是对关于世界民主类型以及国家性质问题思想的新的完善和发展，这些思想为进行反法西斯的人民民主革命和建立以反法西斯为共识的民主制度奠定了思想理论基础。他有关西班牙共和国人民民主性质的理论分析是非常有独到见解的。俄国十月社会主义革命胜利以后，力主推动开展世界苏维埃运动，推广俄国革命经验，通过暴力革命在各国建立苏俄式的苏维埃制度，远景是建立世界苏维埃共和国。这也得到了世界各国无产阶级的热切响应，革命后都力争在本国确立苏维埃制度。季米特洛夫当时没有主张建立西班牙苏维埃共和国，而是根据西班牙的具体国情，主张成立一个人民民主性质的国家，这一理论主张是具有重大创新意义的。在西班牙国内，当时也有不少人仍坚持传统看法，反对建立人民民主国家，主张战争胜利后实行苏维埃制度。季米特洛夫的理论观点创造性地发展了列宁的革命策略理论以及共产国际第七次代表大会所确立的理论原则，在理论上探索到了一种通过进行新型的民主革命和建立“新的人民民主”来争取社会主义革命胜利的独特方法①。这对于其他资本主义国家的社会主义共产主义运动的发展策略也具有重要意义。

在西班牙民族革命战争期间，季米特洛夫先后发表了《国际无产阶级的统一乃是目前时局的最高使命》《亚尔美利亚事件之教训》《西

① ［保］维·哈吉尼科洛夫等：《季米特洛夫传》，余志和、马细谱译，人民出版社 1982 年版，第 156 页。

班牙人民英勇斗争的一年》《法西斯主义——这就是战争》《国际无产阶级胜利的保证》《西班牙人民英勇奋斗之二周年》《反法西斯主义的统一战线》《国际无产阶级和人民反对法西斯的统一战线》等一系列重要文章，及时跟踪分析西班牙国内局势的发展变化，总结人民民主力量在反法西斯战斗中的经验教训，从思想理论方面指导西班牙人民以及世界人民的反法西斯斗争。关于西班牙人民阵线斗争胜利的意义，季米特洛夫在一些文章中指出，它不仅具有重大的国内意义，而且更具有广泛的国际意义，认为这一胜利“在军事方面将痛击希特勒和墨索里尼的侵略阴谋”，“将有助于维护世界和平”，将有力地推动各国开展民主运动；相反，如果“西班牙人民失败了，会使战争危险增加百倍”，因而他积极号召加强和扩大对西班牙的援助，认为这是国际无产阶级和人民群众应尽的天职。[①]

（二）实践指导与援助

共产国际第七次代表大会新方针以及季米特洛夫对西班牙革命策略的论述，对西班牙共产党的革命活动及西班牙人民的实际斗争产生了重要影响。共产国际七大结束后，1935 年 11 月初，共产国际执委会致电西班牙共产党，建议并敦促他们积极争取创建人民阵线。同时，共产国际还派出执委会委员、法国共产党领导人雅克·杜克洛与西班牙工人社会党领导人卡巴列罗进行会谈，促成了西班牙工人社会党与共产党达成统一战线性质的协议。1936 年 1 月 15 日，西班牙人民阵线正式成立，参加该阵线的各政党签署了人民阵线纲领。西班牙人民

① ［保］维·哈吉尼科洛夫等：《季米特洛夫传》，余志和、马细谱译，人民出版社 1982 年版，第 156 页。

阵线所包含的党派有：共和派左翼（阿萨尼亚）、共和同盟（马蒂内斯·巴里奥）、加泰罗尼亚的左派联盟（康帕尼斯）、社会党（卡瓦列罗和普列托）、共产党（迪亚斯）、马克思主义统一工人党（工农集团和共产党左派）以及若干加泰罗尼亚独立派别。[①] 2 月 16 日，人民阵线在议会大选中获胜，左派联盟获得 454 万张选票，中派和右派获得 430 万张选票[②]。共和党左翼领袖曼努埃尔·阿萨尼亚组阁。人民阵线的胜利使西班牙法西斯反动势力极为惊恐，以弗朗西斯科·佛朗哥为首的一批法西斯军官在德、意法西斯支持下，于 7 月 17 日发动叛乱。德、意法西斯还从 8 月开始直接公开出兵对西班牙内战进行武装干涉，这一战争很快就由国内战争演变为西班牙人民反对法西斯侵略的具有国际意义的民族革命战争。

战争爆发以后，西班牙问题成为季米特洛夫极为重要的工作内容。在共产国际的日常领导工作中，季米特洛夫非常关注西班牙战争的进展情况，花费大量精力指导和援助西班牙人民的反法西斯斗争。

在组织方面，由于西班牙共产党总书记何塞·迪亚斯在战争爆发时身患重病，在季米特洛夫建议下，共产国际执委会决定派出书记处书记、意大利共产党的领导人陶里亚蒂赴西班牙协助西班牙共产党开展工作，陶里亚蒂后又担任国际纵队的政委。由于共产国际的领导方法和工作方法已经改变，向一个国家内共产党委派出共产国际的领导人是不符合共产国际七大决议的。这一决定是在特定的战争危急情况下迫不得已而做出的。

在政策方面，季米特洛夫领导共产国际执委会书记处对西班牙共

---

① ［法］让·德科拉：《西班牙史》，商务印书馆 2003 年版，第 473 页。
② ［法］让·德科拉：《西班牙史》，商务印书馆 2003 年版，第 473 页。

产党在战争中应实行的方针政策进行了研究和讨论，作出具体的指导。1936 年 9 月 19 日，共产国际执委会书记处通过的关于西班牙问题的决议指出，西班牙共产党“必须继续执行保卫民主共和国的方针，只有对企业主和地主参加叛乱的私人大企业容许实行国有化和容许没收土地”，该决议也表示赞同西班牙共产党的基本路线，即“集中党、工人阶级和全体人民的一切力量去解决在军事上粉碎法西斯叛乱这一主要的中心任务，坚决反对旨在‘建立新社会’的冒险主义的空洞计划”。[①] 1938 年 8 月 27 日，季米特洛夫召集主要由西班牙共产党人参加的会议，确定了以下指导方针：关于在西班牙停止军事行动和举行关于恢复和平的谈判问题，“只能在德国和意大利干涉者离开西班牙以后才能提出”，在此之前，“要无情地打击叛乱者和干涉者”，“在共和派中要打击投降派”；认为“佛朗哥阵营的瓦解是西班牙人民取得胜利的最重要的条件之一”。会议还指出了战胜法西斯干涉者的两个主要因素，是“我们自己的政治和军事力量”和“佛朗哥阵营和他所控制领土上的居民的瓦解”。[②] 季米特洛夫又于 10 月 10 日指出，在向西班牙共和国提供物质和食品援助的同时，必须“动员社会舆论并具体影响统治阶层反对墨索里尼、希特勒和张伯伦正在准备中的消灭西班牙共和国的罪恶交易”。[③] 1939 年，西班牙战争形势急剧恶化以后，季米特洛夫于 2 月 7 日连续两次致电巴黎的法共中央，对西班牙共产党的政策进行指导，他在电报中说，请“转告西共中央：尽管加

---

① 《共产国际执委会书记处关于西班牙问题的决议》(1936 年 9 月 19 日)，载《国际共运史研究》，1987 年第 1 期。

② 《季米特洛夫日记选编》，马细谱、杨燕杰、葛志强等译，广西师范大学出版社 2002 年版，第 65 页。

③ 《季米特洛夫日记选编》，马细谱、杨燕杰、葛志强等译，广西师范大学出版社 2002 年版，第 75 页。

泰罗尼亚失守，必须继续执行抵抗方针。为此目的必须加强东部战线，不能让西班牙政府投降，在政府中要由支持抵抗的人替换投降派”；在西班牙“必须坚持继续抵抗的方针”，“通过动员群众向你们的政府施加压力，使它提供援助”，要采取一切措施“保证将加泰罗尼亚的军队转移到中央区，防止由于可能出现的挑拨离间而使队伍离散；在最短时间设法向巴伦西亚供应必要的武器和食品”，要“动员党和人民阵线的一切力量安置难民，不要让他们沮丧”。[①]

季米特洛夫是派遣国际纵队赴西班牙进行反法西斯作战的主要倡导者和组织者之一，为国际纵队的创建、派遣、作战与解散遣返等重要相关工作倾注了大量心血。

德、意法西斯在1936年8月公开武装干涉西班牙内战后，许多国家的共产党开始号召本国有战斗经验或服过兵役的反法西斯主义者到西班牙进行反法西斯作战，一些国际反法西斯战士自发赴西班牙本土作战。季米特洛夫等共产国际领导人经过研究，产生了组建一支由不同国家志愿者参加的国际军队到西班牙抗击法西斯以进行武装援助的想法。季米特洛夫在8月28日的日记中记载，“关于援助西班牙的问题（可能要组织国际纵队）”[②]。可见，这一提议在8月底时就开始讨论酝酿。9月初，季米特洛夫与共产国际决定委托法共中央委员埃·狄图埃尔就准备建立国际纵队问题同西班牙政府接洽协商。同时，季米特洛夫在9月份召集了两次共产国际执委会书记处会议，专门研讨对西班牙的援助问题。会议决定采取武装斗争等统一行动保卫西班牙

---

① 《季米特洛夫日记选编》，马细谱、杨燕杰、葛志强等译，广西师范大学出版社2002年版，第89页。

② 《季米特洛夫日记选编》，马细谱、杨燕杰、葛志强等译，广西师范大学出版社2002年版，第45页。

共和国。西班牙政府同意共产国际派遣国际纵队后，共产国际执委会主席团会议于9月18日做出决定，从各国招募和组织专门的作战人员组成国际纵队支援西班牙。在共产国际的倡议及号召下，许多国家随即开展了广泛的招募国际纵队志愿兵运动，各国共产党很快成立了志愿人员招募委员会和招募中心。例如，法共建立了四五十个这样的委员会；捷共建立了从事该项工作的专门小组，并在国内各大工业中心设有分组；处于地下状态的德共、南共、波共等也在巴黎设有专门机构，以便把志愿人员输送到西班牙。① 经过各方努力，从1936年10月开始，外国志愿者组成的国际纵队陆续分批开赴西班牙。国际纵队的集中招募工作一直持续到1937年3月。在整个西班牙民族革命战争期间，参战国际纵队的成员共达50000人②，他们来自50多个国家和地区，约7000多名国际纵队战士在西班牙反法西斯战场上献出了宝贵生命。国际纵队的战士中多数是工人，也有相当一部分是具有高度国际主义觉悟的知识分子以及许多世界著名人士，如白求恩、陶里亚蒂、隆哥、南尼、费伦茨·明尼赫等，国际纵队因而又被称为“历史上最有知识的军队”③。正在进行抗日战争的中国也有许多志愿人员参加，约有100多位中国旅欧侨胞来到西班牙本土参战，另有100多名中国海员出没于法西斯的炮火之中，帮助西班牙政府从事海上运输工作。④

在招募和派遣国际纵队赴西班牙参战问题上，斯大林和联共（布）中央进行了干预。季米特洛夫的日记中记载到，1936年8月30

---

① 程玉海、林建华：《共产国际与当代西方社会民主党若干问题研究》，中国工人出版社2000年版，第163页。

② 王礼训等编著：《共产国际历史新编》，山东人民出版社1988年版，第437页。

③ 李忠杰：《共产国际与西班牙民族革命战争》，载《中南民族学院学报》，1985年第1期。

④ 程玉海、林建华：《共产国际与当代西方社会民主党若干问题研究》，中国工人出版社2000年版，第166页。

日，法共领导人多列士来电，“抗议苏联大使馆企图对我们对西班牙问题的路线施压”[①]。8月份时，季米特洛夫应该就已向联共（布）中央提出或汇报过有关建立国际纵队的问题，但9月2日和9月14日他在克里姆林宫与联共（布）中央政治局领导人开会协商时，会谈内容基本上未提及有关招募和派遣国际纵队的事宜。1937年1月2日，季米特洛夫收到了联共（布）中央关于从美国招募国际纵队志愿者建议的答复，答复中斯大林认为“不需要更多的志愿者”，“建议停止招募”。1月7日，他又收到联共（布）中央政治局的通知，“准许招募和派遣国际纵队队员”。[②] 3月14日晚，季米特洛夫在克里姆林宫与斯大林、伏罗希洛夫、莫洛托夫、卡冈诺维奇等座谈，商定“招募（国际纵队志愿者）工作继续进行”，并决定“专门成立加泰隆人的国际纵队”。[③]

在国际纵队的解散与撤离问题上，季米特洛夫也发挥了重要作用。鉴于战争形势的变化，从1938年下半年开始，国际纵队战士陆续从西班牙反法西斯前线撤离。在当时的国际背景下，撤离问题非常困难和复杂，实行法西斯专政的国家很可能会给国际纵队战士回国制造障碍或进行迫害。季米特洛夫为此领导共产国际开展了广泛的国际性运动，向有关国家施加舆论压力来争取废除有关迫害国际纵队战士的法律及法令，还通过国际红十字协会营救被西班牙法西斯分子俘虏的国际纵队战士。遣返工作主要在法国进行，季米特洛夫和共产国际执

---

① 《季米特洛夫日记选编》，马细谱、杨燕杰、葛志强等译，广西师范大学出版社2002年版，第45页。

② 《季米特洛夫日记选编》，马细谱、杨燕杰、葛志强等译，广西师范大学出版社2002年版，第52页。

③ 《季米特洛夫日记选编》，马细谱、杨燕杰、葛志强等译，广西师范大学出版社2002年版，第55页。

委会特别责成法共中央采取一切必要措施，防止把国籍属于法西斯国家的战士交给法国政府进行遣返处理，并由法共组织他们从西班牙或法国撤退到苏联或其他国际纵队战士愿意去的国家，法共还须帮助遣返人员获取车票、相关证件和衣服等生活必需品；共产国际指示法共还须特别注意救助其中的各国党领导干部，尤其须使他们免遭法国警察的逮捕。1938 年 8 月 27 日，季米特洛夫在与西班牙共产党人举行的会议上责成马尔蒂（法国共产党领导人，时任国际纵队司令）和西共中央“有组织地撤离和进一步安置志愿人员”。[①] 9 月底，共产国际对国际纵队撤退问题做出了具体安排。9 月 29 日，在外疗养的季米特洛夫收到了共产国际执委会书记处莫斯克文发来的电报，电报作了如下汇报：“根据政府关于撤出国际纵队人士的决定已经按照西共中央和马尔蒂的要求制定了具体措施”，这些措施包括“后撤的组织和技术准备、后撤的顺序等”，“考虑到愿意留在国内、接受国籍和在个别情况下根据自愿原则留下某些专家的可能性。计划授予每位战士争取西班牙独立奖章，在个别情况下经特别推荐授予自由勋章”。季米特洛夫可能认为联共（布）和苏联的意见对撤退事务的顺利开展具有重要作用，他给莫斯克文回电询问道，“你们是否得到斯大林或政治局的同志们关于我们在目前形势下的工作的某些建议、指示、意见？”应该将“采取的最重要的措施报告给斯大林”。[②] 10 月 20 日，季米特洛夫又收到莫斯克文发来的电报，告知“有些国际纵队队员表示愿意去中国”，而“爱尔科利（即陶里亚蒂，时任国际纵队政委）和马尔

① 《季米特洛夫日记选编》，马细谱、杨燕杰、葛志强等译，广西师范大学出版社 2002 年版，第 65 页。

② 《季米特洛夫日记选编》，马细谱、杨燕杰、葛志强等译，广西师范大学出版社 2002 年版，第 70 页。

蒂同志自己很犹豫”，特请示季米特洛夫对此问题的意见；季米特洛夫于当天给莫斯克文回复道：“我认为只能作为例外同意某些特别适合的国际纵队队员去中国。你们最好就此问题与伏罗希洛夫同志商量一下”。①

组织国际纵队赴西班牙参战是世界历史上的一个创举。在此前的世界革命运动史上，曾多次出现过个人或国家单独组织军事力量援助其他国家革命战争的事例，18 世纪美国独立战争时期，法国空想社会主义圣西门派的一些信徒曾赴美参战；19 世纪法国巴黎公社革命时，参加武装保卫巴黎的队伍中就有匈牙利人和波兰人。在季米特洛夫和共产国际倡导下，组织起一支由不同国籍的志愿人员组成的军队，并委派以总司令和政委赴一国直接参战，这在世界近现代革命运动史上是第一次。在西班牙民族革命战争中，这支国际纵队也发挥了重要作用，虽然战争以失败告终，但却显示出了英勇顽强的国际主义气魄、反法西主义精神以及世界革命的英雄主义意志。就这场民族革命战争来看，组织这种性质的军队参战，精神可嘉，浩气长存。同时，这在军队组织运作方面的任务也十分艰巨。尽管得到了西班牙共和国政府的同意，但这种方式不是成功的、好的经验，由不同种族、不同语言、不同素质的人员组成的军队难以在短时间内融合，也就很难在战争中有效发挥作用。民族革命战争根本的还是应当主要立足于本国自己的武装力量。

对于推动实现国际工人组织和国际工人运动协调统一援助西班牙人民的问题，季米特洛夫也非常重视，多次以共产国际执委会名义主

---

① 《季米特洛夫日记选编》，马细谱、杨燕杰、葛志强等译，广西师范大学出版社 2002 年版，第 81 页。

动致电社会主义工人国际领导人，提出实现两个国际统一行动进行援助的建议。同时他也致电西班牙各主要政党及工会组织的领导人进行沟通和协调。1936 年 12 月 20 日，季米特洛夫致电共产国际执委会委员、法共领导人多列士和加香，指出：“鉴于法西斯诸国对西班牙事务的干涉极度加强，以及无产阶级和西班牙共和国受到日益严重的威胁，我们认为你们有必要以共产国际代表的身份与德·勃鲁克会见，并向他提出关于建立第二国际和第三国际在援助西班牙人民的问题上的协调委员会的建议。为此目的，建议在各国建立协调委员会。我们也准备对他们方面提出的有益于西班牙人民的关于协调两个国际的任何其他建议进行讨论。”①

1937 年 6 月 1 日，西班牙社会主义工人党总书记拉蒙·莱蒙尼达、共产党总书记何塞·迪亚斯、总工会代理总书记费利普·普雷特尔联名致电社会主义工人国际、共产国际和国际工会联合会，建议并请求各国际组织采取坚决果断的共同行动，向西班牙提供紧急援助。收到电报后，季米特洛夫于 6 月 3 日致电社会主义工人国际执委会主席德·布鲁凯尔，说明共产国际完全同意西班牙方面已向两个国际提出的采取共同行动的建议，他在电报中还以共产国际执委会名义“建议成立三个国际（共产国际、社会主义工人国际和国际工会联合会）的共同联络委员会，以便实现国际的行动统一，反对德意对西班牙的武装干涉”。季米特洛夫还提出，共产国际“愿意讨论你们和国际工会联合会为保卫西班牙人民而提出的任何建议”②。他当天还致电西班

① 《季米特洛夫日记选编》，马细谱、杨燕杰、葛志强等译，广西师范大学出版社 2002 年版，第 51 页。

② 《季米特洛夫致社会主义工人国际执委会主席德·布鲁凯尔的电报（1937 年 6 月 3 日）》，载《国际共运史研究》，1987 年第 1 期。

牙社会主义工人党、共产党、总工会领导人，答复他们“共产国际执委会完全支持”他们的建议，即“为了支援受到德意法西斯主义进攻的西班牙人民，要组织社会主义工人国际、共产国际和国际工会联合会的共同行动”。季米特洛夫同时说明，共产国际已经“不止一次向社会主义工人国际提出建议，组织各国际工人组织的共同行动是进行反对法西斯主义斗争和保卫民主与和平的最有效的手段”，但“遗憾的是，由于社会主义工人国际的领导加以拒绝，这些建议至今尚未取得积极的成果”。他还明确告知他们，共产国际“正在采取措施同社会主义工人国际建立联系”，并“将竭尽全力”。①

对于季米特洛夫提出的采取统一行动的建议，社会主义工人国际领导人的回电答复态度模糊，季米特洛夫又于1937年6月8日致电德·布鲁凯尔，对社会主义工人国际没有明确答复共产国际提出的具体建议表示遗憾，认为其答复信中所言“社会主义工人国际的主席或书记都无权决定关于建立联络委员会”的托词是不能令人信服的。他再次在电报中指出，“支援西班牙人民的运动仍进展得很不够，这主要是因为各国际组织的行动互不协调。如果，尽管存在着种种困难，能够建立国际的行动统一，这一运动就会获得大许多倍的力量。正是为了这个目的，我们提议建立三个国际的联络委员会”。季米特洛夫还退一步强调，“如果您由于某种原因认为我们提出的联络形式是你们所不能接受的，那么，帮助西班牙人民这一共同事业的利益还是要求，您从自己方面提出其他的具体建议，以便达到这一目的。对于我们来说，重要的不是形式，而是事情的实质”，他最后又提出了两个国际

① 《季米特洛夫给西班牙社会主义工人党总书记拉蒙·莱蒙尼达、共产党总书记何塞·迪亚斯、总工会代理总书记费利普·普雷特尔的复电（1937年6月3日）》，载《国际共运史研究》1987年第1期。

直接进行协商并交换意见的建议，“为了加速实现必要的共同行动，共产国际和社会主义工人国际的代表事先交换意见是适当的。如果您同意的话，我们等待关于举行这种会见的地点和时间的通知”。[①] 季米特洛夫在同日也致电西班牙工人党、共产党、总工会领导人，告知社会主义工人国际的答复内容，并表示共产国际将“继续坚持我们的具体建议”，“目的是要社会主义工人国际的领导建立国际的行动统一”，还告知他们共产国际正在建议两个国际分别派出代表举行会晤。[②]

鉴于形势的紧迫和下层及舆论的压力，社会主义工人国际回电表示同意随时与共产国际的代表会晤，“以便互相报告消息并交换关于实现这种行动的较好办法之意见”。[③] 6 月 15 日，季米特洛夫电告德·布鲁凯尔，共产国际方面已指定多列士、加香、迪亚斯等组成代表团，还特别说明已“委托多列士同志直接同您商讨会见的地点和日期”。[④] 会谈于 1937 年六七月间在瑞士日内瓦附近的安娜马斯和巴黎举行，双方在保卫西班牙共和国、保卫和平、援助西班牙人民等问题上意见相同，达成了统一行动的初步协议。但这些协议仅是有关衣物、食品、医药用品等的援助，社会主义工人国际的领导人拒绝采取进一步行动。

1939 年初，西班牙战争形势开始恶化后，季米特洛夫还致电多列士，指示他和加香“代表共产国际找社会主义工人国际商谈关于法国、英国、美国和斯堪的纳维亚国家政府向西班牙提供各种援助的措

---

① 《季米特洛夫致社会主义工人国际执委会主席德·布鲁凯尔的电报（1937 年 6 月 8 日）》，载《国际共运史研究》，1987 年第 1 期。

② 《季米特洛夫给西班牙社会主义工人党总书记拉蒙·莱蒙尼达、共产党总书记何塞·迪亚斯、总工会代理总书记费利普·普雷特尔的电报（1937 年 6 月 8 日）》，载《国际共运史研究》，1987 年第 1 期。

③ 《季米特洛夫文集》，解放社 1950 年版，第 267 页。

④ 《季米特洛夫给德·布鲁凯尔的复电（1937 年 6 月 15 日）》，载《国际共运史研究》，1987 年第 1 期。

施（包括取消封锁、有组织地接受难民）采取共同行动的问题”，要求他们建议社会主义工人国际“组织共同的群众大会和群众游行示威作为对政府施压的手段”。[①] 3月22日，季米特洛夫与法国共产党的代表谈话，指示法国共产党要“协助加速实现法国、英国、比利时、斯堪的纳维亚国家、美国和苏联工人阶级一致的国际主义行动”。[②] 尽管季米特洛夫的这些争取统一行动的努力并未得到社会主义工人国际上层领导的支持，但季米特洛夫的行动顺应形势发展要求，表明了共产国际的诚意，也取得了一定成效。

季米特洛夫也始终非常关注从各方面具体援助西班牙人民的反法西斯战争问题。1936年8月31日，他发出指示，把流亡在美国和其他国家的西班牙人派回西班牙参战，其中包括部分飞行员，并附带提供了一批物资援助。9月3日，鉴于西班牙形势危急，季米特洛夫认为“须要派专人去巴黎帮助法国人购买和运送武器及飞机”。[③] 西班牙内战刚打响时，共和国政府军队面临着粮食短缺的困难，在季米特洛夫直接领导和协调下，这一问题很快得到了有效解决。季米特洛夫还多次就西班牙问题与联共（布）中央进行协商和沟通。1936年9月2日，季米特洛夫在克里姆林宫与联共（布）中央政治局的四位实权人物（莫洛托夫、卡冈诺维奇、伏罗希洛夫、奥尔忠尼启则）讨论了有关西班牙政府的改组问题，商定指示后与斯大林

---

① 《季米特洛夫日记选编》，马细谱、杨燕杰、葛志强等译，广西师范大学出版社2002年版，第88页。

② 《季米特洛夫日记选编》，马细谱、杨燕杰、葛志强等译，广西师范大学出版社2002年版，第91页。

③ 《季米特洛夫日记选编》，马细谱、杨燕杰、葛志强等译，广西师范大学出版社2002年版，第46页。

通了电话，商定关于对西班牙的援助问题将在政治局另行讨论。[①] 9 月 14 日，季米特洛夫又在克里姆林宫与莫洛托夫、卡冈诺维奇等讨论了组织援助西班牙的工作，决定采取“通过走私的联合行动”[②]。9 月 16 日，季米特洛夫与多列士一起去见卡冈诺维奇，具体商讨了“从法国向西班牙走私武器的问题”。[③] 1938 年 8 月 28 日，季米特洛夫召集共产国际执委会书记处与各国党代表举行会议，讨论了开展“援助西班牙人民的国际运动”问题，援助内容包括食品及其他必需的战略物资，会议还任命了该国际运动的领导人员，多列士任主席，路易斯为书记。[④]

季米特洛夫还非常重视世界各国舆论对西班牙民族革命战争的声援运动。在其直接倡议和领导下，世界范围内开展了广泛的声援西班牙人民、揭露法西斯的宣传运动。这一运动对于民众认清西班牙战争的性质和德、意法西斯的侵略本质、关注战争的进展、招募国际纵队志愿者、护卫国际纵队战士遣返等都起到了重要作用。他还非常关注西班牙军队中的政治工作，并通过法国共产党和西班牙共产党的渠道提出了指导和建议。

① 《季米特洛夫日记选编》，马细谱、杨燕杰、葛志强等译，广西师范大学出版社 2002 年版，第 46 页。

② 《季米特洛夫日记选编》，马细谱、杨燕杰、葛志强等译，广西师范大学出版社 2002 年版，第 47 页。

③ 《季米特洛夫日记选编》，马细谱、杨燕杰、葛志强等译，广西师范大学出版社 2002 年版，第 48 页。

④ 《季米特洛夫日记选编》，马细谱、杨燕杰、葛志强等译，广西师范大学出版社 2002 年版，第 65 页。

三、执委会总书记的领导工作

（一）善于处理关系的新领导

作为共产国际执委会总书记，季米特洛夫的领导事务多样而广泛。他与共产国际的各个支部——各国共产党都保持着密切联系，为指导各国党的工作，他要经常就一些重要问题召集执委会或书记处的专门会议进行讨论、协商、辩论，综合各方面的意见提出有针对性、指导性的建议。共产国际执委会书记处的成员实行分管负责制，担任总书记的季米特洛夫也直接负责几个国家共产党的日常工作。除了领导共产国际执委会下属的两个部——干部部和宣传与群众组织部之外，他还领导着《共产国际》编辑部以及外文出版社的工作。季米特洛夫也全面管理整个共产国际内部各领导机构的具体工作，如党委会的工作、工会委员会的工作等，还经常过问共产国际办公总部的食堂餐饮、住宿条件、各种生活设施等问题。作为一个旨在推动世界革命运动的国际组织的首脑人物，季米特洛夫非常关心来到苏联的各国政治侨民，其中多数是在国内遭受政治迫害的共产党人。

季米特洛夫领导共产国际围绕中国抗日战争、西班牙反法西斯民族革命战争开展了大量工作。在其全面协调下，世界各国民众开展了从舆论宣传上支持、物质资金上援助中国和西班牙的广泛社会运动。在其直接领导下，共产国际各个机构很好地贯彻并执行了共产国际第七次代表大会所确立的新方针。他对《共产国际》杂志编委会的具体工作进行了重新定位，安排它重点宣传和解释共产国际的新方针，指导其用平实而通俗的语言宣传共产国际在反法西斯斗争、推动建立工人统一战线及人民阵线、反对帝国主义战争等方面的基本主张和战略策略，并对相关重大问题进行专题报道。他还领导改组了工会的工作，使工会活动致力于争取实现国际工会运动的统一。在季米特洛夫的推动之下，共产国际执委会所属的妇女委员会、共产国际所领导的体育运动组织和其他群众性组织也都开始进行单独活动。[①] 共产国际执委会对它们不再作统一的硬性规定，使各机构根据实际情况并紧密结合共产国际新方针积极灵活地开展工作，提高了机构运作的主动性和针对性，也更有力地贯彻执行了共产国际的新政策。

季米特洛夫于 1935 年 8 月正式开始担任共产国际执委会总书记时已 53 岁，由于过去长期处在艰苦卓绝的革命斗争环境之中，德国国会纵火案时又在纳粹监狱中遭受过肉体上的致命摧残，身体状况并不好。由于苏联有很好的医疗休养条件，季米特洛夫享有与苏联国家领导人同样级别的待遇，这使其健康状况大为改观，在共产国际的领导工作中精神饱满、效率很高。其领导风格干练、慎重、谦逊、细致，并且非常注意听取不同意见，有很强的民主作风。在实际工作中，他细心、条理、注重效率，还通过阅读大量书刊不断充实自己的知识。他具有渊博的学识和极为丰富的实践经验，善于透过事件的表象发现问题的本质。他还具有高超的语言文字表达能力，通晓多个欧洲国家的语言，是一个激越的演说家，又是一位雄辩的辩论家。在其召集或主持的共产国际会议上，季米特洛夫非常注意倾听各方面代表的发言和意见，要求每个参加者都提出自己的看法和建议，在综合全面信息

① ［保］维·哈吉尼科洛夫等：《季米特洛夫传》，余志和、马细谱译，人民出版社 1982 年版，第 157 页。

及各种观点的基础上他才提出自己的建设性意见或作总结性的发言。季米特洛夫一般不会直接提出硬性的指令或命令，他提出的指导性意见或建议一般都较为灵活机动，并时刻提醒对方一定要从实际情况出发去理解和把握各种政策方针，要注意消除教条主义和关门主义的错误倾向。

在领导共产国际的实际工作中，季米特洛夫还很善于进行沟通和协作，这不仅表现在共产国际内部机构的事务上，也体现在与联共（布）中央的关系中。当时联共（布）中央的第二号人物、曾任苏联外交部长的莫洛托夫在其晚年曾这样评价他："季米特洛夫是个好人，是位英勇的革命家"，"对保加利亚来说他甚至太伟大了，他需要更大的活动天地"，他"适合在一个大国活动"。[①] 季米特洛夫也特别注意在具体的工作过程中教育下级人员，既肯定他们的优点又指出其缺点，并在适当时机根据具体特点提拔和重用他们。可以说，这位极为出色的组织活动家和演说家在共产国际的领导工作开展得游刃有余。

在日常领导工作中，季米特洛夫很注意协调共产国际与联共（布）中央，尤其是与斯大林的关系问题。在许多重大事项或有关原则性问题上，季米特洛夫都要向斯大林进行请示和汇报。当重大事件发生或有重要问题需要研究时，他一般都会受邀参与在克里姆林宫举行的有联共（布）中央领导人参加的协商讨论会，经协商后再作出具体决策。当时，在整个国际共产主义运动的权力运转体系中，斯大林仍然具有最高权威。季米特洛夫在从事或处理重大事务时，都比较重视征求联共（布）中央的意见，尤其是要顾及斯大林的态度。在参加

---

① ［苏］费·丘耶夫：《同莫洛托夫的一百四十次谈话》，王南枝等译，新华出版社1992年版，第137页。

莫斯科联共（布）中央高层的有关活动或与斯大林交谈时，季米特洛夫也表现出对斯大林个人领袖地位的崇敬或赞誉之情。比如，1937 年 11 月 7 日，季米特洛夫中午参加了在联共（布）中央政治局委员伏罗希洛夫家中举办的酒宴，联共（布）中央的高层领导人以及众多中层干部的代表都参加了宴会。斯大林讲完祝酒词以后，季米特洛夫在随后发表的祝酒词中说道："您（即斯大林）在列宁之后指出了正确的道路，坚定地、英明地继续了他的事业。历史上不乏继承者断送前辈事业的先例"，"对社会主义革命和无产阶级来说，最伟大的幸运就是：在列宁之后，斯大林同志在所有急剧转折中都如此坚定和英明地继续了列宁的事业并保证了事业的胜利。如果不把列宁同斯大林联系起来，就无法谈论列宁！"①

季米特洛夫之所以在对待斯大林和联共（布）中央高层问题上持如此态度，有着深刻的原因。作为共产国际的首脑人物，他深知，如果没有联共（布）中央特别是斯大林的认可和支持，共产国际是无法运转和工作的。共产国际是一个实行高度集中制的世界性共产党，联共（布）在组织上是作为共产国际的一个支部，但联共（布）的极为特殊之处在于，他是世界上唯一的社会主义大国苏联的执政党，是共产国际内最大的支部党；斯大林又是世界上最大的共产党及社会主义大国的最高领袖。没有他们的支持，共产国际是发挥不了世界性影响的。此外，共产国际总部的办公大楼所在地就位于苏联的首都莫斯科，地缘上的因素也使共产国际与苏联的关系极为特殊。季米特洛夫是一个从东欧小国保加利亚逐步锻炼成长起来的无产阶级革命活动家，尽

① 《季米特洛夫日记选编》，马细谱、杨燕杰、葛志强等译，广西师范大学出版社 2002 年版，第 59 页。

管他在1933年德国国会纵火案时的莱比锡审判中赢得了前所未有的世界性威望，但在这样一个由世界上最大的共产党执政的大国中工作，对他来说是从未有过的经历。此前他虽然也从事过共产国际的有关领导工作，但仅限于西欧一个地区的具体领导事务。虽然季米特洛夫在1934年来到莫斯科时已获得了苏联国籍，但在共产国际的历任最高领导人中，他是第一个外国人，而此前共产国际的实际领导人都是由联共（布）党的领导人来担任的。季米特洛夫掌舵共产国际又是经斯大林和联共（布）中央认可并全力支持的。斯大林也对季米特洛夫表示出善意友好的、朋友式的尊重，并鼓励他放心大胆工作。在1937年11月7日的酒会上，斯大林就说，“我非常尊敬季米特洛夫同志。我们现在是朋友，而且将来也仍然是朋友”。[①] 对待季米特洛夫，斯大林的态度是谦和的，在很多重要问题上也会放手让他去处理。比如，1939年4月26日，季米特洛夫在克里姆林宫与联共（布）中央政治局成员会谈，季米特洛夫提出请斯大林谈一下有关法国的问题时，斯大林说，“现在我们很忙。您自己解决这些问题吧”，而后又开玩笑似地说道，“您，季米特洛夫，不是‘共产国际的总书记’吗，我们只是共产国际的一个支部!”[②]

（二）指导并帮助各国共产党

从1935年下半年到1939年初，国际形势日趋紧张，在英、法绥靖政策的纵容之下，欧洲局势向着爆发战争的方向发展。1935年10

---

① 《季米特洛夫日记选编》，马细谱、杨燕杰、葛志强等译，广西师范大学出版社2002年版，第59页。

② 《季米特洛夫日记选编》，马细谱、杨燕杰、葛志强等，广西师范大学出版社2002年版，第94页。

月，意大利发动侵略埃塞俄比亚的战争，受到了法国和英国的纵容。1936 年 3 月，纳粹德国重新占领了莱茵非军事区，公然违反凡尔赛条约和洛迦诺公约，也并未受到英国和法国的干涉。1936 年 7 月，德国、意大利又违反国际法，支持佛朗哥叛军，公开武装干涉西班牙内战，再次受到英、法两国纵容。同月，德国强迫奥地利签订《德奥协定》，奥地利的内政和外交基本上被德国控制。1937 年 11 月 6 日，意大利参加德、日《反共产国际协定》，三国正式结成法西斯轴心。1938 年 3 月，德、奥签署《关于奥地利和德国重新统一法》，德国正式吞并了奥地利。此后，希特勒开始注意下一个侵略目标捷克斯洛伐克，英、法两国希望以牺牲捷克斯洛伐克的利益求得一时和平，向其政府施压，迫其同意割让领土。9 月 29 日，德、意、英、法四国首脑希特勒、墨索里尼、张伯伦、达拉第在德国慕尼黑召开会议，签署了臭名昭著的“慕尼黑协定”，把苏台德区“转让”给德国。而割让领土的捷克斯洛伐克，却没有权利出席。至此，英、法的绥靖政策达到高峰。纳粹德国占领苏台德区后，于 1939 年 3 月悍然入侵并且全部占领了捷克斯洛伐克。

这一时期，季米特洛夫领导共产国际在重点处理有关中国抗日战争、西班牙民族革命战争问题的同时，根据国际形势的发展变化，对各国共产党的方针政策及其在国内面临的任务等重要问题进行指导和帮助。对于“慕尼黑协定”后的世界局势，季米特洛夫在 1938 年 10 月分析道，“慕尼黑以后的事实，一方面，有利于法西斯的进一步进攻和世界大展威胁的增加；另一方面，加强了清醒认识”，促进了“英、法、美和其他国家反法西斯浪潮的高涨”，“进一步发展和巩固了工人阶级和各国人民反对武装的法西斯和法西斯战争的统一战线的前景”。[1] 这对于各国党认清形势、应对危机、完成任务、保存实力都产生了重要作用。

在法国，共产党积极倡导建立的人民阵线已在社会政治生活中发挥重要影响。1936 年 1 月 22 日至 25 日，法国共产党召开第八次代表大会，多列士作了题为《在劳动、自由与和平的人民阵线中的共产党》的报告，大会提出“通过人民阵线向苏维埃共和国过渡”。大会通过的宣言阐述了争取保持和扩大民主自由、争取提高劳动人民物质水平的计划，奠定了人民阵线纲领的基础。同时，大会还向季米特洛夫发了致敬电。[2] 2 月 21 日，季米特洛夫召集共产国际执委会书记处会议，研究讨论有关筹备法国工会统一代表大会的问题，他与曼努伊尔斯基等在会上高度评价了法国共产党旨在实现工会统一的政策；会议还拒绝了洛佐夫斯基就法国共产党的工会政策提出的某些宗派主义的意见。[3] 3 月 2 日，在各工人组织的倡议之下，法国国内两个最大的工会组织（法国总工会、法国统一总工会）在图卢兹市举行联合代表大会，成立了统一的法国总工会。由此，在共产党和社会民主党的领导下法国工人建立了统一战线，进行统一行动。季米特洛夫和共产国际、红色工会国际都积极支持法国两大工会组织的联合。4 月底至 5 月初，法国人民阵线的各政党在议会选举中获胜，于 6 月组成了第一个人民阵线政府。1937 年，针对法国人民阵线中出现的问题，季米特洛夫和共产国际执委会书记处多次开会专门研究法共和法国事务。

---

① 《季米特洛夫日记选编》，马细谱、杨燕杰、葛志强等译，广西师范大学出版社 2002 年版，第 85 页。

② 中共中央编译局国际共运史研究所编：《共产国际大事记（1914—1943）》，黑龙江人民出版社 1989 年版，第 445 页。

③ 中共中央编译局国际共运史研究所编：《共产国际大事记（1914—1943）》，黑龙江人民出版社 1989 年版，第 447 页。

1938年9月，“慕尼黑协定”签署以后，法国人民阵线面临深刻危机，季米特洛夫仍力主实现法国反法西斯斗争的统一行动。他建议并指示法国共产党做出一切努力，保存并不断扩大人民阵线组织，他指出，达到这一目的的最好手段是“最大限度地开展群众活动和提高群众的作用，动员一切力量来捍卫和巩固人民阵线，奉行一种真正的反法西斯政策”[①]。1939年，法国和英国的对德国的绥靖政策达到高峰后，季米特洛夫于3月22日同法国共产党成员谈话，指出了法国所面临的五个最重要的问题：“（1）阻止劳动联合会分裂；（2）保证并用一切手段巩固共产党人和社会党人之间的一致行动；（3）保证共产党的合法存在；（4）巩固人民阵线并以一切手段加强人民阵线的运动；（5）协助加速实现法国、英国、比利时、斯堪的纳维亚国家、美国和苏联工人阶级一致的国际主义行动。”[②] 这对于法国共产党在复杂的国内形势下明辨方向，坚定实行统一战线政策具有重要意义。

对于捷克斯洛伐克问题，季米特洛夫一直非常关注。无论在莫斯科共产国际总部一线主持工作，还是在外地疗养之时，他都对捷克斯洛伐克的国内外局势进行深入分析，指导和帮助捷共认清形势、明确任务、制订具体的应对策略。捷共在推行统一战线工作和人民阵线政策时，起初并未取得好的进展，为指导捷共顺利开展工作，落实共产国际新方针，共产国际多次开会研讨捷克问题。1935年底到1936年初，执委会书记处和主席团开会讨论了捷共的任务，对其提出尖锐批评，认为它犯了右倾错误，只热衷于议会联合行动，而没有动员群众；

---

① ［保］维·哈吉尼科洛夫等：《季米特洛夫传》，余志和、马细谱译，人民出版社1982年版，第157页。

② 《季米特洛夫日记选编》，马细谱、杨燕杰、葛志强等译，广西师范大学出版社2002年版，第90—91页。

共产国际就此指出，如果过分注意同社会民主党和小资产阶级政党的领导进行商谈，而放松团结广大群众的行动，那么在贯彻共产国际七大新方针的过程中就可能犯右倾机会主义的错误。[①]

1936 年 5 月 22 日，季米特洛夫在共产国际主席团会议上就捷克斯洛伐克问题作了重要发言，其发言要点[②]主要包括：首先，他阐明了捷现任政府的脆弱性及其面临的困难处境。季米特洛夫指出，捷政府“不能保证领导捷克斯洛伐克人民抗击希特勒的入侵”，它“正处于彷徨歧路、莫知所从的状况”，而“希特勒的一些代理人在政府中倒是十分活跃”，捷的“现行政策被改变的危险性是存在的”；捷“的处境非常困难：一个弱小的国家面对着武装到牙齿的德国军队，既与希特勒妥协，又拒绝与苏联采取共同行动的倾向正在捷克斯洛伐克资产阶级中滋长”。其次，阐述了捷共当前的使命和任务。他指出，社会党的领袖忽视形势的严峻性，还“常常企图改变方针以寻求摆脱困境的出路”；但共产党应当“以捍卫自己人民的民族利益为己任”，应当“成为这一斗争的先锋”；捷共的使命是“在国内直截了当地提出这一问题，把它提到其他反对希特勒的党派，提到人民大众面前：在议会中，在政府面前提出来，并且在最广泛的范围内提出”，捷共应当“向国家社会党，向捷克社会民主党人和在捷克的德国社会民主党人，向手工业者党派等提出具体的建议，共同商讨采取一切内政和外交措施”。再次，对捷政府在内政和外交方面应当采取的具体措施提出建议。他认为，在内政方面应当采取的措施包括：扩大人民群众的

① 中共中央编译局国际共运史研究所编：《共产国际大事记（1914—1943）》，黑龙江人民出版社 1989 年版，第 443—444 页。

② 具体内容参见《关于季米特洛夫的五份资料》，金贡南译，载《河南师范大学学报》（社会科学版），1983 年第 4 期。

民主权，满足人民群众的切身利益，建立群众性的支援机构，以便在法西斯入侵时提高人民群众的防御能力；外交上应采取的措施有：反对改变现行政策而奉行与希特勒妥协的路线；加强和法国、西班牙政府、苏联以及一切准备结成反法西斯侵略统一战线的国家的联系；遏制希特勒的代理人在捷克斯洛伐克活动的措施，等等。

1936 年 5 月底，季米特洛夫又在共产国际执委会书记处召开的捷共工会工作会议上作总结发言，阐述了捷克斯洛伐克阶级斗争和反法西斯统一行动运动的基本任务，他建议捷共制订具体的策略，以便从"死胡同里"走出来，并且指出，"只有人民阵线的政策才是拯救捷克斯洛伐克的唯一办法"。[①]

1938 年 9 月，捷克斯洛伐克正面临着纳粹德国的严峻侵略威胁，季米特洛夫当时一直在基斯洛沃茨克治疗和休养。鉴于严峻局势，他于 9 月 16 日致电在共产国际执委会主持工作的曼努伊尔斯基和莫斯克文，指出关于捷克斯洛伐克的问题"有必要对波兰、罗马尼亚和匈牙利采取紧急措施。特别是波兰。应该发表一些文章，指出这些国家的工人阶级和一切民主力量的任务，并通过电台和其他方式在这些国家广为宣传"[②]。9 月 22 日，季米特洛夫又就捷克斯洛伐克所面临的严峻威胁致电曼努伊尔斯基、莫斯克文、库西宁，电文说，"我在这里很难判断，但是我觉得如果捷克斯洛伐克的人民运动拒绝投降，军队坚决抵抗德国的侵略进攻，这一事实将对法国和英国大有作用，将会在这些国家展开声势浩大的运动，在这一运动的压力下，英法的出卖计

① ［保］维·哈吉尼科洛夫等：《季米特洛夫传》，余志和、马细谱译，人民出版社 1982 年版，第 153 页。

② 《季米特洛夫日记选编》，马细谱、杨燕杰、葛志强等译，广西师范大学出版社 2002 年版，第 66—67 页。

划将会破产。无论如何没有比不战而降更坏的事了”[①]。季米特洛夫还指示其他国家共产党要在国内开展保卫捷克斯洛伐克和世界和平的广泛社会运动。

季米特洛夫所预料的“更坏的事”还是很快发生了，9 月 29 日，“慕尼黑协定”签署，纳粹德国兵不血刃地获得了苏台德地区。在收到捷共领导人哥特瓦尔德 9 月 30 日的电话通知后，季米特洛夫于 10 月 2 日和 3 日两次致电曼努伊尔斯基、莫斯克文、库西宁，根据局势的发展指导共产国际的应对方针，指出捷共在推行统一战线政策方面存在的严重政治错误。[②] 10 月 10 日，捷国内局势日趋反动，法西斯分子开始大肆镇压民主人士和犹太人。季米特洛夫于 10 月 11 日和 18 日两次就此问题从疗养地致电曼努伊尔斯基、莫斯克文，就应对这一事态的发展提出意见，他指出，“要设法派遣英国、法国、美国有影响的代表团和最著名的新闻记者到布拉格去。同时必须采取紧急预防措施保护和保存工人运动和一般民主运动的干部。必须保证与捷克斯洛伐克共产党的经常接触”。[③] 为指导捷共更好地应对危机、积极开展地下工作，季米特洛夫又在 10 月 25 日致电莫斯克文，电文指出，捷共“必须周密地、有组织地重新安排自己的工作，分配自己的干部，使他们在任何条件下都能保持同群众的密切联系，真正能够在群众中发挥影响，巩固他们在群众组织（工会，合作社，青年、文化、体育等团体）中的地位”，必须“尽可能多地保存马克思主义经典著作和现

---

① 《季米特洛夫日记选编》，马细谱、杨燕杰、葛志强等译，广西师范大学出版社 2002 年版，第 68 页。

② 《季米特洛夫日记选编》，马细谱、杨燕杰、葛志强等译，广西师范大学出版社 2002 年版，第 72—73 页。

③ 《季米特洛夫日记选编》，马细谱、杨燕杰、葛志强等译，广西师范大学出版社 2002 年版，第 76—77 页。

代共产主义著作，把这些著作放在今后可以继续使用的地方”，特别要“设法及时创办一种非党的人民报纸，编辑部由表面上不是我们的拥护者的进步人士组成”，还要“出版一种‘中性’的科学文化刊物，认真考虑关于对群众和社会舆论施加思想意识影响的一系列措施”，必须“千方百计努力吸引诚实的社会党人和民主党人参加这一事业”。①

1939 年 3 月，纳粹德国全部占领捷克斯洛伐克后，在季米特洛夫指导下，共产国际执委会书记处于 6 月 14 日发出一份指示，题为《捷克斯洛伐克的新形势和党的任务》，其中指出，纳粹正在实行吞并捷克斯洛伐克领土和灭绝种族的政策，共产党现在的任务是“组织人民的抵抗”，要“把最广泛的人民力量团结进民族统一战线中去”，其中“包括工人、农民、城市小资产阶级”，以及“准备同人民一道，采取抵抗德国法西斯侵略者的路线”的资产阶级分子。②

在奥地利，1938 年德国吞并奥地利前夕，奥地利共产党未制订出具体的行动方针，党内围绕民族问题、民主力量胜利后国家的未来趋向等问题争论不休。德国吞并奥地利后，奥共政策仍不稳定。季米特洛夫不断劝告并建议奥共团结一切爱国力量，进行反对希特勒侵略和占领的斗争，并以自己的威望在共产国际全力支持和帮助奥共的活动。③

在英国，1937 年，英国的法西斯势力大为增强，广大民众开展了

---

① 《季米特洛夫日记选编》，马细谱、杨燕杰、葛志强等译，广西师范大学出版社 2002 年版，第 84—85 页。

② ［苏］索波列夫等：《共产国际史纲》，吴道弘等译，人民出版社 1985 年版，第 462 页。

③ ［保］维·哈吉尼科洛夫等：《季米特洛夫传》，余志和、马细谱译，人民出版社 1982 年版，第 159 页。

积极斗争。季米特洛夫常与英国共产党驻共产国际的代表交谈，并亲自会见了英国共产党领导人哈·波立特，对他们应实行的国内政策提出了建议，并同英国共产党的代表一起制定了具体的对策。季米特洛夫还意识到以张伯伦为首的英国执政集团对欧洲大陆地缘政治事件的影响将会越来越大，须动员群众反对这一政府。他于1938年底在基斯洛沃茨克治疗和休养时就写文章指出，“动员社会舆论起来反对张伯伦很重要”，要“千方百计力争在英国和法国发生有益的政府改组”。[①]季米特洛夫也多次同英国共产党领导人谈到这一问题，并指导他们应该采取必要措施。

关于美国问题，1938年，共产国际执委会书记处召开会议，讨论美国共产党建立民主阵线、反对法西斯危险的活动情况，并选举出一个决议起草委员会。季米特洛夫在该委员会内作了详细发言，他建议美国共产党要善于支持罗斯福政府的进步措施，但不要去颂扬他，而应该对他那些背离反法西斯民主阵线要求的事情开展严肃的批评。[②]1938年5月底，美国共产党第十次代表大会在纽约召开，季米特洛夫被选举为大会名誉主席团成员之一。厄·白劳德向大会作主要报告，提出“为所有人争取工作、争取有保障的生活、争取民主与和平”的口号。报告还批评了美国政府的“中立”政策。1938年10月10日，美国共产党总书记白劳德来到莫斯科，正在外地疗养的季米特洛夫致电曼努伊尔斯基、莫斯克文、库西宁，就他们与白劳德的会谈提出指导意见。季米特洛夫认为，在同白劳德讨论问题时必须“认真考虑在

---

① ［保］维·哈吉尼科洛夫等：《季米特洛夫传》，余志和、马细谱译，人民出版社1982年版，第159页。

② ［保］维·哈吉尼科洛夫等：《季米特洛夫传》，余志和、马细谱译，人民出版社1982年版，第160页。

慕尼黑强盗勾结之后和由于德意法西斯和英法帝国主义反动派之间正在形成反民主、反革命集团而在国际形势中出现的重大变化”，由此，美国、美国的工人运动和民主运动将在国际事务中起巨大作用，这首先要求“美国的工人阶级和民主力量要在世界（包括欧洲）范围内，远比过去更直接、更积极地参加反对法西斯主义和反对派的斗争”。目前“巩固美国工人运动和欧洲工人运动，首先是英法工人运动之间的思想和政治联系，是极其重要的”，要通过宣传苏联的社会主义成就来加深美苏民众间的联系。美国的重要国际作用要求“美国工人阶级的团结和在美国建立并巩固民主阵线”。季米特洛夫还具体指出了美国共产党应采取的四点措施：“（1）不允许在工人阶级和民主力量中受到孤立；（2）真正领导群众斗争；（3）不允许反动法西斯力量取得胜利；（4）争取罗斯福和政府以及美国工人阶级和民主运动执行反对侵略和战争贩子，反对德意日法西斯集团，反对希特勒、墨索里尼、张伯伦的强盗协定”。季米特洛夫还在电文中提到，应该同白劳德具体商谈“对加拿大和拉丁美洲的联系和帮助问题，让美国共产党（相应地让白劳德）在一定程度上担当我们（即共产国际）的代表”，还要向白劳德说明美共的某些口号应该“在原则上更加准确，逐步取消那个有鼓舞力但并不符合马克思主义的口号‘共产主义——20 世纪的美国主义’”。[①]

在保加利亚，为贯彻共产国际七大新政策，保加利亚共产党中央委员会于 1936 年 2 月底召开第六次全体会议，提出了建立反法西斯人民阵线的任务，制定了人民阵线的纲领草案。为指导保加利亚人民阵

① 《季米特洛夫日记选编》，马细谱、杨燕杰、葛志强等译，广西师范大学出版社 2002 年版，第 75—76 页。

线运动的进一步发展，1936 年 7 月 10 日，保共中央国外局在莫斯科召开有关人民阵线问题的扩大会议，季米特洛夫在会上作了详细发言，他阐明了保加利亚国内法西斯的情况及其政治制度的特点，指出建立人民阵线的良好条件，为实现这一目的，需要制订关于国内国外问题的广泛纲领，主张要同各民主政治组织、经济和文化组织采取共同行动。[①] 在会议精神的指导下，保加利亚于几个月后以制宪委员会的形式组成了人民阵线。

对于德国共产党的工作，1936 年 3 月 14 日，季米特洛夫与曼努伊尔斯基、莫斯克文和陶里亚蒂三人受共产国际执委会委派组成一个委员会，同德国共产党中央领导人举行了专门会谈。3 月 17 日，共产国际执委会书记处就会谈的问题作出决议，指出当前德国共产党最重要的任务有四个方面：批判法西斯主义和开展持久的教育工作，利用一切机会在反对战争的斗争中同社会民主党人达成统一战线的协议，提出人民阵线纲领草案，教育党的干部执行共产国际第七次代表大会的路线。[②]

关于荷兰问题，1937 年 12 月 22 日，季米特洛夫在共产国际执委会书记处会议上就荷兰的形势和共产党的任务作了重要指导性发言。季米特洛夫指出，荷兰共产党犯了一种国际性通病，即宗派主义的自满情绪，过高地估计了自己的力量和可能性，过低地估计了困难和敌人的力量，强调荷兰共产党应注意同社会民主党的关系，把它的普通党员同它的反动领导人区别开来，提醒荷兰共产党注意农民问题。会

① ［保］维·哈吉尼科洛夫等：《季米特洛夫传》，余志和、马细谱译，人民出版社 1982 年版，第 153 页。

② 中共中央编译局国际共运史研究所编：《共产国际大事记（1914—1943）》，黑龙江人民出版社 1989 年版，第 450 页。

议还根据季米特洛夫的发言和建议，通过决议，要求荷兰党改进党的工作，消除宗派主义错误。[①]

除了关注与指导以上一些党的事务外，季米特洛夫还非常重视其他在国内和国际工作中遇到困难的党，诸如波兰共产党、匈牙利共产党、南斯拉夫共产党等。1936 年 5 月 22 日，他在共产国际主席团会议的发言中，阐明了一些对于各国共产党都很重要的问题，这包括："群众性的布尔什维克化的政策问题；站在广大群众前列坚定不移向前进的政策问题；把彻底的、不可动摇的原则与我们的最终目标相结合的问题；坚持不懈地革命化地培养干部问题；既不丢掉革命的将来，又要一步步地前进；既不超越现阶段的任务，又始终不渝地朝着实现我们最终目标的方向前进。"[②] 季米特洛夫还经常召集共产国际执委会书记处会议或书记处扩大会议，讨论殖民地半殖民地国家（如中国、印度、阿拉伯国家、拉丁美洲国家）有关革命策略、反帝统一战线、反战等重要问题，经讨论和研究提出建议，下达指示，帮助这些国家共产党制订路线方针，以应对国内突发事件和各种挑战。

---

① 中共中央编译局国际共运史研究所编：《共产国际大事记（1914—1943）》，黑龙江人民出版社 1989 年版，第 493 页。

② 《关于季米特洛夫的五份资料》，金贡南译，载《河南师范大学学报》（社会科学版），1983 年第 4 期。

第四章　运筹：二战中的季米特洛夫与共产国际

1939 年 9 月 1 日，德国入侵波兰；9 月 3 日，英法对德宣战，第二次世界大战正式爆发。“二战”爆发前后的一段时间里，季米特洛夫的主张和共产国际所执行的政策仍是坚持共产国际七大所确定的团结反法西斯的方针。从 1939 年 9 月中旬一直到 1941 年 6 月德国入侵苏联，共产国际在对战争性质的认识问题上犯了严重错误，片面强调战争是帝国主义的非正义战争，而忽略了其反法西斯侵略的正义性本质。季米特洛夫对此应负有一定责任。1940 年 6 月底法国沦陷后，季米特洛夫和共产国际对战争所持的立场有了转变，开始倾向于强调反抗侵略者、争取民族解放的问题。1941 年 6 月德国入侵苏联后，斯大林随即改变了对战争的看法，季米特洛夫领导共产国际较迅速地修正了错误方针，再次回归反法西斯的政策，为推动建立世界人民反法西斯统一战线做出了贡献。在战时的恶劣环境中，季米特洛夫还领导共产国际开展了一系列复杂工作。

一、突变：卫国战争前的政策和立场

（一）推进反法西斯一贯政策

在第二次世界大战爆发前后的一段时间内，季米特洛夫和共产国际执委会一直坚持团结反法西斯阵营的路线方针。1939 年 7 月 15 日，在第一次世界大战爆发 25 周年之际，共产国际执委会向各国共产党发出了一个重要指示，呼吁在新形势下继续团结开展反法西斯运动。该指示指出，必须“利用 8 月 1 日——第一次世界大战爆发 25 周年之际，开展反对法西斯侵略者的运动，揭露旨在拖延同苏联的谈判、为新的投降和第二次慕尼黑表述做准备的英法政府的两面派政策”，必须“无情地批判第二国际和阿姆斯特丹国际中那些投降主义分子，正是他们帮助法西斯主义扼杀西班牙共和国，肢解和侵占捷克斯洛伐克，开展反苏运动，破坏工人阶级的统一战线和反法西斯运动的团结”。[①] 不久，丹麦议会通过了丹德互不侵犯条约，季米特洛夫就此写信给丹麦共产党领导人，指导丹共反对德国法西斯，维护民族独立。季米特洛夫在信中写道，“丹麦工人阶级和人民的主要敌人是外国法西斯侵略者，他们同国内法西斯分子相互勾结，而丹麦法西斯分子的一部分就是德国法西斯主义的直接代理人。丹麦人民的民族独立正在受到威胁”。丹麦工人阶级和人民应“把消除这种危险和保卫民族独

① 苏共中央马列研究院和苏共中央国际部编：《共产国际和苏德互不侵犯条约》，董友忱摘译，载《国际共运史研究》，1990 年第 3 期。

立看作是自己的主要任务”。[1]

苏德互不侵犯条约签署前，共产国际执委会书记处于8月22日向各国共产党发出《关于借口苏德谈判掀起反苏运动》的指示电，电文提出，由于苏联和德国正在进行关于缔结互不侵犯条约的谈判，各国共产党应对此进行解释工作，说明苏德之间可能签订互不侵犯条约。电文还强调指出，这并不排除英、法、苏三国达成共同反击侵略者协议的可能性和必要性，各国共产党必须“更加努力地继续开展反对侵略者的斗争，特别是反对德国法西斯主义的斗争”。[2]

8月23日，纳粹德国外交部部长里宾特洛甫抵达莫斯科，与斯大林和莫洛托夫会谈后，于当天签署了苏德互不侵犯条约。但斯大林主导的苏联对外政策并没有在这一自保的方针下止步，他还违背社会主义国家一贯反对秘密外交的原则，又先后于8月23日、28日及9月28日同纳粹德国签订了一系列附加的秘密议定书，划定了苏德两国在东欧地区的势力范围。这些秘密条约的内容在当时只有斯大林和苏联外长莫洛托夫知晓，未经联共（布）中央政治局讨论，苏联最高苏维埃也不知情，直到1952年10月30日，莫洛托夫才把秘密协定的文本上交给苏共中央档案馆。[3] 对于苏德互不侵犯条约背后的秘密协定，季米特洛夫和共产国际在当时更是无从知晓。

苏德互不侵犯条约的签署使共产国际人员大为失望，深感困顿。南斯拉夫共产党领导人铁托曾说，共产国际内“几乎所有的人都因苏

---

① 苏共中央马列研究院和苏共中央国际部编：《共产国际和苏德互不侵犯条约》，董友忱摘译，载《国际共运史研究》，1990年第3期。

② 苏共中央马列研究院和苏共中央国际部编：《共产国际和苏德互不侵犯条约》，董友忱摘译，载《国际共运史研究》，1990年第3期。

③ 陆南泉等主编：《苏联真相——对101个重要问题的思考》上册，新华出版社2010年版，第449页。

联同德国签订的这个协定而感到不痛快"[①]。条约签订后，欧洲各国主要共产党仍坚持反对法西斯、反对纳粹德国的政策。法国共产党机关报《人道报》于1939年8月25日发表声明，表明法共反对战争、反对法西斯德国的立场。声明指出，"假如希特勒胆敢真的采取他所计划的决定性的步骤的话，那么一贯强调和平不可分割和要求对法西斯侵略持强硬态度的法国共产党人，将站在保卫各国人民独立、民主和受到威胁的法兰西共和国的最前列"，"假如波兰遭到进攻的话，同波兰签订的条约必将发挥作用"。同日，法国共产党总书记多列士发表声明指出，"如果希特勒仍然发动战争，那么可以告诉他，他在法国将要遭到人民团结一致的抵抗，共产党人将站在保卫国家安全和各民族自由独立的最前列"。[②] 德国共产党中央也于8月25日发表宣言，拥护苏德互不侵犯条约，认为这是苏联的卓有成效的和平行动，号召工人阶级和全体德国人民支持苏联的和平政策，主张恪守这个条约；同时明确表明反对纳粹政权、维护各国人民民族独立和自由的立场，宣言提出的口号是："抵制法西斯政权的战争威胁！结束对其他国家人民进行强盗式的侵略行径！捍卫各国人民的民族独立和自由！同波兰达成和平协议！"宣言要求德国共产党人"在当前希特勒严重威胁着波兰人民的时刻"，站在"为拯救德意志民族免受纳粹灾难性政策的损害"而斗争的前列。宣言还指出，"如果希特勒仍然把德国人民推向战争灾难，那么每个德国人都必然会知道：国家社会主义（纳粹

---

① 《铁托选集》（1974—1980），人民出版社1984年版，第97页。

② 中共中央编译局国际共运史研究所编：《共产国际大事记（1914—1943）》，黑龙江人民出版社1989年版，第518—519页。

党信奉的意识形态）是战争的罪魁祸首”。[1]

共产国际的主要领导人对于苏德关系改变后应采取的方针并没有做好充分的准备，仍在坚持此前的一贯政策。1939 年 8 月 27 日，季米特洛夫和曼努伊尔斯基就法国共产党对达拉第政府的态度问题致信斯大林，信中说，“我们认为，法国共产党今后还是应该坚持反抗法西斯德国侵略的立场。她应该支持关于加强国家防御能力的措施，但同时也应该保持公开阐述自己的观点和发展自己活动的能力，并以此要求作为自己支持这种措施的条件”，信中还谈到法西斯德国是侵略者。[2] 这封信没有得到斯大林的答复，季米特洛夫又于 9 月 5 日将该信的副本送给了联共（布）中央书记日丹诺夫。

1939 年 9 月 1 日，德国入侵波兰后，共产国际执委会书记处召开会议，专门讨论鉴于国际形势的变化共产党应该采取的立场和政策问题。同日，季米特洛夫还致电法国共产党领导人多列士，建议法国共产党“不必声明无条件支持达拉第—庞纳政府”，因为这一政府出卖了捷克斯洛伐克和西班牙，签订慕尼黑协定破坏集体安全，“巩固了法西斯德国”。[3] 9 月 2 日，共产国际执委会书记处授权季米特洛夫、库西宁、曼努伊尔斯基三人组成小组，就纳粹德国发动的侵略战争问题起草给各国共产党的指示。他们起草的指示提纲中指出，“德国法西斯在战争中的胜利，将给国际工人运动带来极大危险。因此，各国

---

① 中共中央编译局国际共运史研究所编：《共产国际大事记（1914—1943）》，黑龙江人民出版社 1989 年版，第 518 页。

② 苏共中央马列研究院和苏共中央国际部编：《共产国际和苏德互不侵犯条约》，董友忱摘译，载《国际共运史研究》，1990 年第 3 期。

③ 《季米特洛夫日记选编》，马细谱、杨燕杰、葛志强等译，广西师范大学出版社 2002 年版，第 97 页。

共产党的任务就是促使德国法西斯败北”①。可见，季米特洛夫和共产国际这时的立场和之前仍是一致的，到9月5日季米特洛夫才在一封信中透露出了共产国际在政策制定中的困难和迷茫。此后一直处于制定新的应对政策的不稳定的酝酿期，这一直持续到1939年9月底。

通过以上的考察可以看出，在第二次世界大战爆发前后一定时期，季米特洛夫和共产国际执委会并没有改变第七次代表大会后所一贯坚持的立场和政策，并不像此前一些观点认为的，简单而直接地追随了苏联的对外政策。季米特洛夫的主张及共产国际的政策与斯大林的战略意图及苏联对外政策的变化并不是协调同步的。大战爆发后德国法西斯仍被看作是最危险的敌人，推动实现统一战线联合反法西斯战线仍是共产国际的基本政策立场。欧洲国家主要共产党在“二战”爆发后也在坚持这一立场，这持续到1939年9月下旬。

（二）政策的迅速转变及影响

季米特洛夫与共产国际执委会对战争的基本看法和政策上的重大改变是在斯大林明确表态后急促间发生的。在“二战”爆发之初，季米特洛夫曾在一封信中透露出共产国际在制定政策上遇到了困难，需要得到斯大林的指导。1939年9月5日，他写信给联共（布）中央书记日丹诺夫，信中提到，他正在起草一份关于战争已在欧洲爆发的条件下各国党应执行的基本路线的文件，并说“在新的条件下确定共产党的策略立场和政治任务时，我们遇到了极大的困难。为了克服困难和做出正确的决定，我们现在比任何时候都更需要斯大林同志的直接

---

① 苏共中央马列研究院和苏共中央国际部编：《共产国际和苏德互不侵犯条约》，董友忱摘译，载《国际共运史研究》，1990年第3期。

帮助和建议”[1]。

9月7日，季米特洛夫与斯大林、莫洛托夫、日丹诺夫四人在莫斯科克里姆林宫会谈，斯大林在谈话中明确表示了自己对这次战争的一系列看法，其谈话所表明的主要观点包括三个方面：首先，他认为这场战争是帝国主义间重新瓜分世界的战争，双方都是非正义性的。他说，“战争是在两个资本主义国家集团（穷的和富的，为了争夺殖民地、原料等）之间进行，为了重新瓜分世界，为了统治世界”，“我们不反对它们互相好好打仗，互相消耗力量”，“如果用德国的手能动摇最富有的资本主义国家（特别是英国），并不是坏事”。战争“是为了统治世界”，“资本主义国家的统治者打仗是为了自己的帝国主义利益”。其次，共产党人应在战争中灵活应对，须改变此前实行统一战线的政策，应致力于消灭资本主义制度。他提出，资本主义国家里的共产党人必须“坚定地宣布反对本国政府，反对战争”。执政的共产党人可以“巧妙应付，支持一方反对另一方，让它们厮打”，苏联“宁愿同所谓的民主国家签订协议并为此进行了谈判。但是英国人和法国人想让我们（苏联）当长工，而且还不付分文！我们当然不愿当长工，更不愿白干”。“昨天的人民统一战线是为了减轻资本主义制度下的奴隶的处境”，“在帝国主义战争的条件下就要提出消灭奴隶制度的问题”，“还站在昨天（人民统一阵线、民族团结）的立场上就意味着滑向中产阶级的立场”。最后，认为波兰已是一个法西斯国家，可消灭这个国家，推广苏联的社会主义制度。他说，波兰在历史上“是一个民族国家”，“革命者曾经保卫它不遭分割和奴役”，而现在“这

---

① 苏共中央马列研究院和苏共中央国际部编：《共产国际和苏德互不侵犯条约》，董友忱摘译，载《国际共运史研究》，1990年第3期。

个法西斯国家压迫乌克兰人、白俄罗斯人等。消灭这个国家在现在的条件下就意味着减少了一个资产阶级法西斯国家”，“如果由于消灭了波兰，我们把社会主义制度推广到新的领土和居民中去，这有什么不好呢”。此外，斯大林在谈话中还要求季米特洛夫“必须准备并发表共产国际执委会主席团的提纲”。[①] 至于提纲应反映的主要精神，自然要符合斯大林的看法。

季米特洛夫很快就在 9 月 8 日起草了要下达给各国共产党的指示，次日（9 月 9 日），共产国际执委会书记处召开会议，讨论并通过了《共产国际执委会书记处就对战争的态度问题给各国共产党的指示》，并下达给各国共产党。根据季米特洛夫起草的内容，这一指示主要包括三个方面：首先，对战争性质的认定。指示说，“当前的战争是帝国主义的非正义战争。对于这场战争，所有交战国的资产阶级都是同样有罪的”，“在任何国家，工人阶级，更不用说共产党，都不应该支持战争”，“战争是在两个资本主义国家集团之间为了争夺世界统治而进行的”。其次，各国共产党应实行的策略。指示认为，“战争使形势发生了重大改变。现在再把资本主义国家分为法西斯国家和民主国家，已经失去了重要意义”，因此“必须改变策略”，在战争的这个阶段，一切交战国共产党的策略是“反对战争，揭露战争的帝国主义性质，代表共产党的议员投票反对战争拨款，向群众说明战争除了贫困和废墟外不会给他们带来任何其他东西”，在中立国必须“揭露那些宣布自己国家中立却为了利润支持在其他国家进行的战争，像美国政府对待日本和中国那样”，在任何地方共产党都必须“转入对社会民

---

① 《季米特洛夫日记选编》，马细谱、杨燕杰、葛志强等译，广西师范大学出版社 2002 年版，第 98—99 页。

主主义背叛政策的进攻”。最后，各国共产党必须立即修正政治路线。指示要求“共产党，特别是在法、英、比、美的共产党，凡与此看法抵触的，都要立即修正自己的政治路线”。[①] 可以看出，由季米特洛夫起草又经书记处讨论通过的这篇指示基本上是以斯大林两天前（9 月 7 日）在克里姆林宫的谈话为基础的，是按照斯大林的看法对各国共产党在政策上进行一次急剧的重大转变。由此前实行的团结反法西斯政策转向反对帝国主义非正义战争的政策，对社会民主党的方针也要彻底改变。9 月 11 日，季米特洛夫与英国、美国、加拿大共产党的代表谈话，对这一指示又进行了解释。

按照斯大林的要求，季米特洛夫领导共产国际执委会书记处在这一指示的基础上开始草拟《各国共产党对这场战争的政策和策略的提纲》，主要参加者有曼努伊尔斯基、库西宁、皮克、哥特瓦尔德等。9 月 19 日，季米特洛夫向书记处人员介绍了起草的提纲草案。9 月 22 日，季米特洛夫决定将彻底改写提纲的第二部分，并就此向执委会书记处其他书记征求意见和建议。23 日，季米特洛夫再次向执委会书记处成员介绍提纲草案。24 日，日丹诺夫从斯大林别墅打电话问季米特洛夫有关提纲的进展问题，他带有轻蔑的意味地说道：“用这么长时间斯大林同志可以写成一本书了”[②]，责备季米特洛夫进展过慢。25 日，季米特洛夫对该提纲进行了最后润色，准备定稿。27 日，他最终完成该提纲，并送交给了斯大林、莫洛托夫和日丹诺夫。这一提纲后来没有分发给各国共产党，也没有对外发表和公布。

---

① 《季米特洛夫日记选编》，马细谱、杨燕杰、葛志强等译，广西师范大学出版社 2002 年版，第 99 页。

② 《季米特洛夫日记选编》，马细谱、杨燕杰、葛志强等译，广西师范大学出版社 2002 年版，第 100 页。

战争爆发后，季米特洛夫对其性质和特点有自己的认识，到10月初他写成了《战争与各资本主义国家的工人阶级》一文的初稿。但在当时错综复杂的形势之下，可能他自己也感觉到自己的看法并不成熟，做事慎重的他并没有马上公开发表这一文章，而是于10月17日送交给斯大林审阅。斯大林阅后，准备根据自己的看法对文章做出重要修改。10月24日晚，季米特洛夫在克里姆林宫与斯大林和日丹诺夫就文章的修改问题进行了长时间交谈。从季米特洛夫日记对这次谈话的记载可以看出，斯大林准备对文章做出重大修改。在这次谈话中，斯大林的语气甚为强硬，多次用“必须”一词，季米特洛夫在写日记时也屡次用感叹号来表明斯大林的强硬口气。可以肯定，在有关资本主义国家共产党对待战争的态度和策略问题上，斯大林当时向季米特洛夫施加了巨大的压力，迫使季米特洛夫接受了他的看法。这次谈话过后，季米特洛夫不得不再次对文章进行修改。他于10月29日把修改后的文章送交给斯大林和日丹诺夫审阅。10月31日，他再次就文章一事与日丹诺夫交谈，当天他接到了斯大林发来的“文章可以发排”的通知。[①] 该文章于11月初发表在了《共产国际》1939年第8－9期上。

正式发表的《战争与各资本主义国家的工人阶级》一文将这次战争称为“第二次帝国主义战争”，文章指出，它“开始于进攻阿比西尼亚、西班牙和中国的人民，现在已经展开为最主要的资本主义国家间的战争，战争已转移到欧洲的心脏，有变为全世界大屠杀的危险”。就这次战争的性质而言，“交战国双方都是进行着帝国主义的非正义

① 《季米特洛夫日记选编》，马细谱、杨燕杰、葛志强等译，广西师范大学出版社2002年版，第102页。

的战争”，现在这场战争“像1914年一样是帝国主义的资产阶级进行的战争”，是“资本主义的列强为了重新瓜分世界和为了争取世界的统治而斗争的直接继续”。英、法与德国所进行的战争的实质是“为争夺殖民地、争夺原料来源地、争夺海道上的统治和为征服和剥削异族人民而战争”。工人阶级的正确立场应是“进行反对帝国主义战争的不调和的和强有力的斗争，为进行停止这个强盗战争而斗争，为进行反对这个战争的祸首和责任者而斗争，首先是为进行反对本国内战争的祸首和责任者而斗争”。[①] 可见，文章的主要观点与斯大林的看法完全一致，没有提及这次战争的反法西斯主义的正义性。

在斯大林、联共（布）中央及共产国际主要领导人意见统一后，共产国际执委会于1939年11月6日召开会议，通过了《纪念十月社会主义革命22周年宣言》，并以共产国际执委会的名义公开发表。这一宣言详尽地阐述了共产国际在战争形势下推行的与此前大相径庭的新方针。

到1939年9月中下旬，各国共产党基本都收到了共产国际发来的指示。由于该指示要求实行的方针与此前发生了一百八十度的大转弯，它要求将“反法西斯战争”的路线改变为“反对帝国主义战争”的路线[②]，各国共产党一直倾向于认为是正义性的反法西斯主义战争，却被认定为非正义性的帝国主义掠夺战争。各国共产党在对战争性质的认识、是否立即遵从共产国际的这一指示等重要问题上反应不一，有些共产党，如英国共产党和法国共产党，仍在坚持此前的反法西斯战争路线，主张战争是反法西斯的正义战争，直到共产国际派出总书

---

① 参见《季米特洛夫文集》，解放社1950年版，第370—379页。

② ［奥地利］尤利乌斯·布劳恩塔尔：《国际史》第二卷，杨寿国等译，上海译文出版社1986年版，第527页。

记的全权代表进行干涉后才转变立场。英国共产党总书记波立特于9月中旬散发出一份题为《如何赢得战争》的传单，其中指出，共产党之所以支持战争，“因为它认为这是一场正义战争”；在这场战争中靠边站，对战争“除了说些听起来革命的空话外别无任何贡献，同时法西斯的铁蹄却在欧洲践踏蹂躏，那将是背叛我们的先辈多少年来同资本主义进行斗争所取得的一切成果”。[①] 鉴于英国共产党和法国共产党所表现出的立场和态度，9月17日后，季米特洛夫派出共产国际总书记的全权代表戴·斯普林霍尔和雷·居约分赴英法两国，向两党传达共产国际的指示，要求他们立即改变对战争的态度，把奉行“反法西斯战争”的路线改为“帝国主义战争”的路线。[②] 在经过干涉后，英国共产党在10月7日召开的第十六次代表大会上改变了路线。当天，英国共产党中央委员会发表宣言，谴责英国政府拒绝与苏联建立和平战线，说明这场战争是帝国主义国家为争夺市场和世界霸权的战争，不是争取民主和反对法西斯的战争，号召英国工人阶级、工党党员、工联的积极分子和所有希望和平的工人团结起来，反对反动政府和这场帝国主义战争。[③] 尽管如此，英国共产党内部对战争的看法问题仍存在重大分歧，总书记波立特和《工人日报》主编、中央政治局委员坎贝尔在会上投票反对这一立场。波立特为此还辞去了总书记职务，到1941年6月苏德战争爆发后才复职。法国共产党也于10月14日发表了反对帝国主义战争的呼吁书，修正了路线，接着又在23日散发了

---

① 中共中央编译局国际共运史研究所编：《共产国际大事记（1914—1943）》，黑龙江人民出版社1989年版，第521页。

② 中共中央编译局国际共运史研究所编：《共产国际大事记（1914—1943）》，黑龙江人民出版社1989年版，第520页。

③ 中共中央编译局国际共运史研究所编：《共产国际大事记（1914—1943）》，黑龙江人民出版社1989年版，第522页。

一份关于谴责法国社会党为大资本和战争贩子效劳的传单。

还有一些党，如美国共产党、荷兰共产党、瑞典共产党等，没有立即对战争态度问题表态，而是在共产国际再次发出电报进行说明和指示后，才在较晚的时间正式表明本党立场。9 月下旬，共产国际再次致电美国共产党，要求美共尽快根据共产国际的立场改变政策。电报中说，“法西斯主义目前是次要的，主要的和基本的事情是反对资本主义”，“当资本主义的基础正在动摇时，如果我们坚持人民阵线、民主阵线的口号”，那就“太学究气了，就不是革命者”。电报要求美国共产党“停止跟着罗斯福走”，反对美国参加战争，但要揭露美国政府中立政策的反动实质。电报最后指出，“战争制造了新的国际形势，统一战线和人民阵线已失去意义”，要求美国共产党“坚决反对本国的资产阶级专政，无情地揭露已经加入反动阵营的社会民主党”。[①] 10 月初，共产国际再次致电美国共产党，要求它揭露英、法、美等国资产阶级以“反法西斯为幌子”来掩盖其帝国主义战争目的的阴谋，“不能再只反对法西斯主义，而应反对整个资本主义”。[②] 在共产国际方针影响下，美国共产党中央委员会于 10 月 17 日正式就欧洲爆发战争后的国际政治形势和工人阶级的任务发表声明，基本附和了共产国际的政策方针。10 月 19 日，荷兰共产党发表了反对帝国主义战争及荷共在争取和平与国家独立斗争中的任务的提纲。瑞典共产党中央委员会也在 10 月 30 日召开的全体会议上做出决议，表明了对于战争的基本立场，其中指出，英法和德国之间的战争是非正义战争，

① 中共中央编译局国际共运史研究所编：《共产国际大事记（1914—1943）》，黑龙江人民出版社 1989 年版，第 521 页。

② 中共中央编译局国际共运史研究所编：《共产国际大事记（1914—1943）》，黑龙江人民出版社 1989 年版，第 522 页。

是帝国主义掠夺战争，谴责国际社会民主党的叛徒行为，赞扬了苏联的和平政策。[①]

共产国际政策的突变与逆转对国际共产主义运动和世界反法西斯运动造成了极其消极的影响。当整个世界面临法西斯主义威胁时，共产国际却指示各国共产党放弃反法西斯路线、从“左”的方面去反对帝国主义战争。政策上的急转对欧洲各国共产党的冲击最大，这些党在共产国际的压力下放弃了一贯坚持的团结反法西斯的鲜明立场，这给其国内反共势力提供了借口，使各国党通过斗争获得的威信和影响很快丧失，严重损害了共产党的声誉；各国共产党内部也在思想上陷入混乱，在政治上处于窘境。根据共产国际的要求改变方针后，很多党开始脱离群众，出现了大批党员脱党、退党的情况。其中，法国共产党受到的损失最大，共产国际总书记的全权代表赴巴黎交涉后，法国共产党接受了共产国际的指示，声明赞成苏联向西扩展、建立缓冲地带的政策，反对法国政府同德国交战。9 月 18 日，法国共产党中央委员会祝贺乌克兰和白俄罗斯获得解放，并强烈抗议法国政府没有向议会咨询就向德国宣战；而当苏联呼吁通过谈判实现和平时，法共中央委员会随之要求众议院举行会议寻求消除冲突的办法。[②] 法国共产党马上就遭到了很多人的谴责，人们指责共产党人赞成“两个同谋者”瓜分波兰，说共产党人打算向纳粹分子屈膝投降，指责共产党人通敌，涣散士气和全国人民的斗志。[③] 这样导致的后果是，72 名法国共产党议员中有 21 名宣布退党，法共议会党团随之被勒令解散，共产

① 中共中央编译局国际共运史研究所编：《共产国际大事记（1914—1943）》，黑龙江人民出版社 1989 年版，第 523 页。

② 《法国共产党史》第一卷，北京编译社等译，世界知识出版社 1965 年版，第 207 页。

③ 《法国共产党史》第一卷，北京编译社等译，世界知识出版社 1965 年版，第 207 页。

党人领导的市政府也被解散。9 月 26 日，法国政府颁布了完全解散法共及其相关组织的法令，并开始进行镇压。同时，法共党员纷纷退党，拥有近 30 万党员的法共很快即减少了四分之三。法国总工会中的共产党员也被排挤出去。英国共产党改变政策后，也导致出现了三分之一的党员退党。

应该指出的是，季米特洛夫观点的变化以及共产国际政策的突变固然有斯大林和苏联方面的强大压力，这也是最主要的原因，但这并不是唯一的原因。笔者认为至少还存在以下几方面因素：德国尚未进攻苏联，共产国际将入侵苏联之前的战争总的评估为帝国主义战争；理论上季米特洛夫认为，只有完全摆脱资本主义压迫、实现社会解放才可能实现彻底的民族解放；季米特洛夫等对英法等国政府所推行的绥靖政策、对社会民主党上层领导人态度的极度失望。这是由诸多因素综合起作用的结果。

（三）法国沦陷后共产国际立场新动向

从 1939 年底一直到 1940 年 5 月，季米特洛夫和共产国际的立场没有明显变化，仍旧将战争称为“新的帝国主义战争”，对社会民主党的政策也没有任何改观。1940 年 5 月 1 日，季米特洛夫在共产国际刊物上公开发表《五一节和反对帝国主义战争的斗争》一文。文章指出，资本主义各国的劳动人民是“在新的帝国主义战争和疯狂的反动环境下”庆祝五一国际劳动节的；当前的战争有进一步扩大成全世界大屠杀的趋势；国际无产阶级的根本任务就是阻止战火的蔓延，防止战争变成全世界大屠杀，使各国人民摆脱帝国主义战争，建立最广泛的反战统一战线，团结在伟大社会主义国家周围，为和平而斗争；在反对帝国主义战争中，最大的阻力是维护帝国主义战争的社会民主党，揭露它们的叛徒面目是反战斗争获胜的必要条件；在帝国主义战争条件下，共产党的作用更大了。[①] 该文对战争的基本看法仍是片面甚至是错误的。

战争形势随着法西斯侵略的不断扩大而日趋升级，1940 年 5 月 10 日，纳粹德国在西线发动大规模进攻，威胁到了丹麦、挪威、法国、比利时、荷兰、卢森堡等国的生存。1940 年秋天，意大利军队开始入侵北非，日本军队在法属印度支那登陆。9 月 27 日，德国、意大利、日本三国在柏林签订同盟条约，该条约把《反共产国际协定》有关战争时期的规定加以明确化，把侵略矛头指向英国和美国，特别是苏联。10 月 28 日，意大利开始入侵希腊。

在这样的形势下，从 1940 年夏天开始，特别是法国于 6 月底沦陷后，季米特洛夫和共产国际对战争所持的立场有了新的动向，开始倾向于强调反对侵略者、争取民族解放的问题。

在共产国际执委会书记处的例会和扩大会议，以及召开的一些专门会议中，都讨论了一系列国家共产党，如法国、德国、意大利、西班牙、芬兰、瑞典、美国、匈牙利、罗马尼亚、希腊、保加利亚、捷克斯洛伐克等国共产党的情况和任务，所通过的指示和建议开始提醒各国党注意民族解放和社会解放之间的联系，号召团结一切反法西斯力量和爱国力量开展反对侵略者和占领者的斗争。[②] 斯大林和联共（布）中央对此也是同意的，鉴于德国扩大侵略、对苏联威胁的日益加剧，他同希特勒一样也“玩起双重游戏”：一方面与德国保持“官

① 《季米特洛夫文集》，解放社 1950 年版，第 409—420 页。

② ［保］维·哈吉尼科洛夫等：《季米特洛夫传》，佘志和、马细谱译，人民出版社 1982 年版，第 164 页。

方友好关系”，以促进苏德秘密议定书实现拓展疆域的计划；另一方面，他秘密支持共产国际同德国入侵者对抗的路线。①

在斯大林的默许下，季米特洛夫与共产国际主要通过下达秘密指示的形式对重要国家的共产党的政策进行指导，在很长的一段时间里不再发表共产国际官方的公开声明。1940 年 6 月 22 日，法国签订投降协定，共产国际执委会书记处于当天作出了对法国共产党的秘密指示，6 月 28 日，又通过了对瑞典、丹麦及挪威共产党的秘密建议。在这些指示和建议中，共产国际为被占领国家（沦陷国家）共产党的工作确定了基本的政策方向，这主要包括：争取独立，初期要小心谨慎，甚至隐蔽行动，并以此为目的创建共产党领导下的全国阵线。共产国际在给法国共产党的指示中说，“不要受人挑拨，避免过早采取行动。但仍需支持和组织针对侵略者暴力、掠夺和横行霸道的对抗行动。激起民众对克亚帕和其他侵略者代理人仇恨”；对挪威共产党的建议是，“揭露民主社会主义的丑恶嘴脸”和反对排斥犹太人运动，牢记“要号召工人阶级在争取人民民族独立斗争中担负起领导责任”；给丹麦共产党的建议指出，“目前不要把反对占领放到首要地位，应当教导民众为争取民族解放而战”。②

1941 年 1 月 8 日，共产国际执委会书记处通过了对法国共产党中央的意见，该意见把世界局势表述为“四个基本方面”，即：“战争的持久性和作为世界大战将继续升级；战争集团相互削弱；苏联力量和影响的增长；法国人民从侵略者枷锁下解放出来的时机将逐渐成熟，

① ［俄］B. B. 斯米尔诺夫：《第二次世界大战和 1939—1941 年的共产国际》，胡德君、田玄译，载《军事历史研究》，1997 年第 3 期。

② ［俄］B. B. 斯米尔诺夫：《第二次世界大战和 1939—1941 年的共产国际》，胡德君、田玄译，载《军事历史研究》，1997 年第 3 期。

不过目前尚未成熟”，建议法国共产党人“团结以真正的人民阵线为基础的各种力量，为捍卫民众的利益、为了他们的权利和自由、为了把他们的民族从占领中解放出来而奋斗”。1 月 10 日，执委会书记处又通过了对希腊共产党的建议，建议特别指出，“希腊人民的民族独立处于严峻威胁之下，因此希腊共产党站在同帝国主义侵略者进行防御战的一方是完全正确的”。①

1941 年 4 月，纳粹德国开始进攻南斯拉夫和希腊，共产国际的一些领导人提出，战争从被侵略者一方来说是具有公正性的。斯大林在与季米特洛夫谈话时也对这一立场表示赞同。同月，共产国际执委会书记处召开由各国党代表参加的扩大会议，季米特洛夫在会上发言谈到战争的性质时指出，各国人民反对帝国主义侵略、维护或恢复自己独立的斗争，带有正义的、民族解放的性质；他还指出南斯拉夫各族人民反对希特勒侵略的抵抗运动就是这种斗争的范例，他号召共产党人要站在这场斗争的前列。② 一份来自共产国际执委会 4 月 18 日的记录中也指出，“南斯拉夫进行的是正义战争，尽管它与英军有联系，并能接受英国的援助；它是在捍卫自己抵御侵略”③。

在季米特洛夫为共产国际准备的“五一节宣言”中，也反映出共产国际已开始重新评价战争的性质的看法问题。依照惯例，季米特洛夫于 1941 年 4 月 17 日向斯大林和日丹诺夫送交了对资本主义国家各共产党进行“五一”活动的指示草案。次日，他收到了日丹诺夫转达

---

① ［俄］B. B. 斯米尔诺夫：《第二次世界大战和 1939—1941 年的共产国际》，胡德君、田玄译，载《军事历史研究》，1997 年第 3 期。

② ［保］维·哈吉尼科洛夫等：《季米特洛夫传》，余志和、马细谱译，人民出版社 1982 年版，第 164 页。

③ ［俄］B. B. 斯米尔诺夫：《第二次世界大战和 1939—1941 年的共产国际》，胡德君、田玄译，彭训厚校，载《军事历史研究》，1997 年第 3 期。

的斯大林就此作出的指示意见，根据斯大林的看法，应当向不同国家的共产党发出不同的指示。季米特洛夫随后发出了《对资本主义各国共产党举行五一活动的秘密指示》，提议各国共产党以“各自的五一呼吁书”代替以往共产国际发布的共同呼吁。该指示将所有国家分为四类，即“交战的帝国主义国家、被占领国家、非参战资本主义国家（中立国家）和捍卫本国独立抵御帝国主义侵略的国家”；对于参战的帝国主义国家，应“根据充足的理由起诉，反对为了自己掠夺利益把人民拖入战争的资产阶级”；在中立国家应“反对那些力图把人民拉入帝国主义战争的统治集团”；在被占领国家，共产党要“毫不留情地揭露资产阶级的背叛行为”，要“鼓舞民众反对资产阶级和占领者的制度”；对于“捍卫本国独立抵御帝国主义侵略的国家”的共产党人，要“使主要锋芒对准投降主义集团和破坏防御战的分子”。该指示还建议所有国家共产党“一致声援中国人民的英勇斗争，也同样声援成为帝国主义战争牺牲品的南斯拉夫人民和希腊人民的正义战争”。[1] 从这一指示文件的主要内容可以看出，尽管文件中没有出现“法西斯”一词，但共产国际已开始更多地强调战争的反法西斯侵略的性质，并开始着力强调捍卫民族独立、争取民族解放的任务。

二、回归：卫国战争后的反法西斯政策

1941 年夏初时节，纳粹德国军队已占领了欧洲的大部分国家。6 月 22 日凌晨三时，希特勒撕毁《苏德互不侵犯条约》，开始实施“巴

① ［俄］B. B. 斯米尔诺夫：《第二次世界大战和 1939—1941 年的共产国际》，胡德君、田玄译，载《军事历史研究》，1997 年第 3 期。

巴罗沙”计划，以闪电战术分兵三路向苏联发起全线进攻。清晨5点30分，德国驻苏联大使舒伦堡给苏联外长莫洛托夫递交宣战书，向苏联正式宣战。清晨7时，季米特洛夫被紧急召至克里姆林宫，在斯大林办公室与联共（布）中央主要领导人斯大林、莫洛托夫、伏罗希洛夫、卡冈诺维奇、马林科夫商谈对策。对于有关共产国际的工作，众人认为，“目前，共产国际不应公开出面。各国党应就地开展保卫苏联的运动。不应提出社会主义革命问题。苏联人民在进行反法西斯德国的卫国战争。这是粉碎法西斯主义的问题，它奴役了一系列国家的人民并企图继续奴役其他国家的人民”。[①] 此时，斯大林等完全改变了此前对待战争的态度，不再提“帝国主义的非正义战争”，而确认战争是“反法西斯的保卫苏联的卫国战争”，战争的目的是保卫苏联和解放被法西斯奴役的各个民族。

与联共（布）中央政治局领导人进行了紧急磋商后，季米特洛夫立即主持召开了共产国际执委会书记处扩大会议，并在会议上作了重要发言。其发言要点包括三个方面：首先，战争性质发生了变化，由帝国主义战争转变为反法西斯战争。他指出，“此前的战争是帝国主义的”，但“目前形势发生了根本变化。战争的性质也变了，因为增加了新的关键因素：德国入侵苏联”，“我们采取行动时至关重要的是尽一切可能帮助并加速法西斯的灭亡。所有各民族共同利益所在乃是消灭德国法西斯”。其次，共产党人在战争中的主要任务。他说，目前应“主要攻击法西斯主义”；现阶段既不“号召在个别国家推翻资本主义”，也不“要求进行世界革命”，“目前一些国家的问题是反对

① 《季米特洛夫日记选编》，马细谱、杨燕杰、葛志强等译，广西师范大学出版社2002年版，第143页。

民族压迫，反对入侵者的奴役制度，保卫民族自由”。再次，各国共产党要改变政治路线。他建议英国和美国共产党再次改变政治路线，在英国“不应消灭丘吉尔政府，丘吉尔正继续同德国作战，这对苏联卫国战争有正面影响”，美国共产党“不要继续开展争取美国不参战运动”，“目前不仅应当支持苏联、反对支援德国，也应当支持美国参战对抗法西斯德国”；在被占领国和仆从国应当“制订政策同赞成与德国作战的分子接触”，其中“在法国对待戴高乐的态度上也采取类似立场”；像瑞士这类中立国“谁也不能要求它站在苏联一方参战，但目前的中立意味着什么？这是帮助德国法西斯”，“应当努力反对这种中立”。在季米特洛夫及其他主要成员发言结束后，共产国际执委会书记处作出决定：“按照季米特洛夫同志发言的精神给各兄弟党下达指示。”①

这次执委会书记处扩大会议同时也确定了共产国际应坚持的新方针，这主要包括三个方面：“（1）资本主义国家的共产党应立即发动一场广泛的、全力支持苏联反对希特勒德国掠夺战争的运动。（2）目前要在所有被德国侵占的国家中组织一场反对德国法西斯主义的民族解放运动，在德国本土组织反法西斯斗争。（3）同时应从这一事实出发，苏联进行的是正义的卫国战争，是反对德国发动的侵略战争。”与新方针相适应，共产国际在战争中应实行的策略是：“全面支持苏联的卫国战争”，“集中全部力量反击法西斯主义”，目前要“在各个国家开展反对民族压迫、反对占领者奴役、争取民族自由的斗争”，在斗争中不应“排斥小资产阶级、知识分子和农民当中那些真心诚意

① ［俄］B. B. 斯米尔诺夫：《第二次世界大战和1939—1941年的共产国际》，胡德君、田玄译，载《军事历史研究》，1997年第3期。

拥护这场民族解放运动的人；相反，应当争取他们作为同盟者”，同时还要支持那些主张同苏联结盟的政府。同时，会议还指出，“一切能挫败法西斯主义的行动，都是合乎策略的、正确的和有益的。保证苏联取得胜利，这是各国人民争得自由的前提”。[①] 随后，季米特洛夫根据会议基本精神向美国、英国、瑞典、比利时、法国、荷兰、保加利亚、南斯拉夫和中国等国共产党发出了指示电。

为在战争条件下实现有效领导，共产国际执委会书记处于6月23日对领导工作进行了改组，成立了由季米特洛夫、曼努伊尔斯基、陶里亚蒂三人组成的常务领导机构，具体负责共产国际执委会的日常领导工作。

共产国际执委会书记处的指示可能并没有很快送达各国共产党中央，或者其中有的党还没有完全理解共产国际在政策上的又一次急促变动，有些共产党在苏德战争爆发后的声明中表示出了与共产国际指示不一致的看法。6月23日，英国共产党和瑞典共产党在它们发表的声明中，都把德国对苏联的进攻说成是资本主义国家与社会主义国家之间的战争。针对这一情况，共产国际执委会书记处于次日（6月24日）召开会议，通报了战争局势后专门研究讨论了英国共产党和瑞典共产党的声明问题，会议作出了“由于英共和瑞共错误发表意见”而给它们“下达紧急指示”的决定。会后由季米特洛夫给两国共产党中央发去了指示电报，指出错误，建议它们尽快改正。季米特洛夫在发给英国共产党的密码电报中强调：“你们的声明包含两点错误，应加以改正。第一，不应把背信弃义地进攻苏联说成是两个体系——资本主义和社会主义之间的战争。如此对德苏战争定性意味着帮助希特勒

① 《季米特洛夫讲话及书信选（四篇）》，《世界史研究动态》，1984年第2期。

把资本主义国家中的反苏分子团结在他周围。苏联人民在进行捍卫自己的国家、反对法西斯野蛮行径的卫国战争，与此同时并不想把自己的社会主义制度强加给任何人。苏联人民的胜利对于所有国家的人民，其中也包括为正义、和平、自由和独立而斗争的英国人民有利。第二，应考虑到英国继续同德国作战是对苏联人民正义战争的支持。因此，你们在丘吉尔最近发表声明之后对他的攻击是不正确的。在当前形势下要求用人民政府来代替丘吉尔政府意味着为英国的亲法西斯反苏分子推波助澜。"①

6 月 25 日，为指导法国共产党制定对待苏德战争的政策，季米特洛夫致电法国共产党，指示法共应"同戴高乐派合作"，联合反对德国法西斯。电文中说，"我们再一次强调在你们的宣传中应绝对避免把德国反对苏联的战争说成是资本主义体系和社会主义体系之间的战争。对苏联来说，这是一场反对法西斯野蛮行径的卫国战争。关于世界革命的说法对希特勒有利，这种说法会妨碍所有反希特勒力量的国际团结"。②

苏德战争的爆发使第二次世界大战的规模急剧扩大，在欧洲战场之外，美国作为最大最强的资本主义国家的作用无疑变得举足轻重。为进一步指导美国共产党有效开展工作，发挥好美共在国内政治中的作用，6 月 26 日，季米特洛夫发电报给美共中央作出了重要的补充指示。该指示电指出，各国共产党的策略要随着战争情况和性质的改变而改变，目前共产党的主要任务是"尽全力来取得苏联人民的胜利和

---

① 《季米特洛夫日记选编》，马细谱、杨燕杰、葛志强等译，广西师范大学出版社 2002 年版，第 144 页。

② 《季米特洛夫日记选编》，马细谱、杨燕杰、葛志强等译，广西师范大学出版社 2002 年版，第 144 页。

击败野蛮的法西斯”，“一切必须服从这一主要任务”。美共应做到如下三个方面：“（1）美国共产党人和工人阶级从美国人民的利益出发，宣布用一切力量和手段同德国法西斯主义作斗争；（2）要求美国政府给予苏联人民和英国人民各种形式和无条件的援助来反对各国人民的共同敌人——希特勒法西斯主义；（3）支持政府为能够继续进行英美联合反对法西斯德国的战争而采取的一切措施”；电文还强调，美共在同政府的关系中应“永远保持自己的政治独立性”，美共应“把矛头指向美国资产阶级中的亲希特勒分子，指向所有在和平主义和孤立主义的面具下帮助德国法西斯主义、反对援助苏联的人”，应“力图建立反对法西斯野蛮行径、争取全世界人民的自由和独立的群众性战线”，还应“继续为争取民主自由和群众的日常要求而斗争”。[1] 电文的主要精神是要求改变此前对待战争问题的态度，要从侧重国内阶级矛盾、反对帝国主义战争完全转向动员一切力量反法西斯，要支持政府采取的旨在反法西斯的一切措施，同时还要注意保持共产党在政治上的独立性。由于英国共产党在新形势下面临着与美国共产党相同的任务，季米特洛夫于次日（6 月 27 日）又将相同精神的电报发给了英共中央。

在新的世界战争形势下，季米特洛夫主张在反法西斯斗争中实行广泛的人民统一战线政策，并将这一政策看作是共产国际在新形势下应推行的新政治路线的主要方向。苏德战争刚爆发后不久，季米特洛夫就于 1941 年 7 月 1 日写信给苏联外长莫洛托夫，提出被占领国家共产党人的中心任务是创建广泛的民族阵线，信中指出，所有被德国占

① 《季米特洛夫日记选编》，马细谱、杨燕杰、葛志强等译，广西师范大学出版社 2002 年版，第 145 页。

领国家的共产党应当“迅速组建民族统一阵线”，为此应当“同反对法西斯德国的所有力量建立联系，而不管它们的政治方向和性质如何”，在英国和美国，共产党也应当“提出建立反对野蛮法西斯民族阵线的口号”；他还作了重要补充说，共产党“不要提出在民主阵线中的领导权问题”，不要提出阶级要求，争取建立民族阵线应当“在捍卫民主和民族独立、反对希特勒的共同口号下进行”。[①] 莫洛托夫对季米特洛夫的看法表示肯定。7 月 6 日，季米特洛夫又向挪威共产党和丹麦共产党发出一项关于组织民族统一战线反法西斯问题的指示，内容中提到，被占领国的共产党人应“立即着手组织民族统一阵线”，为此必须“同所有反对法西斯德国的力量进行接触”，民族阵线的任务是“动员国内居民中所有的阶层为反对德国占领而斗争”。建立民族阵线的运动应“在争取民主和民族自由、反对法西斯主义（希特勒奴役）的口号下进行”。该指示同时还指出，“共产党人在民族阵线中不提领导权的问题”。[②] 7 月 7 日，季米特洛夫又就统一战线问题向纽约（美国、加拿大、拉美国家共产党）和伦敦（英国共产党）发出统一指示，明确指出，在被占领国中组织民族阵线反法西斯，国内民族阵线的行动要“同瓦解敌人后方的直接行动以及游击运动”相结合。该指示还特别提到了各国建立统一战线联合反对纳粹德国的看法，指出要推动进行“关于建立各国反对希特勒奴役的统一战线运动”，该统一战线主要包括“为反对法西斯德国而斗争的苏、英、美和其他国

---

① ［俄］B. B. 斯米尔诺夫：《第二次世界大战和 1939—1941 年的共产国际》，胡德君、田玄译，载《军事历史研究》，1997 年第 3 期。

② 《季米特洛夫日记选编》，马细谱、杨燕杰、葛志强等译，广西师范大学出版社 2002 年版，第 147 页。

家政府”。[①] 在此，季米特洛夫提出了世界各国联合反对德国法西斯的倡议，这是建立世界人民反法西斯统一战线的初步设想，他的这些建议有利于共产国际和各国共产党在世界人民反法西斯战争中发挥更好的作用，为战胜法西斯做出了重要贡献。

三、应势：世界大战中的领导事务

第二次世界大战爆发后，随着欧洲战况的不断扩大，季米特洛夫领导共产国际执委会根据战争形势需要开展了大量工作。这主要包括加强和改进共产国际的宣传及出版工作、为各国共产党培养干部的工作、对战俘的思想政治工作、组织共产国际执委会领导机构和人员的转移等工作。

第一，加强和改进共产国际的宣传及出版工作。

1941 年 6 月苏德战争爆发后，共产国际执委会书记处在季米特洛夫的领导下建立起一个无线电广播总编辑部，专门负责反法西斯的无线电广播宣传工作。总编辑部同时下设分管多种语言宣传的分编辑部，有关反法西斯的宣传稿件编写出来后，从设在苏联的电台播向德、意等法西斯国家以及各被占领国家播放。面向各国广播的电台一般都有一个彰显革命的名字，如对保加利亚广播的“赫里斯托 · 鲍特夫电台”、对波兰的“塔德乌什 · 科斯久什科电台”、对匈牙利的“科苏特 · 拉约什电台”等。这些电台同时还开始干扰柏林、维也纳、华沙、索非亚等官方广播电台的波段。侨居在莫斯科的各国共产党领导人每

① 《季米特洛夫日记选编》，马细谱、杨燕杰、葛志强等译，广西师范大学出版社 2002 年版，第 147 页。

周在固定时间都到设在莫斯科的电台用本国语言发表广播讲话和播送广播新闻。1941 年6 月底，已有11 个广播电台用4 种语言进行对外广播。该年7 月 8 日，在季米特洛夫协调下无线电台又增加了用德语、波兰语、塞尔维亚语、保加利亚语、罗马尼亚语、匈牙利语、斯洛伐克语的专门广播；到 1943 年，增加到了 18 种语言的广播。参与和领导共产国际无线电广播宣传工作的有哥特瓦尔德、伊巴露丽、柯拉罗夫、皮克、多列士、陶里亚蒂、乌布利希等。

在电台对外广播工作中，季米特洛夫负责总编辑部的整体领导工作，他为总编辑部起草工作细则，批准各个编辑组的组成人员，召开各个编辑组会议并介绍战争的进展形势，领导讨论并确定广播的主要内容和重要口号等。有时他也直接参加一些编辑组的具体工作，亲自撰写或校订最重要的广播稿件或重要的时事政治评论。根据形势发展需要，季米特洛夫多次召集共产国际执委会书记处开会研究广播宣传中的方针政策和具体问题。

由于苏联军队在战争初期不断失利，德国军队 1941 年 10 月兵临莫斯科。在紧急局势下，季米特洛夫于 10 月 17 日领导共产国际制定了在对外宣传工作中应坚持的基本原则，他提出，在对国外有关现阶段战争情况的宣传中必须直观地、令人信服地强调以下六方面内容：第一，“希特勒目前的战绩是暂时的、不稳固的，是以法西斯军队的尸山血海和最后的人力物力资源为代价换来的”；第二，尽管军事上暂时严重失利，苏联人民战胜敌人的意志和决心没有根本动摇，苏联将“进一步动员广阔无垠的、伟大的苏维埃国家的一切力量和取之不尽的物质资源”；第三，“苏联拥有足够的人力和物力来继续有效地进行卫国战争”；第四，希特勒“尽管取得了部分战绩，但他新攻势的总结果包含的一切因素会破坏他的力量，增加他的困难，增加他后方的不可靠性，使德国人民和各条战线上法西斯军队中反对把战争继续下去的呼声更为强烈”，同时，这也加速了其盟国的瓦解；第五，苏联红军与法西斯敌人为争夺莫斯科而进行的战斗，将激发英国、美国及爱好自由的各国人民的不安，将会导致“全世界各个国家和人民反希特勒统一战线的进一步加强和团结，并将在法西斯德国起到涣散力量的作用和在被希特勒占领的国家起到动员作用”；第六，“希特勒暂时的战绩已到达尽头，将开始下滑”，苏联及其盟国动员得越好、被占领国人民的抵抗开展得越有力，“敌人下滑得就会越快”。此外，他还强调指出，“在战争中目前这一困难的、危急的时刻，所有国家的工人阶级，首先是共产党人的首要任务是他们自己不要因法西斯匪帮暂时的成绩而有丝毫的沮丧，不要丧失掉反希特勒战线斗争最后胜利的现实前景，不仅不能使人民沮丧，还要以更大的力量、更加坚决地为击溃法西斯恶魔，为进步人类反对野蛮的法西斯强盗行径的正义事业的胜利而继续进行神圣的斗争”。[①] 这些看法表明，在暂时的敌强我弱的紧要时刻，季米特洛夫把广播宣传工作看作增强战斗信念的重要途径，他对敌我双方力量对比关系、此消彼长的分析也很有见地，符合客观实际。

1941 年 12 月 11 日，季米特洛夫召集共产国际执委会书记处人员召开广播宣传会议。为加强和改进宣传工作，根据季米特洛夫的意见，会议决定根据以下四点原则制定具体措施：（1）把国际电台和干扰小组的力量联合起来，把国际电台（电台的编辑部）作为广播宣传的主

---

① 《季米特洛夫日记选编》，马细谱、杨燕杰、葛志强等译，广西师范大学出版社 2002 年版，第 160—161 页。

要基地；（2）在新闻局、塔斯社和国际电台之间建立最紧密的联系，以便对广播宣传工作者提供更多的信息；（3）建立（有共产国际执委会工作人员参加的）评论员小组；（4）在广播委员会中要有一位共产国际执委会有关国际电台问题和共产国际执委会工作人员合作问题的常驻全权代表。[①] 这些原则增强了共产国际宣传工作的效能。

1942 年 1 月 27 日，季米特洛夫在共产国际主持召开广播评论员会议，会议对广播评论问题进行了深入讨论，肯定了业已取得的成绩，也指出了评论失实等存在的主要问题并制定了具体的改进措施。1 月 30 日，季米特洛夫又主持召开了有关在战俘中和敌后开展宣传工作的会议，他在会上指出，一些人提出的出版 73 种宣传小册子的计划是不现实的，建议缩减为出版 25 种小册子，内容主要应包括揭露法西斯，介绍苏联、马克思列宁主义、德国共产党等问题。[②] 4 月 10 日，季米特洛夫亲自接见了外国文学出版社的两位领导，听取了他们有关出版工作的汇报，并责成他们要用德、法、英、西班牙文翻译出版《列宁》一书，各印 5000 册，多数应在国外发行。[③] 6 月 8 日，季米特洛夫对共产国际开办的广播学校进行了视察，指示学校领导和教师们必须清楚共产国际对学校的基本要求，必须建立起足够的技术干部力量，全面保证国外同设在苏联的广播联系以及各国内部重要广播站点之间的联系。6 月 27 日，他召集共产国际执委会书记处与广播评论员们开会，会议对政治性评论问题进行了讨论，批评了评论文章中的不

① 《季米特洛夫日记选编》，马细谱、杨燕杰、葛志强等译，广西师范大学出版社 2002 年版，第 166—167 页。

② 《季米特洛夫日记选编》，马细谱、杨燕杰、葛志强等译，广西师范大学出版社 2002 年版，第 174 页。

③ 《季米特洛夫日记选编》，马细谱、杨燕杰、葛志强等译，广西师范大学出版社 2002 年版，第 183 页。

足之处，还就改善广播评论质量作出了指示。[1] 9 月 26 日，共产国际执委会书记处召开电台广播会议，季米特洛夫在会上提出了四点要求：“（1）已取得的成果只是一个开始，今后的宣传工作要开展得更有系统性，更正常；（2）要充分考虑游击斗争和怠工的必要性和公正性，要把如何开展工作的建议和指示与实际紧密结合；（3）充分利用宣讲、举例和直观规劝等各种方式；（4）千方百计利用暂时被占领的苏联地区和南斯拉夫开展游击斗争和对敌破坏行动的事实”。[2]

季米特洛夫还领导改进和加强共产国际的出版工作，适应战争需要，加强了外文出版社的工作。在 1940 年 12 月 30 日共产国际执委会书记处专门召开的出版工作会议上，季米特洛夫尖锐地批评了出版社编辑部领导的空话，督促推动编辑部领导机构的精简和务实。

第二，为各国共产党培养干部。

在联共（布）中央允许下，共产国际执委会开办了培养各国共产党领导人员的学校。1940 年 12 月 25 日，季米特洛夫收到联共（布）中央组织部“关于成立共产国际执行委员会下培养兄弟共产党领导工作者的一年制学校的决议”，决议的主要内容有：“（1）允许共产国际执行委员会开设一年制学校以培养兄弟党的领导工作者，名额 65 人”“（2）应批准学校的教学计划”；“（3）责成联共（布）中央宣传鼓动部核准该校联共党史、通史、政治经济学、共产国际史的教师和教学大纲”。[3] 从决议内容可以看出，在培养国外共产党领导干部问题上，

① 《季米特洛夫日记选编》，马细谱、杨燕杰、葛志强等译，广西师范大学出版社 2002 年版，第 196 页。

② 《季米特洛夫日记选编》，马细谱、杨燕杰、葛志强等译，广西师范大学出版社 2002 年版，第 213—214 页。

③ 《季米特洛夫日记选编》，马细谱、杨燕杰、葛志强等译，广西师范大学出版社 2002 年版，第 118 页。

季米特洛夫和共产国际执委会拥有的自主权很小，干部学校几乎所有的重要事宜都由联共（布）中央组织部作了具体规定。

在季米特洛夫的直接领导下，共产国际执委会还组织居住在苏联的政治侨民接受必要的军事、政治和技术训练，结束训练后将他们秘密派遣到被法西斯德国占领或依附于德国的国家去开展反法西斯斗争。这些秘密小组的成员多是一些久经考验的共产党员，有些毕业于苏联军事院校或参加过西班牙内战。季米特洛夫对这些小组成员非常关心，训练一结束就亲自接见他们，给他们介绍他们祖国的形势，给他们讲授一些革命斗争经验。在他们即将回国前，季米特洛夫再次约见他们，作临别赠言，并鼓励他们顽强斗争。这些秘密小组人员乘潜水艇、飞机，或者由苏联游击队护送回国后，季米特洛夫仍与他们保持无线电联络，在发生意外情况时季米特洛夫还指示各国共产党采取措施应对。比如，1941 年夏天，第一批秘密小组分别乘坐潜艇和飞机抵达保加利亚就被敌人破获，后来根据季米特洛夫的提议，保共中央国外局下令在两年之内停止向国内派遣新的革命者。①

第三，对战俘的思想政治教育及改造工作。

随着战事的不断发展，战俘数量迅速增多。这些战俘主要来自法西斯国家及其盟国军队的士兵和军官，其中绝大多数人深受法西斯主义、种族主义、沙文主义、军国主义以及反共思想和意识形态的影响。季米特洛夫领导共产国际执委会书记处为此开展了较为细致的思想政治工作，用反法西斯思想和民主精神教育和改造大批战俘。1941 年夏，共产国际执委会书记处与苏联有关部门协商，向战俘集中营派出

① ［保］维·哈吉尼科洛夫等：《季米特洛夫传》，佘志和、马细谱译，人民出版社 1982 年版，第 170 页。

了共产国际的政治代表，这些代表主要来自在苏联的德国、奥地利、匈牙利及罗马尼亚等法西斯国家的侨民，他们通过自身的语言及身份上的认同优势对战俘开展了系统的教育和改造工作。另据季米特洛夫的日记记载，7 月 4 日，共产国际“从国际纵队和政治流亡者（包括各校学生）的志愿者中选拔了 850 名军事和政治工作人员”；7 月 6 日，季米特洛夫在与莫洛托夫的谈话中提到，共产国际“应在德国战俘中进行政治工作”；9 月 11 日，季米特洛夫与苏联军队政治部的有关人员开会，他在会上详细阐述了应该如何继续开展对战俘的思想政治教育改造工作。[①] 季米特洛夫还积极协助解决在战俘思想政治工作中所遇到的困难和问题。

季米特洛夫对战俘工作非常重视，在战争开始后不久他就向苏联军队战俘营管理局写信询问在苏联的哪些地方都有什么样的战俘的问题。1941 年 12 月 19 日，季米特洛夫也接到了苏联战俘营管理局副局长帕夫留金少校的通知，得到了他所关心的问题的答复，通知写明，“除德国战俘外还有：（1）2482 名罗马尼亚人（多数在斯帕索扎沃斯克营）；（2）65 名匈牙利人：斯帕索扎沃斯克营 10 人，叶拉博夫斯克营 19 人，阿克久宾斯克营 4 人，医院 3 人；（3）13 名意大利人：斯帕索扎沃斯克营 10 人，捷姆尼科夫斯克营 1 人，叶拉博夫斯克营 1 人，阿克久宾斯克营 1 人；（4）22 名波兰人：斯帕索扎沃斯克营 9 人，捷姆尼科夫斯克营 5 人，阿克久宾斯克营 2 人，医院 6 人”。[②]

1942 年 1 月 19 日，共产国际执委会书记处召开会议，讨论战俘

---

① 《季米特洛夫日记选编》，马细谱、杨燕杰、葛志强等译，广西师范大学出版社 2002 年版，第 146—147 页。

② 《季米特洛夫日记选编》，马细谱、杨燕杰、葛志强等译，广西师范大学出版社 2002 年版，第 167—168 页。

集中营的政治工作问题，设立了战俘问题专门小组，并通过了具体的实施决议，决定在战俘中创办反法西斯学校，对战俘开展规范的思想政治教育工作，并建立由乌布利希、科普莱尼格和赞托组成的委员会对战俘工作进行经常性的领导，同时还建立了反法西斯战俘军官分校。第一所反法西斯学校于1942年5月初在奥兰基战俘营开学，数千名原法西斯官兵在学习中受到了反法西斯、民主的政治教育；在此期间，根据共产国际执委会书记处的建议，还召开过德国、意大利、匈牙利、罗马尼亚战俘的代表会议，专门讨论在反希特勒及其同伙的斗争中战俘政治工作的问题。[①]

第四，组织共产国际执委会领导机构和人员转移。

苏德战争开始后，纳粹德国军队于1941年7月15日攻占了苏联首都莫斯科的门户斯摩棱斯克，离莫斯科仅有约380公里。7月初，共产国际执委会工作人员的子女近800人已开始撤退。[②] 9月底，德军开始大举进攻莫斯科，共产国际各机构开始被迫转移。在季米特洛夫的组织和领导下，共产国际执委会各领导机构和全体工作人员从莫斯科后撤至巴什基尔苏维埃社会主义自治共和国首府乌法市和古比雪夫市等地。10月15日，季米特洛夫也乘火车离开莫斯科到达古比雪夫。12月21日，他又从古比雪夫转移到了乌法。由于战争状态下须采取保密措施，共产国际当时被称作“205号科学研究所”，并在乌法市创立起共产国际学校。[③] 1941年11月，苏联军队顶住了德军对莫斯科的

---

① 中共中央编译局国际共运史研究所编：《共产国际大事记（1914—1943）》，黑龙江人民出版社1989年版，第547—548页。

② 《季米特洛夫日记选编》，马细谱、杨燕杰、葛志强等译，广西师范大学出版社2002年版，第148页。

③ 中共中央编译局国际共运史研究所编：《共产国际大事记（1914—1943）》，黑龙江人民出版社1989年版，第545页。

进攻，并于12月开始转入反攻。经过四个多月的战斗，苏军于1942年4月取得了莫斯科保卫战的胜利。莫斯科面临的战争压力大为缓解以后，季米特洛夫于1942年3月12日召集共产国际有关人员会议，在会上具体讨论了首批人员返回莫斯科的问题，并制定出了初步的人员名单。3月13日，他最后确定了首批回莫斯科的60人名单。他本人也于3月19日返回到了莫斯科。

除了领导开展以上主要工作以外，季米特洛夫还组织领导了有关援助被占领国家游击运动的事务。他多次倡议开会研究对在法西斯国家及其盟国、被占领国开展的游击运动进行援助的问题。1942年5月22日，他给在南斯拉夫坚持反法西斯游击斗争的南共领导人铁托寄去了独立生产炸药的配方。[①] 1942年9月底，根据季米特洛夫的建议，共产国际执委会书记处通过了一项特别决议，责成各国电台每天宣传游击运动，并根据不同情况宣传游击斗争、反法西斯怠工行动和破坏行动的正义性。[②]

---

① 《季米特洛夫日记选编》，马细谱、杨燕杰、葛志强等译，广西师范大学出版社2002年版，第191页。

② ［保］维·哈吉尼科洛夫等：《季米特洛夫传》，佘志和、马细谱译，人民出版社1982年版，第170页。

第五章　季米特洛夫与共产国际的解散

1943年6月，共产国际——这一自1919年建立后存在了24年之久的世界革命运动的领导中心——宣告解散。这一消息犹如巨浪击石，震惊了尚处于战争中的全世界。共产国际的解散影响深远，意大利共产党领导人陶里亚蒂就曾指出，共产国际解散“是一个历史时期的终结，同时又是一个新时期的开始”①。中国共产党在抗战时期发行的《新华日报》也指出，共产国际的解散是一件划时代的大事，其意义之重大和影响之深远，在目前是无法一一列举的。共产国际解散的缘起和整个过程都发生于季米特洛夫担任领导人的最后几年内，他亲身经历、见证并具体领导了这一重大历史事件。季米特洛夫较早地预见到了共产国际解散的可能性和必然性，对解散的时机问题也有自己的考量。在解散工作提上议事日程后，他直接领导了共产国际解散的全部工作，还具体负责了解散后的善后工作。

---

① 《陶里亚蒂言论集》第3卷，世界知识出版社1963年版，第151页。

一、世界局势的新变化

从共产国际的组织发展进程来看，这一以权力高度集中为基础的国际组织在其解散之前很多年就已开始了权力的分散化，季米特洛夫正是共产国际权力分散化的主要推动者。

1934 年 7 月，还在领导筹备共产国际第七次代表大会时他就给执委会写信提议："精简共产国际执委会的庞大官僚机构"，"改变共产国际的领导方法和工作方法"[①]。在共产国际历史上，这是首次向这一领导世界革命运动并实行高度集中制的最高权威组织提出质疑和意见。共产国际第七次代表大会后，季米特洛夫作为执委会总书记又领导推行了对共产国际执委会机构的改组工作，并推动了共产国际领导机构工作方式的改变。共产国际执委会书记处尽管经常开会研究各国党的政策问题，但较以往大大减少了下达具体指示的次数。

如果按照季米特洛夫的设想，共产国际可能会适应世界革命形势的变化，在组织上成为一个较为松散、灵活的国际组织。但随着其领导工作的开展，他很快发现总部设在莫斯科的这一"世界性共产党"在实际运行中是深受斯大林和联共（布）限制的。季米特洛夫的设想与斯大林对共产国际的要求之间存在不可调和的矛盾，斯大林一开始就有将共产国际作为其对外政策工具的想法。一个有效的工具就必须要具备较为强大的集中动员力，于是出现了季米特洛夫在斯大林压力下被迫改变自己的初衷、根据苏联对外政策需要下达指令或干脆派出

① 《共产国际有关中国革命的文献资料》第二辑（1929—1936），中国社会科学院近代史研究所编译，中国社会科学出版社 1981 年版，第 335 页。

总书记特使以督导某支部立即改变政策方针的事情。

根据陶里亚蒂的回忆，季米特洛夫早在1940年就已经意识或预测到了共产国际的最终命运。陶里亚蒂回忆说，“我记得很清楚，大约在1940年年中，我从西班牙战争和巴黎的监狱回到莫斯科时，曾有机会同季米特洛夫同志谈到这个问题（即共产国际解散的问题——作者注）。他当时具体地预计到了国际的解散”，而当时为何没有提上议事日程，是由于随着国际局势的发展，“在1939年9月至1941年6月期间存在着苏德互不侵犯条约，在那时解散共产国际，可能显出是由于这个条约而对反共产国际公约主谋者的让步。这样会使敌对者，特别是社会民主党人之流把它说成是这种让步……以便在我们的队伍中散布混乱”。“后来，直到斯大林格勒胜利前，战局对于反希特勒的联军和对于苏军都不太有利，当时解散共产国际，如被错误解释，就会挫折共产党员和劳动群众的士气。在斯大林格勒战役的转折之后，已经不再存在第二种危险，于是采取了解散的措施。”①

根据南斯拉夫共产党领导人米洛凡·吉拉斯的回忆，季米特洛夫曾于1944年告诉过他：最初在1940年夏天，解散共产国际的想法就已经出现，“这件事是苏联与波罗的海国家合并的时候发生的。就在那时已经可以明显地看到：传播共产主义的主力是苏联，所以一切力量应该直接在苏联的周围团结起来”，但“由于当时的国际形势，解散之事被搁置下来了，主要是担心别人会怀疑：这一定是在德国人的压力下作出的，因为当时苏联和德国人的关系并不坏”。②

通过当事者的具体回忆可以认为，早在1940年夏天，苏联为建立

---

① 《陶里亚蒂言论集》第3卷，世界知识出版社1963年版，第152页。

② ［南斯拉夫］米洛凡·杰拉斯：《同斯大林的谈话》，赵洵、林英译，世界知识出版社，1989年版，第23页。

“东方战线”而扩展领土时，季米特洛夫就明确而具体地意识到了共产国际要解散的命运，而当时没有立即解散主要是碍于苏德互不侵犯条约的存在。表面上苏德关系是友好的，如果解散共产国际即会显示出是受到了德国的压力，会进一步引起共产党内部的混乱。随着法国的沦陷，苏联面临的威胁日益加剧，共产国际虽仍未明确提出反法西斯的口号，但已开始强调争取民族解放的问题，仍不宜解散。共产国际在德国入侵苏联后再次举起反法西斯的旗帜，而苏联军队在战争初期又接连失利，共产国际的存在和作用对各国共产党以及所有反法西斯力量是一种鼓舞。因而，在整个战争没有转入对苏联有利的形势以前，共产国际的解散问题仍被搁置着。

美国共产党退出共产国际也显示出共产国际在组织方面的变化动向。1940 年 11 月，美国总统签署了“伍里斯法”，实行这一法律主要是为剥夺共产党参加国际组织的权利。为应对这一打击，美国共产党于 11 月 16 日至 17 日在纽约召开了特别代表大会。大会一方面重申“我党坚决遵循无产阶级国际主义的原则”，并且决定为废除“伍里斯法”而斗争，另一方面宣布“为了免除所谓‘伍里斯法’的条文的应用，美国共产党由它的代表大会当场解除党对共产国际和一切美国境外任何性质的团体在组织上的联系”①，由此退出共产国际。共产国际执委会对此予以批准。这在共产国际历史上是第一次出现一个支部不是被开除或解散，而是由党的代表大会决定退出并得到国际允许和批准的特例。

同时，对于共产国际解散的看法，季米特洛夫也受到联共（布）

① ［美］威廉·福斯特：《美国共产党史》，梅豪士译，世界知识出版社 1957 年版，第 421 页。

的一些领导人的影响。苏联领导层出现有关共产国际是否还要存在的议论是在 1941 年 4 月份。[1] 1941 年 4 月 13 日，苏联与日本签署了《苏日中立条约》。4 月 20 日夜，季米特洛夫与联共（布）中央高层领导人斯大林、莫洛托夫、加里宁、伏罗希洛夫、安德列耶夫、米高扬、卡冈诺维奇、什维尔尼克、什切尔巴科夫、日丹诺夫、马林科夫一起在大剧院观看了塔吉克斯坦人的演出结束后，斯大林作了重要讲话，介绍了他与日本外相松冈洋右的谈话，并就共产国际的存在问题发表了意见。斯大林说，“一些党（暗指美国共产党）从共产国际季米特洛夫那里出来了。这并不是坏事。正相反，各国共产党应成为完全独立的党，而不是共产国际下面的支部。它们应变成叫作工人党、马克思主义党等名称的本国的共产党。名称并不重要，重要的是它们应到本国人民中间去并把力量集中于完成自己的特殊任务”，“它们应有共产主义纲领，应依靠马克思主义的分析，而不是时不时地看一眼莫斯科，它们应独立地解决它们在各自的国家面临的具体任务。不同国家中的情况和任务完全不同”。他强调，“当前，每个国家本国的任务突出了，然而，各国共产党作为从属于共产国际执行委员会的国际组织下面的支部这种状况是个障碍”，“不要抓住昨天不放。应认真考虑已经形成的新的条件”，“在当前的条件下，各国共产党从属于共产国际使得资产阶级更易于迫害它们”。季米特洛夫在政治上非常敏感，听了斯大林的谈话后，当时就认识到这一讲话使“共产国际在近期是否继续独立存在以及在世界大战的条件下国际联络和国际工作的新形式

---

① 参见沈志华主编：《一个大国的崛起与崩溃：苏联历史专题研究（1917—1991）》中册，社会科学文献出版社 2009 年版，第 516 页。

问题尖锐地、明确地提出来了”。[①] 第二天，季米特洛夫即向共产国际其他领导人陶里亚蒂和多列士传达了斯大林的讲话精神，并“提出应讨论下列问题：在近期停止共产国际执委会作为各国共产党的上级领导的活动，使各国共产党具有充分的独立性，使它们变成共产党人真正本民族的政党，它们遵循共产主义纲领，但会根据本国的条件按自己的方式决定自己的具体任务并为自己的决定和行动负责。把共产国际执行委员会代之以情报和对各国共产党提供思想和政治援助的机构”。陶里亚蒂和多列士都认为“对问题的这一提法总起来说是正确的，它完全符合当代的国际工人运动形势”。[②]

由于季米特洛夫具有很强的政治敏锐性，他很快就考虑到了终止共产国际执委会活动的实际问题，并开始与有关领导人进行酝酿和讨论。5 月 12 日，季米特洛夫和曼努伊尔斯基到联共（布）中央书记日丹诺夫处，三人一起讨论了关于终止共产国际执委会活动决议的起草问题。他们的讨论主要确定了如下几方面事项[③]：

第一，终止共产国际执委会的活动必须要有根据，须向各国党“认真地解释为何采取这一步骤”。认为要事先预见到采取这一突然步骤可能会在共产党内引起沮丧和混乱，同时可能会被敌人攻击为“是一种手腕”或者说“共产党人放弃了国际主义和无产阶级世界革命”。应该在决议中指出，“在现阶段，最重要的不是把各国的运动引向一个国际中心，而是把重点放在每个国家中的运动及其领导，竭力使各

---

① 《季米特洛夫日记选编》，马细谱、杨燕杰、葛志强等译，广西师范大学出版社 2002 年版，第 135 页。

② 《季米特洛夫日记选编》，马细谱、杨燕杰、葛志强等译，广西师范大学出版社 2002 年版，第 136 页。

③ 讨论记录见《季米特洛夫日记选编》，马细谱、杨燕杰、葛志强等译，广西师范大学出版社 2002 年版，第 140—141 页。

国共产党的独立性得到发展，这些党善于由他们自己来领导本国的工人运动，善于由他们自己来确定自己的战略、策略和组织，在完全和充分依靠自己的力量和才能的同时为本国的工人运动担负全部责任”，“应该发挥把健康的、正确理解的民族主义同无产阶级国际主义结合起来的思想。无产阶级国际主义应该依靠各国中这样的民族主义”。决议还应强调，“在现阶段，各国共产党必须作为独立的本国的政党来发展。在今后的阶段中，各国共产主义运动在国内的蓬勃发展将使国际共产主义组织在更牢固、更广泛的基础上获得新生”，须明确表明，“共产国际执委会终止活动并不意味着放弃国际无产阶级的团结。正相反，仅仅是这种团结的表现形式和方法改变了，所采取的形式和方法将更适合于国际工人运动的现阶段形势”。

第二，共产国际执委会终止活动应“完全是严肃认真和始终如一的”。不是“只换一件外衣”的问题，不应是“解散了共产国际执委会，而实际上存在着国际指导中心”。

第三，这一步骤是由一些国家共产党从“下层”提出建议而发起的。他们认为这样说明会比“由（共产国际的）领导机构自己提出倡议”要好。

第四，终止共产国际执委会活动的工作“并不十分紧急，不应匆忙”，而应“加以认真的讨论和准备”。在酝酿时应该讨论三个问题：“如何从原则上进行论证”；“由谁倡议来通过决议”；“共产国际的遗产如何处置”。

第五，实行这一步骤对于共产主义运动主要有四点意义（也即共产国际解散的理由）：即“所有的反共产国际的公约将一下子失去基础”；“资产阶级将失去他们所说的共产党人服从于某一外国中心”；

“每个国家的共产党将增强自己的独立性并将成为真正的本国人民的政党”；“将使得那些认为如加入共产党就会脱离本国人民，因而现在还没有入党的工人积极分子更容易加入共产党”。

1941 年 6 月 22 日，德国入侵苏联，斯大林当天早上在克里姆林宫自己的办公室紧急召见了苏联和共产国际领导人莫洛托夫、伏罗希洛夫、卡冈诺维奇、马林科夫、季米特洛夫。与以前人们的普遍猜测和传言不同，根据季米特洛夫当时的观察，“在斯大林和其他所有人身上都显示出惊人的平静、坚定和信心”，在有关共产国际的工作上，商定：“目前，共产国际不应公开出面。各国党应就地开展保卫苏联的运动。不应提出社会主义革命问题。”① 季米特洛夫按照这一精神立即向各国共产党发出指示，要求动员全部力量保卫苏联。同时，共产国际执委会书记处也作出决定，“立即调整共产国际机关的所有工作，竭尽全力帮助联共（布）和苏维埃各级机关”②。10 月，由于战线逼近莫斯科，共产国际执委会各机关被迫撤退到了乌法市，季米特洛夫随苏联政府一起转移到了古比雪夫市。10 月 31 日，他给斯大林写了一封信，信中讲到：“我个人认为，目前我们没有必要过分公开强调共产国际了。相反，如果我们的实际工作和与各类机构的联系，在形式上和表面上，以另外一个名称，比如说国际问题研究所，来组织和进行，在政治上对我们也许更合适。对此我特请您提出意见和指示。”③ 季米特洛夫还根据战时形势将共产国际执委会机关工作人员的

① 《季米特洛夫日记选编》，马细谱、杨燕杰、葛志强等译，广西师范大学出版社 2002 年版，第 143 页。

② 转引自沈志华主编：《一个大国的崛起与崩溃：苏联历史专题研究（1917—1991）》中册，社会科学文献出版社 2009 年版，第 518 页。

③ ［俄］B. B. 斯米尔诺夫：《第二次世界大战和 1939—1941 年的共产国际》，胡德君、田玄译，载《军事历史研究》1997 年第 3 期。

规模进行了大幅精简。11 月 20 日，执委会书记处核准了共产国际执委会工作人员编制人数，共计 158 人。①

可见，1941 年 4 月《苏日中立条约》签署后，斯大林在谈话中提出了共产国际的运作方式在新形势下是对各国共产党工作的阻碍，在一定程度上蕴含着解散共产国际的意图。季米特洛夫很快就从斯大林的话中敏感地意识到了共产国际在新形势下是否应继续独立存在的问题，并开始考虑创设一种新的替代形式，主要应负责情报工作和仅为各国党提供思想和政治上的帮助。如何稳妥谨慎地终止共产国际执委会的活动是其中最为紧要的现实问题，为此季米特洛夫等进行了深入探讨。经过讨论确定了许多重要事项，并准备缓慢而稳健地逐步采取停止执委会活动的具体步骤。但随着苏德战争的突然爆发，保卫苏联成为最重要的战略任务。同时，停止共产国际执委会的活动也将对战争初期的士气产生很大不利影响。因而，终止共产国际执委会活动的工作只能告一段落，但共产国际也不宜过分公开活动。共产国际游离的状态，也直接影响到了内部工作人员的工作情绪。转移到乌法的共产国际各机构工作人员处于低落和涣散状态，这从 1942 年秋曼努伊尔斯基写的《关于书记处工作》的报告中即可以看出。他在这一报告中写道：共产国际书记处不再召集会议，日常工作无人负责；哥特瓦尔德整日喝酒，多列士非常自负，伊巴露丽·多洛雷斯经常拖延文件的办理；机关工作人员纪律松懈，往往自行其事，经常出现不服从上级指挥的情形；不少意大利人对工作敷衍了事，经常有无知和不礼貌的

① 李兴耕编：《关于宣布解散后的共产国际的新资料》，载《国外理论动态》，1998 年第 3 期。

举动，等等。[1] 看来，从战争爆发一直到1942年底，共产国际的工作处于低迷状态，1943年初战场形势初步好转后，共产国际才开始活跃起来。

二、稳妥推进共产国际解散

如前文所述，斯大林、季米特洛夫以及共产国际的其他领导人都看到了国际局势、国际工人运动形势与共产国际的运行方式之间存在的重大矛盾，这是共产国际解散的客观必然性。而共产国际的解散被提上议事日程、解散具体过程的开始，则是由苏联在战争中的对外政策需要直接决定的。苏联卫国战争开始不久，斯大林就从缓和苏联战场的压力出发，向英国提出了在欧洲开辟第二战场的问题，但丘吉尔从军事方面考虑采取了拖延的态度。美国参战后，苏联进一步提出与美、英、法结盟，希望能尽快开辟第二战场，美、英、法等国也需要与苏联加强合作，但共产国际的存在使它们有很大顾虑。1942年年底，美国总统罗斯福派人到苏联驻美国大使馆，明确建议莫斯科解散共产国际。[2] 斯大林也需要通过解散共产国际来表现一种外交姿态，但这时苏联军队在战场上还没有摆脱被动局面。

苏联军队在战场上的形势初步扭转以后，共产国际的工作也还是比较活跃的。但两个多月的时间以后，情况很快发生了突然性的变化。1943年初，苏联军队在斯大林格勒战役中对纳粹德国军队转入反攻，

① 沈志华主编：《一个大国的崛起与崩溃：苏联历史专题研究（1917—1991）》中册，社会科学文献出版社2009年版，第519—520页。

② 沈志华主编：《一个大国的崛起与崩溃：苏联历史专题研究（1917—1991）》中册，社会科学文献出版社2009年版，第520页。

此时的共产国际执委会书记处仍在正常工作并通过了许多决议。2月22日，《真理报》和其他联共（布）报刊上都发表了季米特洛夫等关于共产国际执委会工作人员捐献46.3万卢布以建立苏联红军“莫斯科”航空大队一事致斯大林的信，以及斯大林对此的答谢复信。季米特洛夫在当天的日记中这样写道：“报刊上公布了共产国际执委会致斯大林的信和斯大林的复信。公布信件这个事实非常引人注目——在反对法西斯德国占领者的卫国战争条件下公开肯定共产国际的存在和它的活动。”[①] 2月23日，季米特洛夫又核准了共产国际执委会机关工作人员编制表，在编工作人员数量较1941年底增加了两倍以上。[②]

1943年2月2日，苏联军队取得了斯大林格勒战役的胜利。美英联军也已赢得了北非战场的决定性优势。战争形势的好转有利于推动美英与苏联的进一步合作。为商讨与苏联的战略合作问题，英国首相丘吉尔应罗斯福邀请前往美国华盛顿，斯大林从罗斯福于5月6日的来信中获知了这一情况。[③] 5月8日深夜，根据斯大林的有关指示，季米特洛夫和曼努伊尔斯基一起到莫洛托夫处，“就共产国际的未来进行了商讨”，得出的结论是：“在已形成的条件下，作为各国共产党领导中心的共产国际是各国共产党独立发展和执行其独特任务的障碍。要制定一个解散这个中心的文件。”[④] 自此，共产国际的解散开始正式提上日程。5月10日晚，季米特洛夫与曼努伊尔斯基一起讨论并起草

---

① 《季米特洛夫日记选编》，马细谱、杨燕杰、葛志强等译，广西师范大学出版社2002年版，第232页。

② 李兴耕编：《关于宣布解散后的共产国际的新资料》，载《国外理论动态》，1998年第3期。

③ 苏联外交部编：《1940—1945年苏联伟大卫国战争期间苏联部长会议主席同美国总统和英国首相通信集》第二卷，宗伊译，世界知识出版社1961年版，第63页。

④ 《季米特洛夫日记选编》，马细谱、杨燕杰、葛志强等译，广西师范大学出版社2002年版，第243页。

了一个解散共产国际的决议草案。次日，两人对该决议草案进行校订后由季米特洛夫将该草案提交给了斯大林和莫洛托夫。当晚，斯大林便召见了季米特洛夫和曼努伊尔斯基，莫洛托夫也在场，斯大林对决议草案表示同意。接着他们又讨论了通过决议的程序问题，这将分为三个步骤：首先，“草案在主席团会议上审核并作为向各支部的建议予以通过”；其次，“通知各支部并取得他们同意”；最后，“得到各支部同意后予以公布”。至于解散后共产国际机构的“哪些职能和在什么形式下今后还应继续存在”的问题，将交由马林科夫和季米特洛夫“去讨论并准备出具体的建议”。斯大林在最后又说道：“经验表明，不应有一个领导所有国家的国际领导中心。这在马克思时期、列宁时期和现在都已显示出来。也许应该过渡到地域性的联合，例如南美、美国和加拿大、某些欧洲国家等，但是这也不要急于行事。”①

5月12日，季米特洛夫将起草好的决议草案向共产国际执委会主席团和书记处作了传达和介绍，大家认为“向共产国际各支部提出的，关于解散作为国际工人运动领导中心的共产国际的建议，原则上和政治上是正确的”；并决定于第二天召开主席团会议讨论决议草案，以“彻底解决这一问题”；同时还决定把决议草案通报给各大党的领导人，需通报的领导人有：波立特（英国）、毛泽东（中国）、铁托（南斯拉夫）、芬德尔（波兰）、杜克洛（法国）、白劳德（美国）、林德罗特（瑞典）。② 5月13日，在主席团开会之前，季米特洛夫又收到了斯大林发来的重要通知。该通知指示：“（1）这件事你们不要急。

① 《季米特洛夫日记选编》，马细谱、杨燕杰、葛志强等译，广西师范大学出版社2002年版，第243页。

② 《季米特洛夫日记选编》，马细谱、杨燕杰、葛志强等译，广西师范大学出版社2002年版，第244页。

你们把草案提出来讨论，请给共产国际执委会主席团成员两三天时间进行考虑并作出修改。他（斯大林）也有几点修改意见。(2) 草案现在暂时不要送往国外。我们以后会作出决定。(3) 不要造成这样一种印象，似乎我们简直是在赶这些外国领导同志走。这些人将在一些报社工作。应该办四种报（德文、罗马尼亚文、意大利文和匈牙利文），也可建立单独的德国人的和其他国家人的反法西斯委员会。"[①] 看来，斯大林在担心如果采取突然的解散步骤会引起共产国际内部各国党的涣散和混乱。在当天举行的共产国际执委会主席团内部会议上，季米特洛夫发言对所建议的决议草案进行了说明和论述，他首先强调，解散共产国际并不是走形式，而是要真正地解散这一机构，这是符合当前政治形势的及时举措；主席团会议的所有参加者也均依次发言，结束之后"一致通过将这个草案作为决议的基础"，并"交主席团所有委员和参加会议的各国党的代表在 5 月 17 日以前的期限内全面考虑草案内容并对草案作出可能的修改和补充"。[②] 季米特洛夫在次日校订了这次主席团内部会议的会议记录，并分别送交给苏联领导人斯大林和莫洛托夫。

5 月 17 日，共产国际执委会主席团召开第二次内部会议，逐条分析研究并讨论了解散共产国际的决议草案，作了一些不太重要的修改，并提交给会上专门成立的编辑委员会进行校订，这个编委会的成员有季米特洛夫、多列士、皮克、多洛雷斯、曼努伊尔斯基。会议还从两种通过决议的方案中讨论确定了一个更合适的方案，该方案的内

---

① 《季米特洛夫日记选编》，马细谱、杨燕杰、葛志强等译，广西师范大学出版社 2002 年版，第 244 页。

② 《季米特洛夫日记选编》，马细谱、杨燕杰、葛志强等译，广西师范大学出版社 2002 年版，第 244 页。

容为："公布由在苏联的主席团成员签署的决议草案，以此作为向各国支部提出的建议，请他们予以批准。"[①] 新成立的草案编辑委员会在次日召开会议，整理并校订了主席团会议修改的决议草案。季米特洛夫还于当天给斯大林和莫洛托夫发去了5月17日主席团会议的记录、编辑委员会的会议记录以及决议草案，并注明了多处需要修改的地方。

5月19日，共产国际执委会主席团又召开第三次内部会议，讨论了与共产国际解散有关的一些组织问题。会议决定应以某种形式予以保留的共产国际职能有："对各国的无线电广播，各国党的国外局，保持与国外的联系，通讯社'苏普列斯'，档案、图书馆、党校等"，并决定"在新的条件下这些职能应按联共（布）中央的系统予以安排"。当日夜间，季米特洛夫又被召到斯大林处开会，在座的有莫洛托夫、伏罗希洛夫、贝利亚、马林科夫、米高扬五人，斯大林谈了他对决议草案的修改意见："（1）最后一段不需要，删去；（2）要指出，解散的问题是在战争期间由一系列支部提出的；（3）在有关第一国际解散的那段文字中要强调，马克思解散第一国际是'由于建立群众性的各国工人政党的必要性业已成熟'"。这次谈话还商定了如下事项："（1）要预先告诉各个支部，将会公布这样的决议；（2）决议应在10天后公布；（3）公布的决议要由主席团成员日丹诺夫和曼努伊尔斯基签名；（4）收到各个支部的中央批准该决议的决定之后，要发布主席团关于彻底解散的公报。"[②] 5月20日上午，斯大林给季米特洛夫打来电话询问："要不要今天将主席团的决议交去付印？要快一点公布"，

① 《季米特洛夫日记选编》，马细谱、杨燕杰、葛志强等译，广西师范大学出版社2002年版，第245页。

② 《季米特洛夫日记选编》，马细谱、杨燕杰、葛志强等译，广西师范大学出版社2002年版，第246—247页。

季米特洛夫对此向他解释道："给各党的密码无线电通知我今天在白天、晚上和夜间发出。他们译出密码和研究决议内容不会早于明天的白天和晚上。在此之前公布是不合适的。应该在不早于明天晚上的时间交去付印，以便在5月22日公布。"[①] 同日，季米特洛夫召集编辑委员会会议，通报了斯大林、莫洛托夫和其他同志对决议提出的新的修改意见，会上一致通过了这些修改及整个草案的最后文本。季米特洛夫当天把即将公布的关于解散共产国际的决议内容分别用密码电报发给各国党领导人。这一电报称：作为国际联合的集中管理的组织模式，共产国际已不能适应以民族工人党面目出现的各国共产党进一步发展的需要，甚至成为其发展的阻碍，因而，共产国际主席团要求各国党支部中央迅速研究本建议，并将讨论结果上报。[②]

5月21日，季米特洛夫与曼努伊尔斯基参加了在斯大林办公室召开的联共（布）中央政治局会议。莫洛托夫在会上宣读了共产国际执委会主席团关于解散共产国际的决议，斯大林讲话阐述了解散共产国际的主要理由。会议一致通过了这一决议。当日夜间，季米特洛夫又召集了共产国际各机构领导人开会，说明解散工作将是有组织、有步骤地进行，而现在，他们要向内部各机构工作人员讲清，应继续做自己的工作并等待进一步的指示。[③] 5月22日，苏联《真理报》公布了共产国际执委会主席团关于解散共产国际的决议，共产国际执委会各机构根据季米特洛夫头天晚上的指示都分别召开会议，对解散工作进

---

① 《季米特洛夫日记选编》，马细谱、杨燕杰、葛志强等译，广西师范大学出版社2002年版，第247页。

② 沈志华主编：《一个大国的崛起与崩溃：苏联历史专题研究（1917—1991）》中册，社会科学文献出版社2009年版，第527页。

③ 《季米特洛夫日记选编》，马细谱、杨燕杰、葛志强等译，广西师范大学出版社2002年版，第248页。

行通告和说明。

5 月底，美国总统罗斯福派出特使戴维斯到莫斯科就美苏两国协作及元首会晤问题与斯大林交换了意见。5 月 31 日，季米特洛夫将已收到的一些国家共产党有关共产国际执委会主席团决议的通知送交给斯大林和莫洛托夫，并通报说：近日内在收到波兰工人党、比利时、荷兰、丹麦、挪威和希腊等国共产党组织的回电之后，即可发布公报说共产国际执委会主席团关于解散国际的建议，已得到绝大多数共产党组织的认可。[①] 接到报告后，斯大林从苏联对外政策的需要方面考虑，似乎觉得有些不耐烦，于 6 月 2 日夜间又打电话给季米特洛夫说："须要收到所有共产党通知之后才发表公报吗？"季米特洛夫回答他说，因为有些党将于 6 月 7 至 8 日召开代表会议，理应再等数日。[②]

为指导和督促各国党加快在共产国际解散问题上的反馈工作，季米特洛夫又于 6 月 4 日向法国、比利时、荷兰、美国、南斯拉夫、波兰、瑞典、中国党发去密码电报。该密电的内容包括六个方面："请紧急告知：第一，中央在讨论共产国际执委会主席团建议时有无特殊意见，如果有，具体讲是哪些。第二，地方上党的积极分子如何看待此建议。第三，解散建议对党员群众和在同情者范围内有何影响。第四，党内曾否出现过试图利用解散进行派别活动和瓦解活动的分子，如果有，是哪些，是何等人物。第五，采取了哪些措施以使解散建议能在党内得到正确理解，并使那种把解散说成策略、假解散的敌对宣传不起作用。第六，党做了哪些，以便向群众解释共产国际在其存在

① 沈志华主编：《一个大国的崛起与崩溃：苏联历史专题研究（1917—1991）》中册，社会科学文献出版社 2009 年版，第 528 页。

② 《季米特洛夫日记选编》，马细谱、杨燕杰、葛志强等译，广西师范大学出版社 2002 年版，第 253 页。

过程中，特别是在反对法西斯主义和法西斯战争贩子的斗争中所起到的积极作用，并对诬蔑诽谤宣传给予反击。”[①] 6月5日，季米特洛夫向莫洛托夫报告，在共产国际的41个支部中，已有29个表示赞同共产国际主席团的提议，还未递交报告的共产党支部包括：比利时、荷兰、丹麦、挪威、卢森堡、希腊、土耳其、阿尔巴尼亚、印度、日本、巴西、新西兰。[②] 6月7日，季米特洛夫把共产国际执委会主席团关于各国支部通过解散建议的决定草案以及给报刊的新闻公报稿送交给斯大林和莫洛托夫，莫洛托夫在当天夜间又告知季米特洛夫，斯大林和他同意季米特洛夫所提交的草案文稿。6月8日，季米特洛夫出席共产国际执委会主席团召开的最后一次（第826次）会议。这次会议通过了以下四方面事项：“（1）确定所有支部一致批准关于解散共产国际的建议，没有任何支部对此建议提出异议。（2）宣布共产国际执委会、主席团和书记处以及国际监察委员会解散。（3）任命由季米特洛夫（主席）、曼努伊尔斯基、皮克、陶里亚蒂和共产国际执委会行政管理部门负责人苏哈列夫（秘书）组成的委员会，以具体处理共产国际的事务、机关刊物、机构及人员和产业。（4）报刊上按此精神刊登新闻公报。”[③] 季米特洛夫于次日校订了主席团最后一次会议所作出的决定的通告，并将通告送交给《真理报》编辑部。6月10日，《真理报》刊登了31个赞成解散共产国际的共产党支部的名单，以及总书记季米特洛夫签署的共产国际执委会主席团决议，宣布共产国际从即日

① 《季米特洛夫日记选编》，马细谱、杨燕杰、葛志强等译，广西师范大学出版社2002年版，第253页。

② 沈志华主编：《一个大国的崛起与崩溃：苏联历史专题研究（1917—1991）》中册，社会科学文献出版社2009年版，第529页。

③ 《季米特洛夫日记选编》，马细谱、杨燕杰、葛志强等译，广西师范大学出版社2002年版，第254页。

起正式解散。①

6月12日，季米特洛夫主持召开处理共产国际善后工作委员会会议，参加者有曼努伊尔斯基、皮克、陶里亚蒂、苏哈列夫，讨论了该委员会的工作，并拟定了一些决议草案。6月13日，联共（布）中央政治局作出决议，特设联共（布）中央国际情报部，其基本职能是领导各国反法西斯委员会、对各国的地下广播、同国外的联络、“苏普列斯”通讯社和外文出版社的工作。季米特洛夫仍然担任实际领导人。但根据季米特洛夫本人记载，为使敌人不能利用该部是由他本人领导这一事实，联共（布）中央政治局决定任命什切尔巴科夫为部长，季米特洛夫和曼努伊尔斯基为副部长；且这一决定不予公布，而该部的工作将按内部工作制度予以组织和实施。②

季米特洛夫按照斯大林的指示精神具体地领导和组织了共产国际的解散工作。在共产国际进入“解散程序”后到1943年6月10日最终宣布正式解散的一段时间里，季米特洛夫开展了密集的指导与协调工作。由于在战时，共产国际解散尽管较为偶然和迅速，在程序上有一定不足，但它是在季米特洛夫具体领导下走完一定程序后解散的，季米特洛夫有自己的独立考量，为之积极筹备、协调各方、规范运作，为推动共产国际顺利而稳妥地解散作出了重要贡献。他还希望共产国际的解散问题尽可能小地影响到各国党的工作及党员群众的情绪，较为注重国际解散程序的合理性与合法性问题。在战时条件下，共产国际的解散对于大多数国家的共产党来说较为突然，在程序上也存在很

① 沈志华主编：《一个大国的崛起与崩溃：苏联历史专题研究（1917—1991）》中册，社会科学文献出版社2009年版，第529页。

② 《季米特洛夫日记选编》，马细谱、杨燕杰、葛志强等译，广西师范大学出版社2002年版，第255页。

大不足。季米特洛夫作为共产国际的领导人在战时的复杂背景下为促动这一国际组织稳妥地解散做出了努力。尽管人员和组织解散了，但共产国际遗产所谱写出的乐章并未终结。正如季米特洛夫所指出的："在共产国际领导下的无产阶级所推动的这个车轮，无论是用恐怖手段、判处苦役或者死刑，都不能把它挡住。它在现在和将来都在转动，直转到共产主义的彻底胜利！"①

---

① 《控诉法西斯：季米特洛夫在莱比锡审讯中的两个发言》，种冲校译，生活·读书·新知三联书店1958年版，第45页。

结 语

20世纪20年代到40年代初的二十多年间，国际局势风云变幻。国际共产主义运动、世界人民反法西斯运动等与世界资本主义发展过程中的短暂繁荣和深刻危机交织相伴。这是整个20世纪中最为动荡的时期。历史的洪涛巨流滚滚向前，大浪淘沙，千淘百炼，在各种政治运动中涌现出诸多重要的历史人物。季米特洛夫即是其中的耀眼者之一，他由从事工会活动、工人运动开始，是同时代的著名人物中，最早武装抗击法西斯的革命者之一。他担任过国际共产主义运动的领导中枢——共产国际执委会总书记。他深刻影响了同时代的世界工人运动、国际共产主义运动、世界人民反法西斯运动。

季米特洛夫首先是一位英勇的社会革命家，他在马克思主义、列宁主义科学理论的影响下从事和推进革命运动，逐步成长为一名家喻户晓的无产阶级革命家、政治家。作为保加利亚工人运动、共产主义运动和共产党的领导人，他起初主要在一个比较小的国度领导革命运动，很少从事国际性活动，较少从事国际性革命活动。保加利亚1923年反法西斯九月起义的失败迫使其流亡国外长达22年。季米特洛夫登上世界革命运动历史舞台并崭露头角的时间稍晚了一些，11921年他

39 岁时第一次参加共产国际的世界代表大会并见到了列宁、斯大林。列宁去世时，他是护送列宁灵柩团队的成员。1933 年，在“莱比锡审判”中的英勇表现使季米特洛夫开始享有世界性声望时，这时他 51 岁；两年后的 1935 年，共产国际第七次代表大会召开，53 岁的他正式成为这一重要国际组织的首脑——共产国际执行委员会总书记；1943 年，共产国际解散时，季米特洛夫已 61 岁；6 年以后的 1949 年，季米特洛夫去世。

就季米特洛夫的鲜明个性和出众的才能而言，他适合更大的国际活动空间，也适合在一个有重要影响力的大国和国际性组织中任职、活动。共产国际成就了他作为 20 世纪上半叶一个重要历史人物的地位。共产国际的活动遍布世界五大洲，是当时世界政治舞台上的最重要角色之一，一大批世界无产阶级的精英人物汇集到它的麾下。通过在共产国际这一重要工人阶级国际性政治组织中的出色表现，世人领略到了季米特洛夫作为一位伟大革命家、真正共产党员、一个坚韧镇定而睿智的共产国际活动家的卓越风采；作为共产国际执行委员会总书记，季米特洛夫与联共（布）中央政治局高层人物一道成为诸多重大历史事件的决策参与者或主要见证人。

不可否认，尽管也存在不少失误，但在季米特洛夫领导下，共产国际的面貌焕然一新。他对当时共产国际内部保守的政治路线和僵化的组织体制进行了积极的调整和革新。他在筹备共产国际第七次代表大会期间力主纠正“左”的倾向，推动改变了共产党对社会民主党所持的敌对态度，把世界工人运动的主要力量集中到反对法西斯方面，促成了共产国际在政策和策略上最具深远意义的重大转折。他还充分意识到高度集中领导体制的诸多严重弊端，率先向共产国际作为世界共产主义运动领导中枢的至高权威发起挑战，倡导对共产国际的领导形势、组织运作方式、工作方法等方面进行变革和改进，给予各国共产党更多的独立性和自主性。在季米特洛夫担任执行委员会总书记后，共产国际直接、粗暴干预各国共产党内部事务的问题得到了明显克服，不再从组织上严密管控作为支部的各国共产党，转为注重从思想和政策上进行指导和帮助，各国共产党总体上都能从本国实际情况出发处理内部事务和制定基本策略。这都促进了各国共产党在政治上的逐渐成熟，推动了马克思主义、列宁主义的时代化、民族化进程。

由于国际共产主义运动内部的结构性失衡，共产国际从成立伊始一直受到苏联方面的强势制约。尽管进行了较大程度的革新，季米特洛夫领导下的共产国际仍未完全摆脱斯大林和联共（布）的决定性控制。季米特洛夫适应客观国际形势的变化以及世界工人运动的发展要求，领导共产国际适时转变政策、取得重要成就，这也是在苏联最高领导人斯大林和联共（布）中央许可限度之内的。当共产国际的方针牵涉到苏联的紧要国家利益或制约到斯大林对外政策转变的需要时，在斯大林和苏联方面的强大压力之下，季米特洛夫也不得不错误地修正路线，服从苏联利益的需要。第二次世界大战爆发后，共产国际在1939 年底到1941 年6 月期间所执行的错误方针就是典型一例，季米特洛夫对此负有重大责任，作为主要领导人他直接导致了各国共产党向错误立场的转变。这是他领导共产国际工作中的一大失误，给许多国家的共产党造成了重大损失。由于共产国际的总部设在莫斯科，在与各国党通信方面主要依靠电报方式，在僵化的领导体制下他对各国党工作的指导也难免会脱离实际、盲目指挥，出现很多纰漏。这在他指导中国共产党制定抗日民族统一战线政策的过程中就有体现。

评价历史人物要把这个人物放在当时具体的历史环境中，而不能以今天的水平苛求前人。① 在季米特洛夫担任总书记以前，共产国际的主政者都是联共（布）中央的重要领导人；他又是一个来自东欧地区较小国家和共产党的革命活动家。尽管莱比锡审判使他具有了世界性声望，被世人称为“莱比锡之虎”，他在莫斯科的处境也还是非常复杂的。他曾试图对共产国际进行深入而彻底的改革，但随着参与斯大林召集的联共（布）高层会议的增多，他逐渐发现很多预想并不现实。在他主政共产国际的八年期间，联共（布）党内对斯大林的个人崇拜愈益严重，苏联模式逐步成型，整个体制积弊很深。在一个早已开始趋于保守的结构中，现实体制所提供给他的变革平台是有很大限度的。季米特洛夫的心绪是很矛盾的，尤其是在第二次世界大战的初期阶段。列宁曾深刻指出：“判断历史的功绩，不是根据历史活动家没有提供现代所要求的东西，而是根据他们比他们的前辈提供了新的东西。”② 从这一意义而言，尽管自身处境较为艰难，季米特洛夫的主政为共产国际和国际共产主义运动带来了“新的东西”，拓展出了新的面貌。他推动了共产主义政党对社会民主主义政党态度的改观、政策的调整；他使共产国际对各国共产党的管控大为放松，从而促成了马克思主义、列宁主义的时代化、民族化进程。他在复杂而关键他在关键时段推动了历史的发展和演变。我们应该从历史发展的积淀中总结出深刻的启迪。

通过对季米特洛夫与共产国际相关活动的梳理与考察，可以较全面地透视出他的许多人格特征。在当时背景下，作为一位世界工人运

---

① 高放：《国际共产主义运动别史》，中国书籍出版社 2002 年版，第 695 页。

② 《列宁全集》第 2 卷，人民出版社 1984 年版，第 154 页。

动和国际共产主义运动的著名活动家，季米特洛夫兼具领导者和协调者的双重品格。一方面，作为一位领导者，季米特洛夫在世界革命运动和国会纵火案中表现出了信念坚定、行动果敢、沉着冷静、无所畏惧、积极乐观、高度自信，具有极为出色的演说和论辩才华、甚为严密的逻辑推理、高超的语言表达和感染力，勇于竞争和对抗；在共产国际的领导工作中他又表现出打破常规、革新开放、注重效率、勤于学习、努力达成目标等特点。另一方面，作为一位协调者，他表现出沉稳、慎重、谦和、友善、细心、有条理、重程序、善于沟通、乐于合作、政治敏锐性极强等特点，同时也表现出了谨慎小心、照章办事等弱项。

总体而言，季米特洛夫思想开放，作风务实，能从大局出发。应该说，这位共产国际后期的最高领导人，较好地完成了共产国际这一重要历史平台所赋予他的职责和使命。

附　录

表 1：共产国际的历次世界代表大会及会议内容

会议名称	时间	地点	主要议题及会议精神
第一次代表大会（成立大会）	1919 年 3 月 2 日至 3 月 6 日	莫斯科	成立共产国际；讨论并通过布哈林起草的共产国际行动纲领草案（“需要成立一个真正革命的和真正无产阶级的共产国际”，共产主义运动在新时代的目标是通过社会革命把资本主义改造成社会主义社会）。通过《对各“社会主义”派别和对伯尔尼代表会议的态度的决议》；通过托洛茨基起草的《共产国际至全世界无产者宣言》。
第二次代表大会	1920 年 7 月 19 日至 8 月 7 日	彼得格勒、莫斯科	讨论列宁起草的《加入共产国际的条件》并以绝对多数票通过相应决议（即“二十一条”）；通过列宁起草的《民族殖民地问题》提纲和罗易的补充提纲；据布哈林作的关于议会活动问题的报告通过了《共产党与议会制》的决议；通过列宁起草的《土地问题》决议；通过《什么时候和在什么条件下可以建立工人代表苏维埃》的决议；通过《共产国际章程》。
第三次代表大会	1921 年 6 月 22 日至 7 月 12 日	莫斯科	大会重点讨论共产国际和各国共产党的策略问题；托洛茨基作《关于世界经济危机和共产国际的任务》的报告；列宁发言批评了“左”倾情绪，认为“共产国际的真正危险来自‘左边’”，要“争取无产阶级大多数”；大会通过了关于策略问题的提纲，提出“到群众中去”的口号，“当前的首要任务是争取使工人阶级的大多数完全处于共产国际的影响下”，“号召全体共产党人建立无产阶级统一战线”。

续表

会议名称	时间	地点	主要议题及会议精神
第四次代表大会	1922 年 11 月 5 日至 12 月 5 日	彼得格勒、莫斯科	开幕时列宁致四大的电报指出，共产国际的“主要任务仍然是争取大多数工人”；季诺维也夫在执委会工作报告中说，共产国际的整个策略可以归结为把统一战线策略实际运用到各国的具体条件中去，工人政府是无产阶级专政的同义语，是统一战线策略在某些特殊条件下的具体运用；列宁、蔡特金、贝拉、托洛茨基就俄国革命五周年和世界革命的前途问题作报告；拉狄克就资本向工人阶级进攻问题作专门报告，认为世界资本向无产阶级发动进攻所采取的形式之一就是这些国家法西斯主义的兴起，法西斯主义的实质是反革命资产阶级专政，其群众基础是小资产阶级；大会决议提出“各国共产党的首要任务之一，就是组织对国际法西斯主义的反击，领导整个工人阶级对法西斯匪帮进行斗争，并在这方面大力应用统一战线策略”；会议批准通过了《共产党人在工会运动中的任务》提纲、《东方问题提纲》、《关于改组共产国际执行委员会及其今后工作的决议》、关于法国问题的三份文件。
第五次代表大会	1924 年 6 月 17 日至 7 月 8 日	莫斯科	大会提出共产国际目前最重要的任务是使各支部布尔什维克化；关于对待社民党问题，大会认为它已成为资产阶级的“第三”党，在某些地方已成为法西斯主义的一翼，社民党和法西斯主义是资产阶级的左右手；关于统一战线策略问题，强调实行下层统一战线策略；会议指出，法西斯主义是大资产阶级用以对付无产阶级的战斗武器，从社会成分上说，法西斯主义是一种小资产阶级运动，法西斯主义和社民党是大资本专政的同一武器上的两面锋刃，社民党永远不能成为无产阶级反对法西斯主义斗争的可靠同盟者；大会谴责了俄共（布）党内的托洛茨基反对派，决定把苏瓦林开除出法共和共产国际。

续表

会议名称	时间	地点	主要议题及会议精神
第六次代表大会	1928 年 7 月 17 日至 9 月 1 日	莫斯科	布哈林按联共（布）代表团审定的提纲向大会作报告，提出“三个时期”的理论（预言资本主义的稳定即将结束，第三时期即新的革命高潮时期即将来临，各国共产党应做好充分准备），大会通过了《关于国际形势和共产国际的任务》的决议；大会强调：在革命高潮即将来临时必须警惕人类面临着两大危险：法西斯主义和新的帝国主义战争；大会重申只能“从下层”搞统一战线的政策；布哈林作关于共产国际纲领草案的报告，大会通过了《共产国际章程》；共产国际东方部部长库西宁作关于殖民地问题报告，大会通过了《殖民地和半殖民地的革命运动的提纲》。
第七次代表大会	1935 年 7 月 25 日至 8 月 20 日	莫斯科	皮克致开幕词并代表共产国际执委会作工作报告，大会根据该报告通过的决议指示共产国际执委会：“在把活动重点要转移到制定世界工人运动的基本政治、策略路线的同时，要在决定任何问题时，根据各个国家的具体情况和特殊条件出发，而且一般说来，要避免直接干涉各党的内部组织的事务”，“帮助各国共产党运用本身经验和世界共产主义运动的经验，但要避免机械地把一个国家的经验套用到另一个国家，避免用一成不变的方法和笼统公式去代替具体的马克思主义分析”；大会最重要议题是讨论反法西斯统一战线问题，季米特洛夫向大会作了《法西斯的进攻与共产国际为工人阶级的反法西斯统一而斗争的任务》的报告。大会决议要求共产党人必须在无产阶级统一战线的基础上建立包括无产阶级、农民、城市小资产阶级、手工业者、知识分子、宗教界人士、和平主义者以及资产阶级中具有反法西斯思想的分子的广泛的反法西斯人民阵线。

表 2：共产国际的最高领导机构及组成人员

权力来源	产生时间	最高领导机构及组成人员
第一次代表大会	1919 年 3 月 6 日	执行委员会主席：季诺维也夫；执行委员会执行局：列宁、季诺维也夫、普拉廷、托洛茨基、拉柯夫斯基。
第二次代表大会	1920 年 8 月 7 日	执行委员会主席：季诺维也夫；执行委员会执行局：季诺维也夫、布哈林、科别茨基、迈耶尔、鲁德尼扬斯基。
第三次代表大会	1921 年 7 月 13 日	执行委员会主席：季诺维也夫；执委会执行局：季诺维也夫、布哈林、拉狄克、苏瓦林、黑克尔特、库恩、真纳里；共产国际执委会书记处：库西宁、拉科西、安贝尔－德罗；共产国际监察委员会：蔡特金、西罗拉、瓦扬－库图利尔、凯尔、克南、瓦列茨基。
共产国际执委会第一次扩大全会	1922 年 3 月 4 日	执委会主席团主席：季诺维也夫；执委会主席团委员：季诺维也夫、布哈林、拉狄克、克雷比赫、塞利尔、苏瓦林、布兰德勒、特拉契尼、卡特菲尔德，候补委员：库西宁、瓦列茨基；执委会书记处书记：库西宁、埃贝莱因、拉科西（由 3 月 17 日第一次扩大全会执委会主席团会议产生）。
共产国际执委会第二次扩大全会	1922 年 6 月 11 日	执委会主席团主席：季诺维也夫；执委会主席团委员：季诺维也夫、布哈林、拉狄克、廖达诺夫、伊列克、什麦拉里、莱西亚尼、苏瓦林、葛兰西，候补委员：库西宁、坎农。
第四次代表大会	1922 年 12 月 5 日	执委会主席团主席：季诺维也夫；执委会主席团委员：季诺维也夫、布哈林、拉狄克、麦克马努斯、科拉罗夫、诺伊腊特、库西宁、苏瓦林、蔡特金、真纳里、片山潜，候补委员：萨法罗夫、什麦拉里、勒维、霍尔恩勒；执委会书记处书记（四大后的全会上选出）：科拉罗夫、皮亚特尼茨基、施特克尔，候补书记：库西宁、拉科西；执委会组织局委员（四大后的全会上选出）：皮亚特尼茨基、萨法罗夫、舒勒尔、科拉罗夫、诺伊腊特、库西宁、霍尔恩勒、拉科西，候补委员：沃姆佩。

续表

权力来源	产生时间	最高领导机构及组成人员
共产国际执委会第三次扩大全会	1923 年 6 月 23 日	执委会主席团主席：季诺维也夫；执委会主席团委员：季诺维也夫、布哈林、拉狄克、沙茨金、麦克马努斯、科拉罗夫、诺伊腊特、库西宁、苏瓦林、蔡特金、特拉契尼、片山潜，候补委员：诺伊腊特、特拉契尼、斯特亚特；执委会书记处书记：科拉罗夫、皮亚特尼茨基、诺伊腊特，候补书记：库西宁、拉科西、布兰特；执委会组织局委员：皮亚特尼茨基、舒勒尔、麦克马努斯、科拉罗夫、库西宁、苏瓦林、特拉契尼，候补委员：斯特亚特。
共产国际执委会第四次扩大全会	1924 年 2 月 13 日	执委会主席团主席：季诺维也夫；执委会主席团委员：季诺维也夫、布哈林、斯大林、曼努伊尔斯基、麦克马努斯、科拉罗夫、什麦拉里、库西宁、赛马尔、盖沙克、台尔曼、埃尔科利、片山潜、谢夫洛、武约维奇，候补委员：加米涅夫、李可夫、勃里连特、赫森、伏龙芝、波立特、穆纳、诺伊腊特、特兰、费舍、施莱奇、蔡特金、罗易、里恩齐、汉森、福斯特、鲁滕贝尔格；执委会书记处书记：皮亚特尼茨基、库西宁、特兰、盖沙克、安贝尔－德罗，候补书记：麦克马努斯、诺伊腊特、蔡特金；执委会组织局委员：皮亚特尼茨基、彼得罗夫、麦克马努斯、库西宁、特兰、盖沙克、贝拉、米茨基埃维奇－卡普苏卡斯、博古斯基、安贝尔－德罗、邓恩。
第五次代表大会	1924 年 7 月 8 日	执委会委员：季诺维也夫、布哈林、加米涅夫、李可夫、斯大林、赫森、伏龙芝、曼努伊尔斯基、佩恩隆、菲亚拉、舒勒尔、雅克盖莫斯、麦克马努斯、波立特、科拉罗夫、陈独秀、穆纳、诺伊腊特、什麦拉里、库西宁、塞利尔、赛马尔、特兰、盖沙克、罗森贝格、施莱奇、蔡特金、怀恩科普、罗易、博尔迪加、陶里亚蒂、片山潜、塞马努、格尔泽尔扎克、克里斯泰斯库、佩索里斯、霍格伦、基尔博姆、福斯特、鲁滕贝尔格、菲莱波维奇、克茨拉罗维奇、武约维奇。 执委会候补委员：彼得罗夫、皮亚特尼茨基、托洛茨基、洛佐夫斯基、加拉赫、斯特亚特、季米特洛夫、多布罗沃尔尼、维尔奇克、扎波托斯基、多里奥、吉罗、热拉姆、费舍、马斯洛、台尔曼、库恩、拉尔金、马菲、里恩齐、斯科奇马罗、米茨基埃维奇－卡普苏卡斯、汉森、博古斯基、尼埃多克蒂、萨米尔森、邓恩、马尔柯维奇。 国际监察委员会委员：柯恩、索尔茨、阿斯特罗吉尔多、墨非、卡巴克契耶夫、克雷比赫、劳尔森、波格尔曼、加香、克尼格、真纳里、施图契卡、安加雷蒂斯、施蒂纳、普罗契尼亚克、沙菲克、白劳德。

续表

权力来源	产生时间	最高领导机构及组成人员
共产国际执委会第五次扩大全会	1925年4月6日	（未公布执委会主席团名单）执委会书记处书记：库西宁、皮亚特尼茨基、特兰、卡茨、安贝尔－德罗、诺伊腊特、科恩布卢姆；执委会组织局委员：皮亚特尼茨基、彼得罗夫、舒勒尔、麦克马努斯、库西宁、特兰、盖沙克、贝拉、米茨基埃维奇－卡普苏卡斯、博古斯基、安贝尔－德罗、邓恩。
共产国际执委会第六次扩大全会	1926年3月15日	执委会主席团主席：季诺维也夫；执委会主席团委员：季诺维也夫、布哈林、斯大林、曼努伊尔斯基、罗明纳兹、洛佐夫斯基、弗格森、科拉罗夫、苏方、什麦拉里、库西宁、赛马尔、特兰、兰麦尔、台尔曼、蔡特金、罗易、埃尔科利、片山潜、鲁滕贝尔格，候补委员：季米特洛夫、博古斯基、博达奇、博什科维奇、武约维奇；执委会书记处书记：科恩布卢姆、皮亚特尼茨基、彼得罗夫、弗格森、什麦拉里、库西宁、盖沙克、罗易、埃尔科利、安贝尔－德罗，候补书记：季米特洛夫、佩帕；执委会组织局委员：皮亚特尼茨基、彼得罗夫、曼努伊尔斯基、弗格森、季米特洛夫、什麦拉里、库西宁、特兰、盖沙克、罗易、埃尔科利、安贝尔－德罗，候补委员：科恩布卢姆、雅科布、佩帕。
共产国际执委会第七次扩大全会（此前首脑都称为“共产国际主席”）	1926年12月28日	（全会解除了季诺维也夫的共产国际主席及在执委会中的其他职务，建议废除共产国际执委会主席一职，会议结束时废除了组织局和书记处，只设立执委会政治书记处）执委会主席团委员：布哈林、斯大林、洛佐夫斯基、沙茨金、曼努伊尔斯基、加拉赫、墨菲、科拉罗夫、谭平山、哈肯、什麦拉里、库西宁、克雷麦特、赛马尔、兰麦尔、台尔曼、蔡特金、罗易、赛马努、埃尔科利、片山潜、普罗契尼亚克、西伦、邓肯、鲁滕贝尔格，候补委员：莫洛托夫、皮亚特尼茨基、科多维拉、舒勒尔、特兰、盖沙克、贝拉、马吉、博古斯基、安贝尔－德罗；执委会政治书记处书记：布哈林、皮亚特尼茨基、曼努伊尔斯基、什麦拉里、库西宁、克雷麦特、兰麦尔、罗易、埃尔科利，候补书记：莫洛托夫、洛佐夫斯基、墨菲、安贝尔－德罗。

续表

权力来源	产生时间	最高领导机构及组成人员
共产国际执委会第八次全会	1927 年 5 月 27 日	执委会主席团委员：布哈林、斯大林、洛佐夫斯基、沙茨金、曼努伊尔斯基、加拉赫、墨菲、科拉罗夫、谭平山、哈肯、什麦拉里、库西宁、贝尔纳、赛马尔、兰麦尔、台尔曼、蔡特金、罗易、赛马努、马吉、片山潜、普罗契尼亚克、西伦、邓肯，候补委员：莫洛托夫、皮亚特尼茨基、科多维拉、舒勒尔、特兰、盖沙克、贝拉、埃尔科利、博古斯基、安贝尔－德罗；执委会政治书记处书记：布哈林、皮亚特尼茨基、曼努伊尔斯基、什麦拉里、库西宁、巴尔贝、加拉赫、安贝尔－德罗。
共产国际执委会第九次全会	1928 年 2 月 25 日	执委会主席团委员：布哈林、斯大林、洛佐夫斯基、沙茨金、曼努伊尔斯基、加拉赫、墨菲、科拉罗夫、向忠发、伊列克、什麦拉里、库西宁、巴尔贝、赛马尔、兰麦尔、台尔曼、蔡特金、罗易、赛马努、马吉、埃尔科利、片山潜、普罗契尼亚克、基尔博姆、安贝尔－德罗、恩格达尔，候补委员：莫洛托夫、皮亚特尼茨基、舒勒尔、阿诺特、贝内特、盖沙克、贝拉、温琴齐、普尔曼。
第六次代表大会	1928 年 9 月 5 日	执委会主席团委员：布哈林、斯大林、契达罗夫、洛佐夫斯基、曼努伊尔斯基、莫洛托夫、皮亚特尼茨基、贝尔、科拉罗夫、屈维它、伊列克、什麦拉里、库西宁、巴尔贝、赛马尔、兰麦尔、台尔曼、蔡特金、贝拉、穆索、埃尔科利、塞拉、加登、片山潜、普罗契尼亚克、罗索、基尔博姆、安贝尔－德罗、吉特洛，候补委员：波立特、拉斯特、张彪、黑克尔特、汉森、伦斯基、帕曼、福斯特、米尔科维奇；执委会政治书记处书记：布哈林、莫洛托夫、皮亚特尼茨基、贝尔、屈维它、什麦拉里、库西宁、巴尔贝、兰麦尔、塞拉、安贝尔－德罗，候补书记：曼努伊尔斯基、契达罗夫、洛佐夫斯基。

续表

权力来源	产生时间	最高领导机构及组成人员
共产国际执委会第十次全会	1929 年 7 月 9 日	执委会主席团委员：古赛夫、曼努伊尔斯基、莫洛托夫、皮亚特尼茨基、斯大林、契达罗夫、洛佐夫斯基、莱多贝尔、科拉罗夫、屈维它、哥特瓦尔德、什麦拉里、库西宁、巴尔贝、赛马尔、兰麦尔、台尔曼、蔡特金、贝拉、穆索、埃尔科利、加兰迪、加登、片山潜、伦斯基、普罗契尼亚克、罗索、基尔博姆、伦道夫，候补委员：波立特、拉斯特、张彪、雷曼、黑克尔特、汉森、帕曼、福斯特、米尔科维奇；执委会政治书记处书记：莫洛托夫、皮亚特尼茨基、贝尔、屈维它、什麦拉里、库西宁、巴尔贝、兰麦尔，候补书记：曼努伊尔斯基、契达罗夫、洛佐夫斯基。
共产国际执委会第十一次全会	1931 年 4 月 13 日	执委会主席团委员：曼努伊尔斯基、皮亚特尼茨基、斯大林、塞莫达诺夫、洛佐夫斯基、阿诺特、波立特、科拉罗夫、黄平、苏（假名）、哥特瓦尔德、古特曼、什麦拉里、库西宁、巴尔贝、加香、多列士、皮克、兰麦尔、台尔曼、蔡特金、贝拉、埃尔科利、加兰迪、片山潜、伦斯基、普罗契尼亚克、西伦、福斯特、伦道夫，候补委员：古赛夫、克诺林、科普莱尼格、塞洛尔、弗罗林、弥勒、纽曼、富里尼、富鲁博特恩、布拉特科夫斯基、白劳德、博什科维奇；执委会政治书记处书记：克诺林、曼努伊尔斯基、皮亚特尼茨基、波立特、传平、古特曼、库西宁、多列士、皮克、台尔曼、埃尔科利、伦斯基、伦道夫，候补书记：塞莫达诺夫、洛佐夫斯基、阿诺特、塞洛尔、富里尼、布拉特科夫斯基。
共产国际执委会第十二次全会	1932 年 9 月 15 日	执委会主席团委员：曼努伊尔斯基、皮亚特尼茨基、斯大林、塞莫达诺夫、洛佐夫斯基、阿诺特、波立特、科拉罗夫、苏（假名）、王明、哥特瓦尔德、古特曼、库西宁、加香、多列士、皮克、兰麦尔、台尔曼、蔡特金、贝拉、埃尔科利、加兰迪、片山潜、伦斯基、普罗契尼亚克、西伦、福斯特，候补委员：古赛夫、克诺林、科普莱尼格、谢尔兹、克勒尔、弗罗林、加洛、富鲁博特恩、布拉特科夫斯基、白劳德；执委会政治书记处书记：克诺林、曼努伊尔斯基、皮亚特尼茨基、波立特、王明、古特曼、库西宁、多列士、皮克、台尔曼、埃尔科利、伦斯基，候补书记：塞莫达诺夫、洛佐夫斯基、阿诺特、布拉特科夫斯基。

续表

权力来源	产生时间	最高领导机构及组成人员
共产国际执委会第十三次全会	1933 年 12 月 12 日	执委会主席团委员：曼努伊尔斯基、皮亚特尼茨基、斯大林、塞莫达诺夫、洛佐夫斯基、加拉赫、波立特、科拉罗夫、康生、王明、哥特瓦尔德、克勒尔、库西宁、加香、多列士、弗罗林、皮克、台尔曼、贝拉、埃尔科利、加兰迪、冈野进、伦斯基、普罗契尼亚克、西伦、福斯特，候补委员：克诺林、科普莱尼格、麦克基尔霍恩、汉肯、黑克尔特、郎科利、富鲁博特恩、布拉特科夫斯基、白劳德；执委会政治书记处书记：克诺林、曼努伊尔斯基、皮亚特尼茨基、波立特、王明、库西宁、多列士、皮克、台尔曼、埃尔科利、伦斯基，候补书记：塞莫达诺夫、洛佐夫斯基、布拉特科夫斯基。
第七次代表大会（首脑开始称为“共产国际总书记”）	1935 年 8 月 20 日	代表大会选举产生以季米特洛夫为总书记的 46 位执委会委员、33 位候补委员、以安沃尔特为主席的 19 位监察委员会委员；会后的全会（8 月 21 日）选出的执委会主席团委员：季米特洛夫（总书记）、曼努伊尔斯基、莫斯柯温、斯大林、科普莱尼格、波立特、科拉罗夫、王明、哥特瓦尔德、库西宁、加香、马尔蒂、多列士、弗罗林、皮克、埃尔科利、冈野进、伦斯基、福斯特，候补委员：洛佐夫斯基、加拉赫、康生、克勒尔、米哈尔、托奥米宁、雷蒙、黑克尔特、加兰迪、布拉特科夫斯基、林德罗特、白劳德；执委会书记处书记：季米特洛夫（总书记）、曼努伊尔斯基、哥特瓦尔德、库西宁、马尔蒂、皮克、埃尔科利，候补书记：莫斯柯温、王明、弗罗林。

注：1921 年 8 月，共产国际执委会执行局改为执委会主席团。1926 年 12 月，共产国际废除了共产国际主席、执委会主席、执委会主席团主席、执委会书记处、执委会组织局，只设立执委会政治书记处。1935 年 8 月，共产国际增设总书记职务，执委会政治书记处改称执委会书记处。共产国际执行委员会共召开过十三次全体会议，其中前七次为执委会扩大全会，后六次为执委会全会。

表 3：季米特洛夫在共产国际中曾担任过的职务

担任职务	当选会议	开始任职时间	基本职权
共产国际执委会候补委员	第五次代表大会	1924 年 6 月	

续表

担任职务	当选会议	开始任职时间	基本职权
共产国际执委会主席团候补委员、执委会书记处候补书记、执委会组织局委员	共产国际执委会第六次扩大全体会议	1926 年 2 月	
共产国际波兰－波罗的海地区书记处书记（负责）、巴尔干地区书记处书记	共产国际执委会政治书记处任命	1926 年 3 月	负责波兰、芬兰、拉脱维亚、立陶宛、爱沙尼亚共产党的工作；参加巴尔干地区书记处日常工作。
共产国际执委会候补委员	第六次代表大会	1928 年 8 月	
共产国际执委会西欧局书记（负责）	共产国际执委会政治书记处任命	1929 年 4 月	负责共产国际西欧地区 25 个共产党支部及共产国际影响下的国际群众组织的工作。
共产国际执委会委员、共产国际总书记	第七次代表大会	1935 年 8 月	主持和领导共产国际日常全面工作。
执委会主席团委员、总书记	七大后的全体会议	1935 年 8 月	负责执委会主席团工作。
执委会书记处书记、总书记	七大执委会主席团会议	1935 年 8 月	负责执委会书记处工作。

表 4：季米特洛夫参加过的共产国际相关会议

会议名称	时间	地点	与会议的关系
共产国际第三次代表大会	1921 年 6 月 22 日至 7 月 12 日	莫斯科	出席会议。

续表

会议名称	时间	地点	与会议的关系
共产国际执委会关于保加利亚六月事件和九月事件研讨会	1924 年 1 月	莫斯科	参与研讨保加利亚六月事件和九月事件问题。
共产国际第五次代表大会	1924 年 6 月 17 日至 7 月 8 日	莫斯科	作为保共和巴尔干共产主义联盟代表参加了大会的政治委员会、组织委员会、工会委员会、殖民地委员会、波兰委员会、英国委员会和奥地利委员会，并当选共产国际执委会候补委员。
共产国际执委会第五次扩大全会	1925 年 3 月 21 日至 4 月 6 日	莫斯科	出席会议。
共产国际执委会第六次扩大全会	1926 年 2 月 17 日至 3 月 15 日	莫斯科	当选共产国际执委会主席团候补委员、执委会书记处候补书记、组织局委员。
共产国际第六次代表大会	1928 年 7 月 17 日至 9 月 1 日	莫斯科	在会上作关于战争危险问题的报告（8 月 6 日）；当选共产国际执委会候补委员。
共产国际第七次代表大会	1935 年 7 月 25 日至 8 月 20 日	莫斯科	向大会作《法西斯的进攻与共产国际为工人阶级的反法西斯统一而斗争的任务》的报告（8 月 2 日）；当选共产国际总书记、执委会主席团委员、书记处书记。

参考文献

中文文献

图书史料类：

1. 《马克思恩格斯选集》第1—4卷，人民出版社1995年版。

2. 《马克思恩格斯文集》第1、2、3、4、10卷，人民出版社2009年版。

3. 《列宁选集》第1—4卷，人民出版社1995年版。

4. 《列宁全集》第2卷，人民出版社1984年版。

5. 《列宁全集》第35卷，人民出版社1984年版。

6. 《列宁专题文集（论无产阶级政党）》，人民出版社2009年版。

7. 《斯大林选集》上、下卷，人民出版社1979年版。

8. 《毛泽东选集》第2卷，人民出版社1991年版。

9. 《周恩来选集》上卷，人民出版社1980年版。

10. 《邓小平文选》第2卷，人民出版社1994年版。

11. 《季米特洛夫文集》，解放社1950年版。

12.《季米特洛夫选集》，人民出版社 1953 年版。

13.《季米特洛夫日记选编》，马细谱、杨燕杰、葛志强等译，广西师范大学出版社 2002 年版。

14. ［保］季米特洛夫：《狱中书信集》，继枚译，人民出版社 1954 年版。

15.《控诉法西斯——季米特洛夫在莱比锡审讯中的两个发言》，种冲校译，生活·读书·新知三联书店 1958 年版。

16. ［保］季米特洛夫：《论文学、艺术和文化》，人民文学出版社 1982 年版。

17.《国际共产主义运动历史文献（57 卷）——共产国际第七次代表大会文献（1）》，中央编译出版社，2013 年版。

18.《国际共产主义运动历史文献（55 卷）——共产国际执行委员会第十三次全会文献（1）》，中央编译出版社，2015 年版。

19.《国际共产主义运动历史文献（55 卷）——共产国际执行委员会第十三次全会文献（2）》，中央编译出版社，2015 年版。

20. 中央编译局编：《国际共运史研究资料》第 17 辑，人民出版社 1986 年版。

21. 安徽大学苏联问题研究所、四川省中共党史研究会编译：《苏联〈真理报〉有关中国革命的文献资料选编》第二辑（1927—1937），四川省社科院出版社 1986 年版。

22. ［匈］贝拉·库恩编：《共产国际文件汇编》第 1—3 册，三联书店 1964 年版。

23. 中国人民大学科学社会主义系编：《国际共产主义运动史文献史料选编》第 3、4 卷，中国人民大学出版社 1985 年版。

24. 中国人民大学科学社会主义系编:《国际共产主义运动史文献史料选编》第5卷,中国人民大学出版社1986年版。

25. 本书编委会编:《共产国际第六次代表大会文件》,中国人民大学出版社1991年版。

26. 韩佳辰主编:《国际共产主义运动史大事记》第一卷,知识出版社1986年版。

27. 黄安淼主编:《国际共产主义运动史大事记》第二卷,知识出版社1987年版。

28. 郝成铭、朱永光主编:《中国工农红军西路军文献卷》上册,甘肃人民出版社2004年版。

29. 刘彦章、项国兰、高晓惠编著:《斯大林年谱》,人民出版社2003年版。

30. 沈志华主编:《苏联历史档案选编》第14、15、19、20、24卷,社会科学文献出版社2002年版。

31. 苏联外交部编:《1940—1945年苏联伟大卫国战争期间苏联部长会议主席同美国总统和英国首相通信集》(第二卷:斯32. 大林同罗斯福和杜鲁门的通信),宗伊译,世界知识出版社1961年版。

32. [南] 铁托:《铁托选集》(1926—1951),人民出版社1984年版。

33. [意] 陶里亚蒂:《陶里亚蒂言论集》,世界知识出版社1963年版。

34. [意] 陶里亚蒂:《陶里亚蒂选集》,世界知识出版社1966年版。

35. 《王稼祥选集》,人民出版社1989年版。

36. 徐则浩编著:《王稼祥年谱（1906—1974)》，中央文献出版社2001年版。

37. 杨云若编著：《共产国际和中国革命关系纪事（1919—1943)》，中国社会科学出版社1983年版。

38. ［英］珍妮·德格拉斯选编:《共产国际文件》第一、二卷，世界知识出版社1964年版。

39. ［英］珍妮·德格拉斯选编：《共产国际文件（1929—1943)》，东方出版社1986年版。

40. ［英］珍妮·德格拉斯:《共产国际的统一战线策略（1921—1928)》，载《国际共运史研究资料》第17辑，人民出版社1986年版。

41. 中央编译局国际共运史研究所编:《共产国际大事记（1914—1943)》，哈黑龙江人民出版社1989年版。

42. 中央党史研究室第一研究部编译:《共产国际、联共（布）与中国革命档案资料丛书》第13、15、17卷，中共党史出版社2007年版。

43. 中共中央党史研究室第一研究部编译：《共产国际、联共（布）与中国革命档案资料丛书》第18、19卷，中共党史出版社2012年版。

44. 中国人民大学世界通史教研室编:《世界通史参考资料现代史部分之三：西班牙民族革命战争（1936—1939年)》，1959年编印。

45. 中央档案馆：《中共中央文件选集》第10卷，中共中央党校出版社1991年版。

46. 中共中央文献研究室编:《任弼时年谱（1904—1950)》，中央文献出版社 2004 年版。

47. 周文祺、褚良如编著：《特殊而复杂的课题——共产国际、苏联和中国共产党关系编年史（1919—1991）》，湖北人民出版社 1993 年版。

专著类：

1. ［南］爱德华·卡德尔：《卡德尔回忆录》，新华出版社 1981 年版。

2. ［英］爱德华·卡尔：《历史是什么？》，陈恒译，商务印书馆 2007 年版。

3. ［英］本·福凯斯：《东欧共产主义的兴衰》，张金鉴译，中央编译出版社 1998 年版。

4. ［保］彼得·伊格纳托夫：《我的怀念——在警卫季米特洛夫的日子里》，卫兴龙译，世界知识出版社 1988 年版。

5. ［苏］彼得·弗拉基米洛夫：《延安日记》，吕文镜等译，东方出版社 2004 年版。

6. 北京编译社等译：《法国共产党史》第一卷，世界知识出版社 1965 年版。

7. 程玉海、林建华：《共产国际与当代西方社会民主党若干问题研究》，中国工人出版社 2000 年版。

8. ［苏］费·丘耶夫：《同莫洛托夫的一百四十次谈话》，王南枝等译，新华出版社 1992 年版。

9. ［西班牙］费南德·克劳丁：《共产主义运动——从共产国际到共产党情报局》第 1 卷，方光明、秦永立等译，福建人民出版社 1982 年版。

10. ［西班牙］费南德·克劳丁：《共产主义运动——从共产国际到共产党情报局》第2卷，方光明、商亚南等译，福建人民出版社1988年版。

11. ［西班牙］费尔南多·克劳丁：《共产国际·斯大林与中国革命》，廖东、王宁编译，求实出版社1982年版。

12. ［苏］费·维·亚历山大罗夫：《列宁和共产国际——国际共产主义运动理论和策略制定史》，郑异凡、杨光远、郑桥译，求实出版社1984年版。

13. 高放：《高放自选集》，中国人民大学出版社2007年版。

14. 高放：《马克思主义与社会主义新论》，黑龙江教育出版社2007年版。

15. 高放：《国际共产主义运动别史》，中国书籍出版社2002年版。

16. 高放、黄达强主编：《社会主义思想史》上、下，中国人民大学出版社1987年版。

17. ［美］海斯、穆恩、韦兰：《世界史》下册，中央民族学院研究室译，生活·读书·新知三联书店1975年版。

18. ［美］亨利·基辛格：《大外交》，顾淑馨、林添贵译，海南出版社1998年版。

19. ［美］H·斯图尔特·休斯：《欧洲现代史（1914—1981）》，陈少衡译，商务印书馆1984年版。

20. ［法］亨利·米歇尔著：《第二次世界大战》，商务印书馆1980年版。

21. 黄宗良、孔寒冰主编：《世界社会主义史论》，北京大学出版社 2004 年版。

22. 黄宗良、林勋健主编：《共产党和社会党百年关系史》，北京大学出版社 2002 年版。

23. 黄宗良等主编：《世界社会主义的历史和理论》，中央编译出版社 1995 年版。

24. ［苏］吉尔吉诺夫：《布拉戈耶夫 季米特洛夫》（苏联大百科全书选译），王丹影译，人民出版社 1955 年版。

25. 姜琦、张月明：《东欧三十五年》，华东师范大学出版社 1986 年版。

26. 姜长斌：《斯大林政治评传》，中共中央党校出版社 1997 年版。

27. ［保］卡门·卡尔切夫：《季米特洛夫一家》，余志和、樊石译，新华出版社 1987 年版，

28. ［俄］康斯坦丁·普列沙科夫：《斯大林的失误——苏德战争前十天的悲剧》，王立平、王世华译，宁夏人民出版社 2008 年版。

29. ［俄］罗伊·梅德韦杰夫：《斯大林周围的人》，高增训、赵亚玲等译，东方出版社 2009 年版。

30. ［苏］莱布索恩、希里尼亚：《共产国际政策的转变》，齐春子等译，求实出版社 1983 年版。

31. ［苏］罗·亚·麦德维杰夫：《让历史来审判——斯大林主义的起源及其后果》（下册），赵洵、林英译，人民出版社 1981 年 7 月版。

32. 联共（布）中央特设委员会编：《联共（布）党史简明教程》，人民出版社 1975 年版。

33. 陆南泉等主编:《苏联真相——对101个重要问题的思考》上册，新华出版社2010年版。

34. 李景治主编:《国际共运史百年》，北京出版社1999年版。

35. ［美］梅里亚姆-韦伯斯特公司编:《韦氏词典（The Merriam-Webster Dictionary)》，世界图书出版公司1996年版。

36. ［南］米洛凡·杰拉斯:《同斯大林的谈话》，赵洵、林英译，世界知识出版社1989年版。

37. ［保］内·甘乔夫斯基:《秘书日记——我所见到的季米特洛夫》上册，刘须钦、尤艳琴译，天津人民出版社1984年版。

38. ［保］内·甘乔夫斯基:《秘书日记——我所见到的季米特洛夫》下册，李正乐、简隆德、傅素妍译，天津人民出版社1986年版。

39. ［法］皮埃尔·米盖尔:《法国史》，蔡鸿滨等译，商务印书馆1985年版。

40. ［意］乔治·阿门多拉:《意大利共产党历史（1921—1943年)》，黄文捷等译，人民出版社1992年版。

41. 日本共产党中央委员会编:《日本共产党的六十年》上册，段元培等译，人民出版社1986年版。

42. ［法］让·德科拉:《西班牙史》，商务印书馆2003年版。

43. ［保］斯捷拉·布拉戈也娃:《季米特洛夫传》，泽湘译，世界知识出版社1958年版。

44. 索非亚报纸管理部:《季米特洛夫——伟大的共产主义者》，蒋齐生译，三联书店1950年版。

45. ［苏］索波列夫等:《共产国际史纲》，吴道弘等译，人民出版社1985年版。

46. ［苏］波诺马辽夫主编：《苏联共产党历史》，人民出版社1960年版。

47. ［美］斯塔夫里阿诺斯：《全球通史：从史前史到21世纪（第7版）》，董书慧等译，北京大学出版社2005年版。

48. ［美］史蒂芬·贝莱尔：《奥地利史》，黄艳红译，中国大百科全书出版社2009年版。

49. ［英］斯蒂芬·克利索德：《南苏关系（1939—1973年）——文件与评注》，人民出版社1980年版。

50. 苏联科学院编：《世界通史》（第9卷）上册，北京编译社译，生活·读书·新知三联书店1959年版。

51. 师哲口述，师秋朗整理：《毛泽东的翻译师哲眼中的高层人物》，人民出版社2005年版。

52. 沈志华主编：《一个大国的崛起与崩溃——苏联历史专题研究（1917—1991）》，社会科学文献出版社2009年版。

53. 孙耀文：《共产党情报局——一个特殊的国际机构》，社会科学文献出版社2000年版。

54. 申长友：《毛泽东与共产国际》，党建读物出版社1994年版。

55. 史义人编：《国际共运史疑难问题研究》，甘肃人民出版社1984年版。

56. ［保］托多尔·日夫科夫：《日夫科夫回忆录》，吴锡俊等译，新华出版社1999年版。

57. ［美］特里萨·拉科夫斯卡－哈姆斯通、安德鲁·捷尔吉主编：《东欧共产主义》，林穗芳译，黑龙江人民出版社1984年版。

58. ［美］威廉·福斯特：《世界工会运动史纲》，生活·读书·

新知三联书店 1961 年版。

59. ［美］威廉·福斯特：《美国共产党史》，梅豪士译，世界知识出版社 1957 年版。

60. ［美］威廉·福斯特：《三个国际的历史》，李潞等译，人民出版社 1958 年版。

61. ［俄］瓦列金·别列什科夫：《斯大林私人翻译回忆录》，薛福岐译，海南出版社 2004 年版。

62. ［保］维·哈吉尼科洛夫等：《季米特洛夫传》，余志和、马细谱译，人民出版社 1982 年版。

63. 王礼训等编著：《共产国际历史新编》，山东人民出版社 1988 年版。

64. 吴友法：《德国现当代史》，武汉大学出版社 2007 年版。

65. 向青：《共产国际和中国革命关系史稿》，北京大学出版社 1988 年版。

66. 徐觉哉：《社会主义流派史》，上海人民出版社 1999 年版。

67. 邢广程：《苏联高层决策七十年》第 2 册，世界知识出版社 1998 年版。

68. ［英］约翰·麦克里兰著，彭淮栋译：《西方政治思想史》，海南出版社 2003 年版。

69. ［奥地利］尤利乌斯·布劳恩塔尔：《国际史》第二卷，杨寿国等译，上海译文出版社 1986 年版。

70. 杨云若、杨奎松：《共产国际和中国革命》，上海人民出版社 1988 年版。

71. 杨奎松：《毛泽东与莫斯科的恩恩怨怨》，江西人民出版社

2005 年版。

72. 杨奎松：《中间地带的革命——中国革命的策略在国际背景下的演变》，中共中央党校出版社 1992 年版。

73. 余志和：《法庭惊雷——国会纵火案纪实》，新华出版社 1987 年版。

74. 张光明：《社会主义由西方到东方的演进——从马克思到邓小平的社会主义思想史考察》，云南人民出版社 2004 年版。

75. 张光明：《布尔什维主义与社会民主主义的历史分野》，中央编译出版社 1999 年版。

76. 左凤荣：《致命的错误——苏联对外战略的演变与影响》，世界知识出版社 2001 年版。

77. 周国全、郭德宏：《王明传》，安徽人民出版社 1998 年版。

78. 张国焘：《我的回忆》，现代史料编刊社 1980 年版。

79. 中国人民大学科社系国际共运教研室编：《国际共产主义运动史——从十月社会主义革命胜利到社会主义阵营形成》，中国人民大学出版社 1983 年版。

80. 中国大百科全书出版社编辑部编：《科学社会主义百科全书》，知识出版社 1993 年版。

81. 中共中央对外联络部有关编委会编：《各国共产党总览》，当代世界出版社 2000 年版。

期刊类文章：

1.《季米特洛夫在共产国际执委会书记处讨论中国问题会议上的发言》(1936 年 7 月 23 日)，载《中共党史研究》，1988 年第 2 期。

2.《共产国际执委会书记处致中共中央书记处电》（1936 年 8 月

15日)，载《中共党史研究》，1988年第2期。

3.《季米特洛夫在共产国际执委会书记处会议上讨论西班牙问题时的发言》(1936年9月18日)，载《国际共运史研究》，1987年第1期。

4.《共产国际执委会书记处致中共中央电》(1937年1月19日)，载《中共党史研究》，1988年第3期。

5.《季米特洛夫致社会主义工人国际执委会主席德·布鲁凯尔的电报》(1937年6月3日)，载《国际共运史研究》，1987年第1期。

6.《季米特洛夫在共产国际执委会书记处讨论中国问题会议上的发言》(1937年8月10日)，载《中共党史研究》，1988年第3期。

7.《季米特洛夫致毛泽东电》(1941年1月4日)，载《中共党史研究》，1988年第3期。

8. [苏] 阿·拉特舍夫:《共产国际的悲剧》，肖雨潞译，载《国际共运史研究》，1989年第3期。

9. [俄] B. B. 斯米尔诺夫:《第二次世界大战和1939—1941年的共产国际》，胡德君、田玄译，载《军事历史研究》，1997年第3期。

10. 陈幼芳:《共产国际的解散与反法西斯国际同盟的巩固》，《贵州教育学院学报》(社会科学版)，1995年第3期。

11. 陈特安:《纳粹制造的"国会纵火案"真相》，载《国际展望》，1984年第2—3期。

12. [苏] 弗·菲尔索夫编:《无畏对抗无法——共产国际档案中有关营救遭受斯大林镇压的共产党人和国际主义者的文件》，刘庸安译，载《国际共运史研究》，1989年第3期。

13. ［苏］菲尔索夫：《斯大林与共产国际》，载《国际共运史研究》，1990 年第 4 期。

14. ［荷］维勒姆·卡汉：《共产国际最高领导机构的组成人员》，载《国际共运史研究资料》第 13 辑，人民出版社 1985 年版。

15. 张海滨：《关于共产国际对社会民主党的态度和政策》，载《国际共运史研究资料》第 12 辑，人民出版社 1984 年版。

16. 许宝友：《共产国际统一战线政策的制定、实施与发展》，载《国际共运史研究资料》第 17 辑，人民出版社 1986 年版。

17. 范炳良、朱有华：《共产国际 1939—1941 年间的战略转折探析》，载《吴中学刊》（社会科学版），1995 年第 3 期。

18. 房广顺：《列宁与共产国际反法西斯统一战线策略》，载《东欧中亚研究》，1999 年第 5 期。

19. ［苏］格·叶·季诺维也夫：《共产国际发展中的主要阶段》，载《国际共运史研究资料》第 17 辑，人民出版社 1986 年版。

20. ［德］海·屈恩里希：《关于威廉·皮克致曼努伊尔斯基的一封信》，唐春华译，载《国际共运史研究》，1989 年第 3 期。

21. 华谱编译：《〈季米特洛夫日记〉中有关中国革命重大事件的记述》，载《中共党史研究》，2001 年第 5 期。

22. 侯成德：《苏德互不侵犯条约签订后共产国际路线的变化》，载《世界历史》，1986 年第 12 期。

23. ［美］杰夫·弗里登：《共产国际策略转变的内部政治动力》，载《国际共运史研究》，1988 年第 3 期。

24. 姜长斌：《“弥赛亚使命”与“苏联中心主义”论》，载《科学社会主义》，2006 年第 3 期。

25. 《季米特洛夫语录》，载《人民日报》，1959 年 7 月 2 日。

26. 金贡南译：《关于季米特洛夫的五份资料》，载《河南师范大学学报》（社会科学版），1983 年第 4 期。

27. 李忠杰：《共产国际与西班牙民族革命战争》，载《中南民族学院学报》，1985 年第 1 期。

28. 李忠杰：《略论 1941—1943 年间的共产国际》，载《淮北煤炭师范学院学报》（社会科学版），1987 年第 4 期。

29. 李忠杰：《论共产国际的解散》，载《国际共运史研究》，1987 年第 2 期。

30. 李东朗：《斯大林与共产国际的解散》，载《百年潮》，2003 年第 7 期。

31. 李烨译：《共产国际第七次世界代表大会（《共产国际》杂志社论）（摘录）》，载《国际共运史研究》，1986 年第 3 期。

32. 李兴耕：《关于宣布解散后的共产国际的新资料》，载《国外理论动态》，1998 年第 3 期。

33. 刘明钢：《关注延安整风运动的共产国际总书记》，载《党史文苑》，2002 年第 1 期。

34. 刘明钢：《季米特洛夫与王明》，载《福建党史月刊》，2002 年第 5 期。

35. 刘明钢：《我们是心心相通的》，载《党史纵横》，2005 年第 5 期。

36. 林晓光：《苏共中央国际部与苏联对外政策》，载《俄罗斯研究》，2000 年第 3 期。

37. 李桂岑：《联共（布）在共产国际中特权的由来和发展》，载

《理论导刊》，1986 年第 6 期。

38. 毛泽东：《第二次帝国主义战争讲演提纲》，载《新中华报》，1939 年 9 月 19 日。

39. 马贵凡：《俄罗斯学者对共产国际与中国革命关系研究的新进展》，载《中共党史研究》，2003 年第 5 期。

40. 马细谱：《困境中的季米特洛夫》，载《世界史研究动态》，1990 年第 7 期。

41. 马细谱：《季米特洛夫关于人民民主思想的演变》，载《世界历史》，1997 年第 4 期。

40. 马贵凡：《试论共产国际领导体制的演变》，载《国际共运史研究》，1993 年第 4 期。

42. 苏共中央马列研究院和苏共中央国际部编：《共产国际和苏德互不侵犯条约》，董友忱摘译，载《国际共运史研究》，1990 年第 3 期。

43. 苏文锐译：《关于共产国际第三次会议期间列宁与季米特洛夫等人会见的日期考证》，载《青海师范大学学报》（哲学社会科学版），1982 年第 1 期。

44. 帅永章编译：《苏联学者谈共产国际的若干历史问题》，载《理论前沿》，1989 年第 75 期。

45. 孙楚勋：《抗战初期的武汉工人运动》，载《武汉党史通讯》，1985 年第 5 期。

46. 沈志华：《斯大林与 1943 年共产国际的解散》，载《探索与争鸣》，2008 年第 2 期。

47. 孙耀文：《论共产党情报局的成立》，载《世界历史》，1997

年第3期。

48. 孙泽学：《论抗日战争时期共产国际、联共（布）对中共的认识》，载《中共党史研究》，2009年第9期。

49. 谭虎娃、陈少康：《共产国际后期对马克思主义中国化的积极作用》，载《理论导刊》，2009年第6期。

50. 卫兴龙：《莱比锡审判的胜利者》，载《世界知识》，1983年第24期。

51. 武克全：《季米特洛夫在国际共产主义运动中的实践和理论》，载《上海师范大学学报》（哲学社会科学版），1982年第2期。

52. 武克全：《季米特洛夫对国际反法西斯斗争的贡献》，载《历史教学问题》，1983年第5期。

53. 王稼祥：《回忆毛泽东同志与王明机会主义路线的斗争》，载《人民日报》，1979年12月27日。

54. 王明：《答反帝统一战线底反对者》，载《救国报》，1935年11月7日。

55. 王进、王学敏：《共产国际关于中国革命问题的几篇新文献资料》，载《教学与研究》，1987年第6期。

56. 王新生：《林彪与共产国际》，载《百年潮》，2010年第4期。

57. 王延科：《共产国际的“苏联利益中心”与中国革命利益的矛盾》，载《中共党史研究》，1989年第2期。

58. 王静：《毛泽东与苏联和共产国际在“保卫苏联”问题上的分歧》，载《历史教学》，1995年第1期。

59. 徐元宫：《共产国际支持毛泽东为中共领袖原因探析》，载《马克思主义与现实》，2010年第3期。

60. 徐玉凤：《共产国际与中共应对皖南事变军事方针的调整》，载《军事历史》，2010 年第 2 期。

61. 肖莉：《第三国际与中国共产党的抗日民族统一战线政策》，载《中央社会主义学院学报》，1996 年第 5 期。

62. 向青：《1937 年 8 月共产国际书记处会议对王明右倾错误形成的影响》，载《近代史研究》，1989 年第 4 期。

63. 肖三：《一次难忘的会见》，载《人民日报》，1959 年 7 月 2 日。

64. ［美］约翰·加维尔：《共产国际和中国共产党——第二次统一战线的起源》，袁南生、张士义、蒋光明译，载《国际政治研究》，1989 年第 3 期。

65. 于洪君：《季米特洛夫与保加利亚祖国阵线》，载《俄罗斯中亚东欧研究》，1986 年第 4 期。

66. 于洪君：《共产国际后期策略转变原因试析》，载《长白学刊》，1986 年第 5 期。

67. 于洪君：《共产国际后期历史中的几个不同发展阶段》，载《聊城大学学报》（社会科学版），1989 年第 1 期。

68. 余幼宁：《季米特洛夫政治思想国际讨论会》，载《国外社会科学》，1982 年第 12 期。

69. 杨彦君：《共产国际关于西班牙战争的若干重要文件》，载《国际共运史研究》，1987 年第 1 期。

70. 叶明珍：《保加利亚人民的卓越领袖格奥尔基·季米特洛夫》，载《俄罗斯中亚东欧研究》，1982 年第 3 期。

71. 尤宁戈：《季米特洛夫在共产国际政策转变中的作用》，载

《国际政治研究》，1986 年第 3 期。

72. 杨奎松：《抗战期间共产国际与中共关系文献资料述评》，载《社会科学》，2006 年第 2 期。

73. 杨奎松：《共产国际为中共提供财政援助情况之考察》，载《社会科学论坛》，2004 年第 4 期。

74. 杨奎松：《苏联大规模援助中国红军的一次重要尝试》，载《近代史研究》，1995 年第 1 期。

75. 杨奎松：《关于共产国际与中共的关系史研究的进展问题》，载《福建论坛·人文社会科学版》，2002 年第 3 期。

76. 郑德荣、邢华：《共产国际在两次国共合作中的作用评析》，载《东北师范大学学报》（哲学社会科学社版），1997 年第 1 期。

77. 张海滨：《格奥尔基·季米特洛夫》，载《国际共运史研究》，1982 年第 3 期。

78. 郑异凡：《斯大林时期镇压规模考》，载《世界历史》，2003 年第 4 期。

79. 张士义：《季米特洛夫向社会主义过渡思想的研究》，载《当代世界社会主义问题》，1998 年第 1 期。

80. 翟作君：《共产国际与中国共产党的六届六中全会》，载《党史研究与教学》，1988 年第 5 期。

外文文献

专著：

1. Georgi dimitrov, *Selected Works* (1910 - 1949), Sofia: foreign lan-

guages press, 1960.

2. George Dimitrov (translated by Mircho Stankov), *The Leipzig Fire Trial: speeches, letters, documents* (1933 - 1934), Sofia: Foreign Languages Press, 1964.

3. Georgi Dimitrov (translated by Boris Palankov and Zora Takova), *On the Unity of the Workers and Communist Movement in the Struggle for Peace, Democracy and Socialism*, Sofia: Foreign Languages Press, 1964.

4. George Dimitrov, *Against Fascism and War*, New York: International Publishers, 1986.

5. Kermit E. McKenzie, *Comintern and World Revolution* (1928 - 1943): *the shaping of doctrine*, New York: Columbia University Press, 1964.

6. Edward Hallett Carr, *The Twilight of the Comintern* (1930 - 1935), London: Macmillan, 1982.

7. Edward Hallett Carr, *The Comintern and the Spanish Civil War*, London: Macmillan, 1984.

8. Cyril Lionel Robert James, *World Revolution* (1917 - 1936): *the rise and fall of the Communist International*, Conn.: Hyperion Press, 1973.

9. Kenneth Neill Cameron, *Stalin: man of contradiction*, Toronto: NC Press, 1987.

10. Peter H. Solomon, *Soviet Criminal Justice under Stalin*, New York: Cambridge University Press, 1996.

报刊文章:

1. Prakash Karat, "Notes on the Revolutionary Life and Activities of

Georgi Dimitrov", *Social Scientist*, Vol. 10, No. 7 (Jul., 1982).

2. Marin Pundeff, "Dimitrov at Leipzig: Was There a Deal?", *Slavic Review*, Vol. 45, No. 3 (Autumn, 1986).

3. Jonathan Haslam, "The Comintern and the Origins of the Popular Front 1934 - 1935", *The Historical Journal*, Vol. 22, No. 3 (Sep., 1979).

4. David Rose, "The Movement against War and Fascism (1933 - 1939)", *Labour History*, No. 38 (May, 1980).

5. Kevin McDermott, "Stalinist Terror in the Comintern: New Perspectives", *Journal of Contemporary History*, Vol. 30, No. 1 (Jan., 1995).